이해하기 쉬운

K-IFRS 관리회계

곽 영 민

탑 북 스

머 리 말

저자가 대학시절에 관리회계를 처음 접하면서 하였던 고민을 많은 시간이 지나 교수가 되어 학생들에게 관리회계를 강의하면서 다시 하게 되었다. 대학시절의 고민은 관리회계라는 과목은 생소한 용어로 나열된 좀처럼 이해가 디지 않는 회피하고 싶은 교과목이라는 것이었으며 현재 강의하는 순간의 고민은 어떻게 하면 수업을 듣는 학생들에게 보다 쉽고 지루하지 않게 관리회계에 포함된 내용을 전달할까 하는 것이다. 어쨌든 예전의 학생시절과 지금의 교수자의 이장 모두에서 교집합이 되는 고민은 시중에 나와 있는 다수의 관리회계 교과서들이 외국저서를 단순 번역하여 그 내용을 이해하기 어려운 경우가 많으며 또한 일부 교과서들은 너무나 방대한 내용을 담고자 노력하여 다소 혼란하게 정리된 측면이 있다는 것이다. 이에 저자는 작년 본교에서 관리회계를 강의한 이후 관리회계 책을 출판하기로 결심하였고 그러한 결심은 2015년 말이 되어서야 결실을 맺게 되었다.

본서는 원가회계를 학습한 사람들이 관리회계를 접하는 단계에서 보다 알기 쉽게 접근하여 보다 체계적이고 논리적인 사고력을 배양시킬 수 있도록 노력하였다. 뿐만 아니라 관리회계 교과목을 담고 있는 시중의 자격증과 공인회계사, 세무사 등의 자격시험에 대비하고자 하는 학생에게 유용한 지침서가 될 수 있도록 중급수준 이상의 내용까지 충분히 나루고 있다. 본서의 특징을 다시금 구체적으로 제시하면 아래와 같다.

첫째, 학생들이 본문의 내용을 쉽게 이해할 수 있도록 많은 예제를 들어 설명하였으며, 각 장마다의 다양한 기출문제를 부록에 포함하여 논리체계를 확실히 정리할 수 있도록 설계하였다.

둘째, 가장 핵심적인 내용을 도표나 그림으로 정리하여 학생들의 이해력을 보다 증폭시킬 수 있도록 작성하였다.

셋째, 최신원가이론, 예컨대 품질경영, 활동기준경영, 적시재고시스템 등의 내용을 포함하여 학생들이 최근의 관리적 이론 동향을 파악할 수 있도록 하였다.

저자는 이 책을 통해 학생들이 관리회계가 결코 어렵지 않은 학문분야이며 체계적이고 논리적인 사고력을 지닌 자라면 얼마든지 쉽게 이해할 수 있는 과목임을 인지할 수 있길 바란다. 저자는 본서가 관리회계에 대한 전반적인 개념을 이해하는데 있어 충분한 완성도를 지니고 있다고 생각하나 독자의 입장에서는 그렇지 못할 수도 있으니 독자 여러분들의 끊임없는 조언과 질책을 기대한다. 끝으로 이 책을 성공적으로 마무리할 수 있도록 도움을 준 울산대학교 동료 여러분께 심심한 감사의 말씀을 드립니다. 뿐만 아니라 이 책의 발간을 위해 물심양면으로 심혈을 기울여주신 도서출판 탑북스 임직원 여러분에게도 깊은 감사를 드립니다.

2015년 11월
저자

<차 례>

제 1 장 원가의 추정과 분석 ······ 9
제1절 원가추정의 의의 및 가정 ······ 9
1. 원가추정의 의의 ······ 9
2. 원가추정의 가정 ······ 9
제2절 원가의 유형과 원가행태 ······ 10
제3절 원가추정의 방법 ······ 11
1. 산업공학적 방법 ······ 11
2. 계정분석법 ······ 12
3. 고저점법 ······ 13
4. 산포도법 ······ 14
5. 회귀분석법 ······ 14
제4절 비선형 원가함수(학습곡선) ······ 15
1. 누적평균시간 학습모형 ······ 16
2. 증분단위시간 학습모형 ······ 18

제 2 장 원가-조업도-이익 분석 ······ 23
제1절 기본가정과 기본적 분석도구 ······ 23
1. 기본가정 ······ 23
2. 기본 분석도구 ······ 23
제2절 CVP 분석의 적용 ······ 24
1. 손익분기점 분석 ······ 24
2. 목표이익 분석 ······ 24
3. 안전한계 ······ 29
4. 원가구조와 영업레버리지 ······ 30

제3절 확장된 CVP 분석 ········· 34
1. 현금흐름 분기점 분석 ········· 34
2. 복수제품의 CVP 분석 ········· 34
3. 비선형함수하의 CVP 분석 ········· 38

제 3 장 관련원가와 의사결정 ········· 41
제1절 기본개념 정리(용어정리 및 증분접근법의 개념) ········· 41
1. 용어정리 ········· 41
2. 관련원가 분석 접근법 ········· 42
제2절 유형별 의사결정 사항 분석 ········· 43
1. 특별주문의 수락 vs. 거절 ········· 43
2. 부품의 자가제조 vs. 외부구입 ········· 46
3. 보조부문의 유지 vs. 폐쇄 ········· 48
4. 제품라인의 유지 vs. 폐쇄 ········· 50
5. 제한된 자원의 사용 ········· 52
6. 투입배합의 결정 ········· 57
제3절 최신의사결정 이론 ········· 58
1. 제약이론과 의사결정 ········· 58
2. 품질경영을 위한 품질원가계산 ········· 62
3. 원가기획과 목표원가 ········· 66

제 4 장 자본예산 ········· 71
제1절 화폐의 시간가치 ········· 71
1. 유동성선호와 이자율 ········· 71
2. 현금의 미래가치와 현재가치 ········· 71
제2절 자본비용 ········· 72
1. 자본비용의 개념 ········· 72
2. 자본비용의 역할 ········· 72
3. 자본비용의 종류 ········· 72

제3절 자본예산 모형 ······ 73
1. 자본예산의 기초 ······ 73
2. 현금흐름의 추정원칙 ······ 74
3. 투자기간별 현금흐름 추정 ······ 74
4. 경제성 분석모형 ······ 77

제 5 장 종합예산 ······ 83
1. 종합예산의 의의 ······ 83
2. 종합예산편성절차 ······ 83
3. 예산편성 방법 ······ 84

제 6 장 책임회계와 성과평가 ······ 89
제1절 책임회계 및 성과평가의 의의 ······ 89
1. 책임회계란 ······ 89
2. 책임중심점의 성과평가 ······ 89
제2절 원가중심점의 성과평가 ······ 91
1. 능률차이의 세분화 => 배합차이 & 수율차이 ······ 91
제3절 이익중심점의 성과평가 ······ 96
1. 판매가격차이와 매출조업도차이 ······ 96
2. 매출배합차이와 매출수량차이 ······ 97
3. 시장점유율차이와 시장규모차이 ······ 98
제4절 투자중심점의 성과평가 ······ 103
1. 투자수익률 ······ 103
2. 잔여이익 ······ 105
3. 경제적부가가치 ······ 106
제5절 균형성과표 ······ 112
1. 재무성과지표의 문제점 및 BSC의 출현 배경 ······ 112
2. 균형성과표의 의미 ······ 112
3. 균형성과표의 장 · 단점 ······ 112

제6절 활동기준경영 ······ 115
1. 활동기준경영이란 ······ 115
2. 활동기준경영 체계 ······ 115
3. 활동기준경영을 통한 성과평가 ······ 115

제 7 장 불확실성하의 의사결정 및 기타 ······ 119
제1절 불확실성하의 의사결정 ······ 119
1. 불확실성하의 의사결정 절차 ······ 119
2. 최적행동대안의 선택 ······ 120
3. 완전정보의 기대가치 ······ 121
4. 불완전정보의 기대가치 ······ 121
5. 예측오차의 원가 ······ 123
제2절 불확실성하의 CVP 분석 ······ 123
1. 정규분포 ······ 123
2. 균등분포 ······ 124
제3절 기타 ······ 126
1. 확실성하의 재고관리 모형 ······ 126
2. 불확실성하의 재고관리 모형 ······ 127
3. 적시재고시스템 ······ 128

부록-객관식 기출문제 ······ 135

제1장 원가의 추정과 분석

원가추정의 의의 및 가정

1. 원가추정의 의의

원가추정(cost estimation)이란 조업도(독립변수)와 원가(종속변수) 사이의 관계를 규명하는 것을 말한다. 원가추정의 목적은 회계자료나 작업측정을 통해 미래원가를 추정하여 경영활동의 계획과 통제 및 특수한 의사결정에 유용한 정보를 제공하는데 있다.

2. 원가추정의 가정

원가추정을 위해서는 일반적으로 다음의 두 가지 가정을 한다.

① 원가에 영향을 미치는 요인은 조업도뿐이다.
② 원가형태가 관련범위 내에서 선형이다. 일반적으로 경제학에서는 조업도와 원가사이의 관계를 비선형으로 표시하지만, 회계학에서는 현실적인 유용성을 고려하여 관련 범위 내의 원가형태에만 주목하고 이를 선형으로 가정한다. 이를 그림으로 나타내면 아래와 같다.

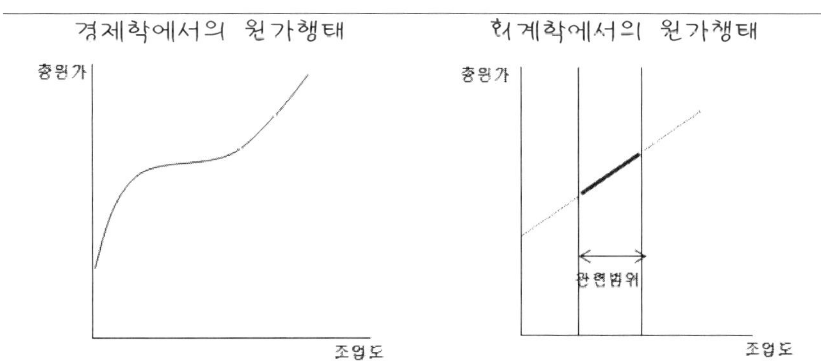

원가의 유형과 원가행태

원가는 원가의 발생형태에 따라 가장 기본적으로 변동원가와 고정원가 그리고 전술한 두 가지 행태가 결합된 혼합원가로 나눌 수 있다.

(1) 변동원가(Variable Cost): 원가동인수준에 따라 변하는 원가를 말함. 하지만, 변동원가가 반드시 생산량 등의 원가동인수준에 정확히 비례하지 않을 수 있음. 예를 들어 생산량이 증가할수록 작업숙련도와 효율성이 높아져 재료가 절감되고 작업시간이 줄어드는 경우 등이 있음(이에 대해서는 학습곡선에서 보다 심층적으로 논의함.).

(2) 고정원가(Fixed Cost): 원가동인수준과 무관하게 일정하게 발생하는 원가

(3) 혼합원가(Mixed Cost): 변동원가와 고정원가가 합해진 형태

상술한 여러 가지 원가행태를 그림과 수식으로 정리하면 다음과 같다.

☞ 그림 - 여러 가지 원가행태 (원가관리회계-백태영 참조)

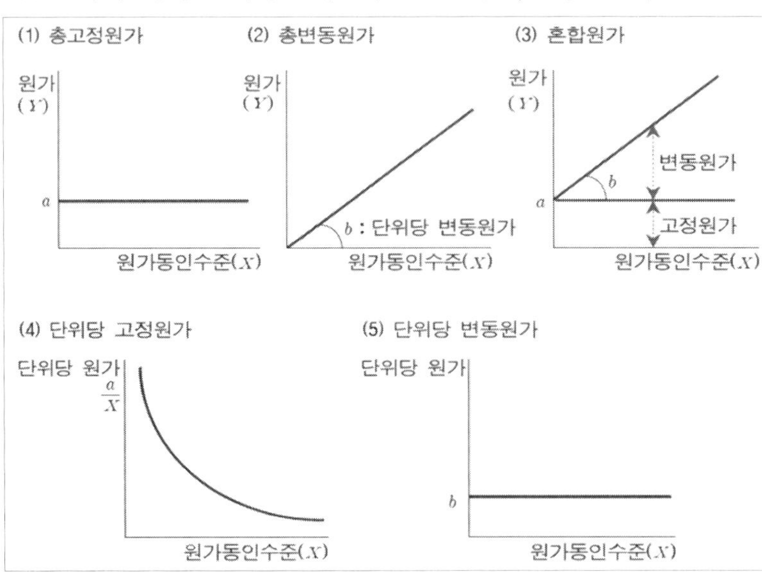

☞ 원가행태별 수식

고정원가: Y=a	Y=원가 a=총고정원가
변동원가: Y=bX	X=원가동인수준
혼합원가: Y=a+bX	b=원가동인 단위당 변동원가

원가추정의 방법

원가추정의 방법으로는 ① 산업공학적 방법 ② 계정분석법 ③ 고저점법 ④ 산포도법 ⑤ 회귀분석법 등이 있다. 이들 중 산업공학적 방법은 과거자료 없이 미래원가를 추정하는 기법이며 이에 반해 나머지 4가지 추정기법은 과거자료를 통해 미래원가를 추정하는 방법에 해당한다.

1. 산업공학적 방법

산업공학적 방법(industrial engineering method)은 투입과 산출 사이의 관계를 계량적으로 분석하여 원가함수를 추정하는 방법이다. 이 방법은 시간연구, 동작연구 등을 이용한 정밀한 작업측정에 기초하여 원가를 추정하므로 작업측정법(work measurement method)이라고도 한다. 일반적으로 직접재료비, 직접노무비 등의 원가를 추정할 때에는 이 방법이 유용하게 사용되지만, 투입과 산출 사이의 계량적 관계가 불분명한 제조간접비의 추정에는 적용하기 어렵다. 일반적으로 제조간접원가는 과거의 경험을 토대로 직접원가의 일정 비율로 추산한다.

☞ 산업공학적 방법의 장・단점

장 점	단 점
① 원가추정의 정확성과 효익이 큼 ② 과거의 원가자료가 없는 경우에도 적용가능	① 최적의 상황을 가정하여 원가를 추정 --> 성과평가, 계획수립, 계약체결 등에 추정치를 직접이용하기 힘듦 ② 시간과 비용이 많이 소요됨.

2. 계정분석법

계정분석법(account analysis method)은 회계담당자의 전문적 판단에 따라 각 계정에 기록된 원가를 변동비와 고정비로 분석하여 원가함수를 추정하는 방법이다. 이 방법에 의하면 일정기간 동안 장부상의 각 계정에 기록된 원가를 변동비, 고정비, 준변동비로 분류하고, 준변동비는 다시 변동비 요소와 고정비 요소로 나누어 원가함수를 추정한다.

[사례] 계정분석법

예를 들어, ㈜만재의 올해 원가 및 생산량 자료가 아래 표와 같다고 하자.

	원가행태	변동원가금액	고정원가금액	합 계
직접재료원가	변동원가	50		
직접노무원가	변동원가	10		
제조간접원가				
전기수도료	변동원가	3		
소모품비	변동원가	5		
간접노무원가	고정원가		2	
화재보험료	고정원가		2	
감가상각비	고정원가		8	
원가합계		68	12	80
(÷)생산량	4백만개			
단위당 원가		17원/개	2원/개	20원/개

생산량을 변동원가의 유일한 원가동인으로 가정할 경우 변동원가 단위당 원가 17원을 구하고, 고정원가 총액을 12백만원으로 구할 수 있다. 즉, 계정분석법에 의한 원가추정식은 다음의 형태로 표시할 수 있다.

예상 총제조원가 = 17원/개 × 예상 생산량 + 12백만원

☞ 계정분석법의 장·단점

장 점	단 점
① 시간과 비용이 적게 소요됨 ② 단일기간의 원가자료를 이용함에 따라 경영환경이 급격히 변하는 상황에서도 적용 가능함.	① 단일기간의 제한된 자료 사용 ② 원가행태를 분류함에 있어 분석가의 주관이 개입될 가능성이 큼

3. 고저점법

고저점법(high-low method)은 최고조업도와 최저조업도의 원가자료를 이용하여 원가함수를 추정하는 방법이다. 즉, 고저점법은 과거 2개 년도 이상의 자료를 이용하여 혼합원가 추정식을 구하는 체계로 계정분석법의 자의적인 원가분류의 잘못을 어느 정도 완화할 수 있다.

만약, 최고조업도와 최저조업도에서의 총고정비가 동일하다고 가정하면 이들 조업도에서의 총원가차이는 모두 총변동비의 차이라고 간주할 수 있다. 이 경우 단위당 변동비와 총고정비는 다음과 같이 산출할 수 있다.

$$단위당\ 변동비 = \frac{최고조업도에서의\ 총원가 - 최저조업도에서의\ 총원가}{최고조업도 - 최저조업도}$$

총고정비 = 최고조업도에서의 총원가 - 단위당 변동비 × 최고조업도 or
= 최저조업도에서의 총원가 - 단위당 변동비 × 최저조업도

☞ 고저점법의 장·단점

장 점	단 점
① 시간과 비용이 적게 소요됨 ② 단일기간의 원가자료를 이용함에 따라 경영환경이 급격히 변하는 상황에서도 적용 가능함.	① 단일기간의 제한된 자료 사용 ② 원가행태를 분류함에 있어 분석가의 주관이 개입될 가능성이 큼

예제 1) 다음은 ㈜민채의 기계시간과 총제조간접비에 관한 자료이다.

기간	기계시간	총제조간접비
1월	1,350시간	₩50,000
2월	1,450	60,000
3월	1,900	70,000
4월	1,300	52,000

〔요구사항〕 고저점법을 통해 월간 총제조간접비에 대한 원가함수를 추정하시오.

4. 산포도법

산포도법(scatter diagram method)은 조업도와 원가의 관찰치를 도표에 점으로 표시하고 전문적 판단에 따라 이러한 점들을 대표하는 원가추정선을 도출하는 원가추정방법이다. 이 방법에서는 과거의 원가자료를 그래프에 표시하여 산재하는 각 점들의 중앙을 지나는 직선을 긋고, y축과의 교차점을 총고정비로, 그 기울기를 단위당 변동비로 추정한다.

☞ 그림: 산포도법

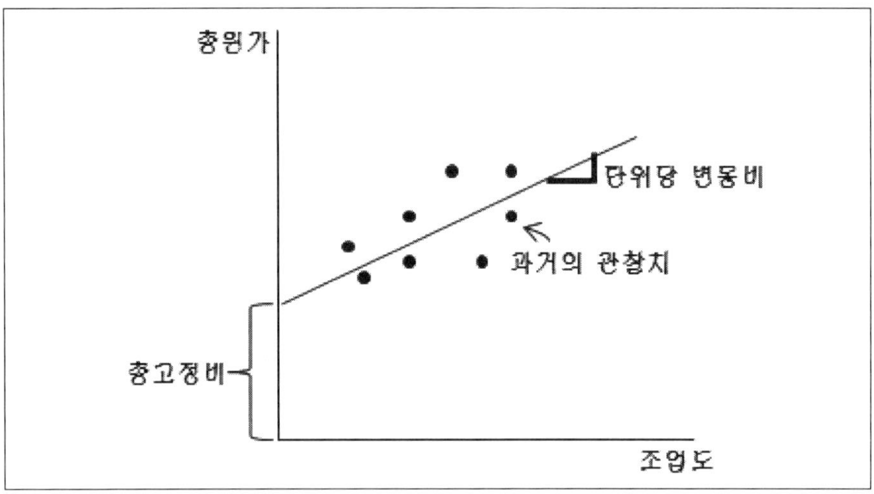

☞ 산포도법의 장·단점

장 점	단 점
① 시간이 비용이 적게 소요됨 ② outlier의 효과를 진단하는 등 통계적 문제점의 존재여부를 파악하는데 유용할 수 있음.	① 눈어림으로 원가추정선을 도출함에 따라 분석자에 따라 결과가 달라질 수 있음. ② outlier가 존재할 경우 추정선이 한쪽으로 편의를 지닐 가능성이 있음.

5. 회귀분석법

회귀분석법(regression analysis method)은 하나 또는 둘 이상의 독립변수가한 단위 변화함에 따른 종속변수의 평균적 변화량을 측정하는 통계적 방법에 의하여 원가함수를 추정하는 방법이다. 회귀분석 중 가장 기본적이고 흔히 사용되는 것이 최소자승법이다. 최소자승법(Least-Squares Method)은 추정선과 실제 자료점의 수직거리로 나타내는 추정오차의 자승(제곱)의 합을 최소화하는 추정선을 찾는 방법이다. 이 때 추오차 자체를 최소화하지 않고 자승값을 최소화하는 이유는, 오차는 양(+)과 음(-)의 값을 가지므로 제곱하지 않으면 서로 상쇄되기 때문이다.

최소자승법에 따를 경우 Y=a+bX에서의 추정계수 a, b는 각각 다음과 같이 계산된다.

☞ 단순회귀분석에서의 추정회귀계수 산출방법

$$b = \frac{\text{자료수} \times \text{X와 Y의 곱의 합} - \text{X의 합} \times \text{Y의 합}}{\text{자료수} \times \text{X제곱의 합} - \text{X의 합의 제곱}}$$

$$= \frac{n\sum XY - (\sum X)(\sum Y)}{n\sum X^2 - (\sum X)^2}$$ n = 자료의 수를 나타냄.

$$a = \text{Y평균} - b \times \text{X평균}$$

☞ 회귀분석법의 장·단점

장 점	단 점
① 시간이 비용이 적게 소요됨 ② 이론적으로 우월하고 객관적	① 통계적 가정이 성립되어야 타당성을 지닐 수 있음 (대표본 가정 등) ② *outlier*가 존재할 경우 추정선이 한 쪽으로 편의를 지닐 가능성이 있음.

비선형 원가함수 - 학습곡선

지금까지는 원가함수가 선형이라는 가정하에 원가추정을 하였으나, 만일 이러한 가정이 타당하지 않다면 계획과 통제를 위하여 비선형 원가함수를 사용할 수 있다. 비선형 원가함수 가운데 가장 대표적인 것이 학습곡선이다. 학습곡선(Learning Curve)이란 학습효과를 고려하여 추정한 원가함수인데, 여기서 학습효과란 생산량이 증대함에 따라 단위당 노동시간 또는 단위당 원가가 체계적으로 감소하는 효과를 말한다. 학습곡선모형에서는 다음의 그림과 같이 생산량이 증가함에 따라 총노동시간이 체감하는 비율로 증가하므로 평균노동시간은 일정한 비율로 감소하게 된다.

☞ 학습곡선 원가행태

(a) 총원가

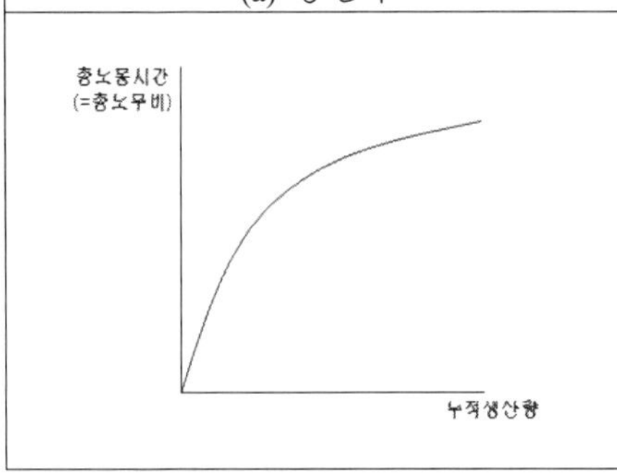

(b) 단위당 원가

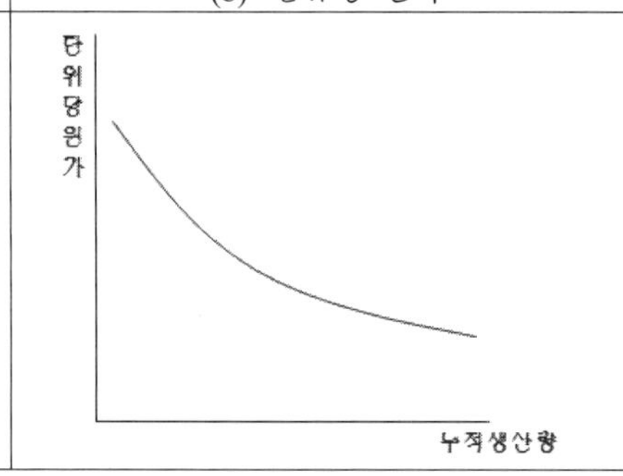

학습효과는 주로 고도의 작업난이도가 요구되는 제품에 적용된다. 다만, 학습효과는 인간 고유의 학습으로 인한 효과이므로 직접재료비나 기계작업 등의 활동에는 학습효과가 나타나지 않는다.

학습곡선모형은 두 가지가 널리 이용되는데, 하나는 누적평균시간 학습모형이고 다른 하나는 증분단위시간 학습모형이다. 이들 중 계산의 간편성 때문에 누적평균시간 학습모형이 모다 널리 이용된다.

1. 누적평균시간 학습모형

학습곡선모형 중 누적평균시간 학습곡선모형은 누적생산량이 2배가 될 때 단위당 누적평균시간이 체계적으로 감소하는 모형을 말한다. 보통, 누적평균시간의 감소는 학습률에 의하여 표시하는데 예를 들어, 누적생산량이 1, 2, 4 단위로 두 배가 될 때마다 단위당 누적평균시간이 100, 90, 81시간으로, 즉 이전의 90% 수준으로 감소하는 경우에는 90% 누적평균시간 학습모형을 따른다고 한다.

☞ 90% 누적평균시간 학습모형

누적생산량(x)	단위당 누적평균시간(y)	총누적시간(xy)
1	100 시간	100 시간
2	100×90%=90	180
4	90×90%=81	324

총누적시간 = 누적생산량 × 단위당 누적평균시간

한편, 위의 90%와 같이 누적생산량이 두 배가 될 때마다 발생하는 학습효과의 정도를 비율로 표시한 것을 학습률(rate of learning)이라고 한다. 누적평균시간 학습모형에서 k%의 학습률이란 누적생산량이 두 배가 될 때마다 단위당 누적평균시간이 이전의 k% 수준으로 (100-k)%씩 감소하는 것을 의미한다. 예를 들어 학습률이 90%인 경우 누적생산량이 1, 2, 4단위로 두 배가 될 때마다 단위당 누적평균시간이 100, 90, 81시간으로, 즉 이전의 90% 수준으로 10%씩 감소한다. 이러한 관계에 기초하여 누적평균시간 학습모형에서 누적생산량과 단위당 누적평균시간의 관계를 식으로 나타내면 다음과 같다.

☞ 지수함수

$$y = ax^{-b}$$

여기서 x=누적생산량; y=단위당 누적평균시간(원가)
a: 첫 단위 생산원가; b=학습지수를 각각 나타냄.

위의 지수함수에 따를 경우 2X 단위 생산시 누적평균시간(y)과 학습률은 아래와 같이 표시할 수 있다.

2X 단위 생산시 누적평균시간: $y' = a(2x)^{-b}$

$$\therefore \text{학습률} = \frac{y'}{y} = \frac{a(2x)^{-b}}{ax^{-b}} = 2^{-b}$$

학습지수인 b값을 구하기 위해서 log를 취하여 계산하면 b값은 학습률에 따라 다음과 같이 계산된다.

☞ 학습률과 학습지수 b값의 관계

학습률	b의 값
95%	0.0740
90%	0.1520
85%	0.2345
80%	0.3219
75%	0.4150
70%	0.5146

예제 2) (주)울산은 80%의 누적평균시간 학습공선이 적용되고 있다. 첫 단위 생산에 소요된 시간은 100시간이었다. 회사는 지금까지 총 4단위의 제품생산을 완료하였다.

〔요구사항〕

A. 앞으로 추가적인 4단위의 제품을 생산하는데 소요되는 시간을 구하시오.

B. 최초의 8단위를 생산하는데 소요되는 총 시간을 구하시오.

C. 마지막 8번째 단위를 생산하는데 소요되는 시간을 구하시오. (단, 80% 학습곡선의 학습지수 b=0.3219이며, 각 생산량에 대한 학습계수= X^{-b} 의 값은 다음과 같다.)

x	$x^{-0.3219}$	x	$x^{-0.3219}$
1	1.000	5	0.596
2	0.800	6	0.562
3	0.702	7	0.535
4	0.640	8	0.521

2. 증분단위시간 학습모형

증분단위시간 학습모형(incremental unit-time learning model)이란 누적생산량이 두 배가 될 때마다 증분단위시간(마지막 한 단위를 생산하는 데 필요한 시간)이 일정한 수준으로 감소하는 모형이다. 예를 들어 누적생산량이 1, 2, 4단위로 두 배가 될 때마다 증분단위시간이 100, 91, 81시간으로 즉, 이전의 90%수준으로 감소하는 경우에는 90% 증분단위시간 학습모형을 따른다고 한다. 90% 증분단위시간 학습모형을 예로 들면 아래와 같다.

☞ 90% 증분단위시간 학습모형

누적생산량(x)	증분단위시간(m)*	총누적시간(∑m)**
1	100 시간	100 시간
2	100×90%=90	190
3	84.6	274.6
4	90×90%=81	355.6

* $\mathbf{m}=100 \cdot x^{-0.1520}$

**총누적시간 = 증분단위시간의 누계 (∑m)

한편, 증분단위시간 학습곡선에서 k%의 학습률이란 누적생산량이 두 배가 될 때마다 증분단위시간이 이전의 k% 수준으로 (100-k)%씩 감소하는 것을 의미한다. 예를 들어 학습률이 90%인 경우 누적생산량이 1, 2, 4단위로 두 배가 될 때마다 증분단위시간이 100, 90, 81시간으로, 즉 이전의 90% 수준으로 10%씩 감소한다. 이에 기초하여 증분단위시간 학습모형에서의 누적생산량과 증분단위시간과의 관계를 나타내면 아래와 같다.

☞ 지수함수

$$m = ax^{-b}$$

여기서 x=누적생산량; m=증분단위시간(원가)
a: 첫 단위 생산원가; b=학습지수를 각각 나타냄.

위의 지수함수에 따를 경우 2X 단위 생산시 누적평균시간(y)과 학습률은 아래와 같이 표시할 수 있다.

2X 단위 생산시 누적평균시간: $m' = a(2x)^{-b}$

$$\therefore \text{학습률} = \frac{m'}{m} = \frac{a(2x)^{-b}}{ax^{-b}} = 2^{-b}$$

〔실전응용문제〕

1. (주)울산은 최근 신제품을 개발하여 생산하고 있다. 최초의 10단위를 생산하는데 총 2,000시간이 소요되었는데, 추가로 30단위를 생산하였더니 4,480시간이 추가로 소요되었다. 최근의 분석에 의하면 이 제품의 생산과 관련하여 누적평균시간학습곡선이 적용되는 것으로 판명되었다. 앞으로 40단위를 추가적으로 생산하는데 소요되는 시간은 얼마인가?

2. 신제품을 개발하여 첫 25단위를 생산하였는데 이와 관련된 원가는 다음과 같이 발생하였다. 직접노무시간이 90% 누적평균학습곡선을 따른다고 가정하고 있다. 추가로 75단위를 생산하는 경우 제조원가는 얼마나 더 발생하겠는가? 단 고정제조간접원가는 추가로 발생하지 않는 것으로 가정한다.

직접재료원가	₩1,000,000
직접노무원가(500H*5,000)	2,500,000
변동제조간접원가(DL의 20%)	500,000
고정제조간접원가	625,000
	₩4,625,000

① ₩9,500,000 ② ₩9,720,000 ③ ₩10,345,000
④ ₩10,800,000 ⑤ ₩11,100,000

3. 사업개시 후 2년간의 20X1년과 20X2년의 손익자료는 다음과 같다.

(단위: 만원)

	20X1년	20X2년
매출액	₩100	₩300
DM	40	120
DL	10	22.4
OH	20	50
판매관리비	15	15
영업이익	15	92.6

20X1년부터 20X3년까지의 단위당 판매가격, 시간당 임률, 단위당 변동제조간접

원가, 총고정제조간접원가, 총판매관리비는 일정하다. 직접노무시간에는 누적평균시간 학습모형이 적용된다. 매년 기초 및 기말재고는 없다. 20X3년 예상매출액이 ₩4,000,000이라면 예상영업이익은 얼마인가?

① ₩1,327,700 ② ₩1,340,800 ③ ₩1,350,300
④ ₩1,387,700 ⑤ ₩1,398,900

제2장 원가-조업도-이익(CVP)분석

핵심내용: 수익-원가-조업도의 관계를 분석하여 단기 이익과 관련된 경영계획을 수립하는데 주로 이용되는 분석(ABC가 개발되기 이전의 분석기법 --> ABC에 직접 적용하기는 어려움이 존재함.)

학습전개방법:

1.기본가정	2. 기분적 분석도구	3. CVP 분석 적용
5가지 기본가정	등식법 vs. 공헌이익법	BEP analysis, etc

기본가정 & 기본적 분석도구

1. 기본가정

① 모든 원가는 변동비와 고정비로 구분 가능함.
② 원가변동 동인은 오로지 조업도에 한함.
③ 확실성에 대한 가정 & 선형system에 대한 가정
④ 동시성에 대한 가정(생산Q = 판매Q)
⑤ 복수제품의 혼합판매(생산)일 경우 매출배합이 일정함을 가정
⑥ 단기간 가정(즉, 화폐의 시간가치 적용 배제)

2. 기본 분석도구

(1) 등식법 : ① 매출액 = 변동비 + 고정비 + 이익(세전이익)
② 공헌이익(매출액-변동비) = 고정비 + 이익(세전이익)

※ 변동비 = 단위당 변동비 × Q(판매량) = 매출액 × 변동비 비율

※ 공헌이익 = 단위당 공헌이익 × Q = 매출액 × 공헌이익률
= 매출액 × (1-변동비 비율)

(2) 공헌이익법: ① 판매량(Q) = (고정비 + 이익) / 단위당 공헌이익
② 매출액(S) = (고정비 + 이익) / 공헌이익률

CVP 분석의 적용

1. 손익분기점(Break-Even Point: BEP) 분석

: "이익=0"이 되는 조업도(수량, 매출액)를 분석함.

=> Basic Equation에서 '이익=0'을 간주하여 분석을 수행하면 해답을 구할 수 있음.

예제1〉 다음은 각각 독립적인 상황이다.

1. A회사는 단위당 판매가격이 ₩20이고 단위당 변동비가 ₩10인 제품을 생산·판매하고 있다. 연간 고정비는 ₩40,000일 경우 손익분기점의 판매량을 구하시오.

2. C회사는 변동비율이 70%인 제품을 생산·판매하고 있다. 연간 고정비는 ₩40,000일 경우 손익분기점 매출액을 구하시오.

2. 목표이익(target income) 분석

: "이익=목표이익"이 되는 조업도(수량, 매출액)를 분석함.

=> Basic Equation에서 '이익=목표이익'을 간주하여 분석을 수행하면 해답을 구할 수 있음.

(단, 목표이익은 세전이익으로 구성되어야 함. 따라서 만약 세전이익 정보가 미지수이며 세후이익 정보와 세율이 주어진 상황에서는 [세후이익/(1-세율)]을 통해 세전이익을 먼저 산출한 후 목표이익에 대입하여야함.)

예제2〉 다음은 각각 독립적인 상황이다.

1. A회사는 단위당 판매가격이 ₩20이고 단위당 변동비가 ₩10인 제품을 생산·

판매하고 있다. 연간 고정비는 ₩40,000이다. 목표이익이 ₩20,000일 경우 이를 달성하기 위한 판매량을 구하시오.

2. B회사는 변동비율이 70%인 제품을 생산·판매하고 있다. 연간 고정비는 ₩40,000이다. 20%의 매출액이익률을 달성하기 위한 매출액을 구하시오.

3. C회사는 단위당 판매가격이 ₩20이고 단위당 변동비가 ₩10인 제품을 생산·판매하고 있다. 연간 고정비는 ₩40,000이고 법인세율은 40%이다. 내년의 법인세차감후 목표순이익이 ₩12,000이라고 할 경우 세후목표이익을 달성하기 위한 판매량을 구하시오.

〔실전 응용 문제〕

1. 원가－조업도－이익 분석의 기본가정과 한계에 관한 설명으로 옳지 않은 것은?

① 단위당 판매가격은 수요·공급의 원리에 따라 판매량을 증가시키기 위해서는 낮추어야 한다는 것을 가정한다.
② 모든 원가는 고정비와 변동비로 나누어질 수 있으며, 고정비는 매출수량의 증가에 관계없이 관련범위 내에서 일정하고, 변동비는 매출수량의 증가에 정비례하는 것을 가정한다.
③ 의사결정이 이루어지는 관련범위 내에서 조업도만이 원가에 영향을 미치는 유일한 요인이라고 가정한다.
④ 원가요소, 능률, 생산성은 일정범위 내에서 변동하지 않으며, 생산·관리·판매의 효율성에도 변동이 없다고 가정한다.
⑤ 대부분의 원가요소는 기간이 매우 길 경우에는 변동비가 되며, 기간이 매우 짧은 경우에는 고정비가 될 것이므로 원가와 원가동인의 관계가 지속적으로 성립될 것으로 기대되는 예측가능한 범위를 정해야 한다.

2. 단위당 ₩50에 제품을 생산·판매한다. 단위당 변동비는 직접재료비 ₩14, 직접노무비 ₩5, 변동제조간접비 ₩3, 변동판매관리비 ₩2이다. 연간 총고정비는 고정제조간접비 ₩55,000, 고정판매관리비 ₩80,200이다. 단위당 판매가를 ₩50

에서 ₩48으로 인하할 경우, 기존의 연간 손익분기점 판매량을 유지하려면 연간 총고정비를 얼마나 줄여야 하는가?

① ₩10,400 ② ₩13,200 ③ ₩15,300
④ ₩124,800 ⑤ ₩135,000

3. ㈜국세는 단일제품을 생산, 판매하고 있으며, 7월에 30단위의 제품을 단위당 ₩500에 판매할 계획이다. ㈜국세는 제품 1단위를 생산하는 데 10시간의 직접노무시간을 사용하고 있으며, 제품단위당 변동판매비와관리비는 ₩30이다. ㈜국세의 총제조원가에 대한 원가동인은 직접노무시간이며, 고저점법에 의하여 원가를 추정하고 있다. 제품의 총제조원가와 직접노무시간에 대한 자료는 다음과 같다.

	총제조원가	직접노무시간
1월	₩14,000	120시간
2월	17,000	100
3월	18,000	135
4월	19,000	150
5월	16,000	125
6월	20,000	140

㈜국세가 7월에 30단위의 제품을 판매한다면 총공헌이익은 얼마인가?

① ₩1,700 ② ₩2,100 ③ ₩3,000
④ ₩12,900 ⑤ ₩13,800

4. 한 가지 제품만을 생산하며 매월 생산한 제품은 당해 월에 모두 판매한다. 법인세율은 40%의 단일세율이며, 2008년도 1월과 2월의 원가자료는 다음과 같다.

구 분	1월	2월
제품 단위당 판매가격	₩500	₩450
제품 단위당 변동비	300	270
총고정비	500,000	600,000

2008년 1월과 2월의 당기순이익이 각각 ₩60,000과 ₩72,000이라면, 1월과 2월의 제품 매출액은 각각 얼마인가?

	1월 제품 매출액	2월 제품 매출액
①	₩1,400,000	₩1,680,000
②	1,400,000	1,800,000
③	1,500,000	1,680,000
④	1,500,000	1,800,000
⑤	1,500,000	2,000,000

5. ㈜울산은 단일 제품을 생산, 판매하고 있으며, 단위당 변동원가는 ₩400이고, 손익분기 매출액은 ₩100,000이며, 공헌이익률은 20%이다. 목표이익 ₩80,000을 달성하기 위한 제품의 생산, 판매량은?

① 1,000단위 ② 1,100단위 ③ 1,200단위
④ 1,300단위 ⑤ 1,400단위

6. K회사는 야구공을 제조하여 개당 ₩10,000에 판매하고 있다. 야구공 제조에 사용되는 변동원가는 개당 ₩5,000이고 고정원가는 ₩2,000,000이다. K회사는 5월에 ₩1,160,000의 세후순이익을 얻기 위해서는 몇 개의 야구공을 생산 · 판매하여야 하는가? (단, 법인세율은 세전이익 ₩1,000,000까지는 18%, ₩1,000,000 초과시에는 32%로 가정)

① 400개 ② 500개 ③ 600개
④ 700개 ⑤ 800개

〔참고〕 CPV도표 vs PV도표 해석

☼ CVP 도표

<table>
<tr><th>조업도 = Q</th><th>조업도=매출액</th></tr>
<tr><td>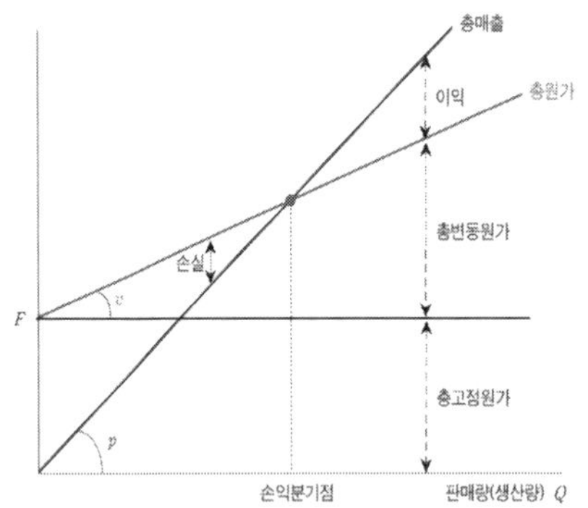
</td><td>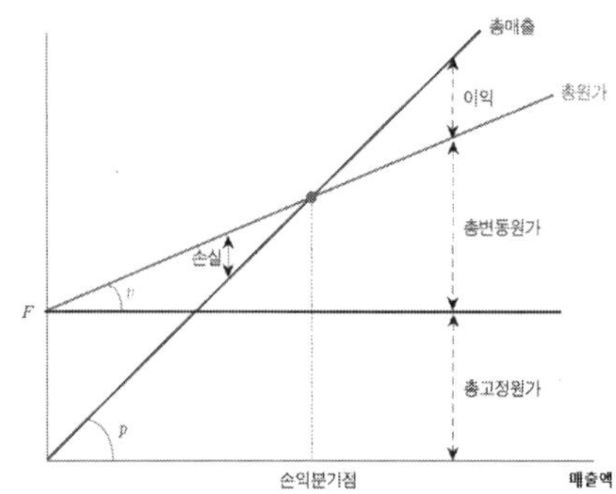
</td></tr>
<tr><td>p=단위당 판매가
v=단위당 변동비</td><td>p=1=(매출액/매출액)
v=변동비비율(변동비/매출액)</td></tr>
</table>

☼ PV도표

<table>
<tr><th>조업도 = Q</th><th>★조업도=매출액</th></tr>
<tr><td>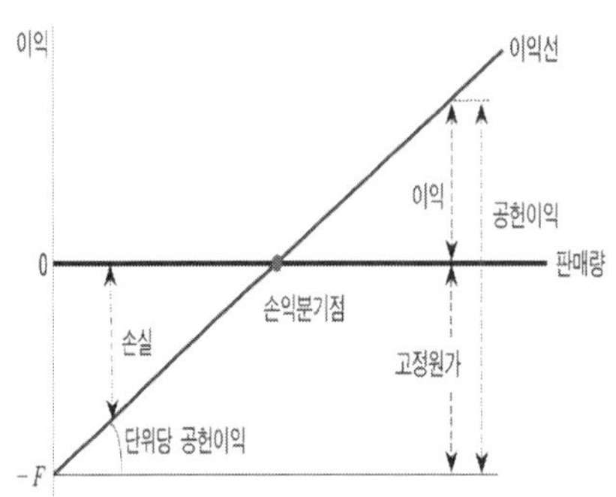
</td><td>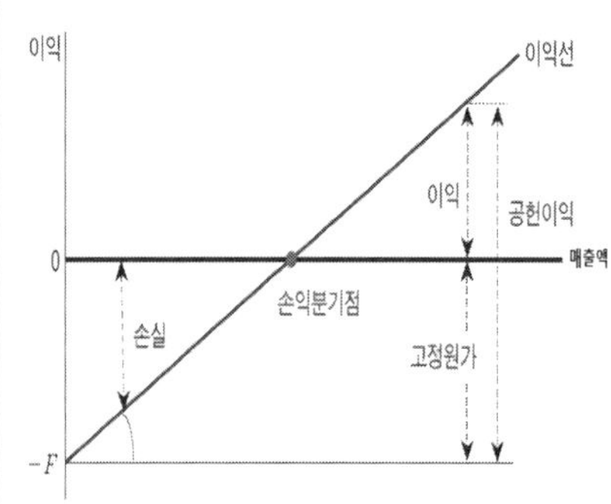
</td></tr>
<tr><td>기울기 = (고정비+이익)/판매량 = 공헌이익/판매량 = 단위당 공헌이익</td><td>기울기=(고정비+이익)/매출액=공헌이익/매출액≒공헌이익률==〉 이익부분에 해당할 경우=이익/매출액</td></tr>
</table>

3. 안전한계(Margin of Safety: MS)

: 이익의 안전성을 검증하는 지표

(1) 안전한계의 개념

0 ―――――――― BEP(S) | 안전구간=안전한계 | 실제매출액

손익분기점율	안전한계율
손익분기점S/매출액(S)	안전한계S/매출액(S)

☞ 안전한계 매출액에 대한 의문?

Q: 안전한계 매출액이 크다는 것이 이익의 안정성을 대변하는 지표로 적절한가?
A: 규모의 조정(매출액)크기의 조정이 필요함. 따라서 이익의 안정성을 검증하기 위한 규모 조정된 비율이 필요하며 이에 따라 안전한계율을 통해 기업 이익의 안정성을 살펴봄.

(2) 기본공식

A: MS-ratio=안전한계/매출액=이익/공헌이익

B: 안전한계율(이익/공헌이익) × 공헌이익률(공헌이익/매출액)
= 매출액이익률

C: 안전한계매출액 × 공헌이익률 = 이익

예제 3〉 다음의 각 상황은 독립적이다.

1. 서울회사는 변동비율이 60%인 제품을 생산·판매하고 있다. 내년의 예산자료에 의하면 안전한계 매출액이 ₩50,000이다. 내년의 예산영업이익을 구하시오.

2. 대전회사의 올해 자료에 의하면 매출액이 ₩100,000, 영업이익이 ₩20,000, 안전한계율이 40%이다. 올해의 고정비를 구하시오(★).

4. 원가구조와 영업레버리지 (Degree of Operating Leverage: DOL)

: 원가구조의 선택에 따른 이익의 변동성을 검증하는 기법==〉 경기상황에 따른 원가구조의 선택과 관련되어 있음.

(1) DOL에 대한 기본 개념

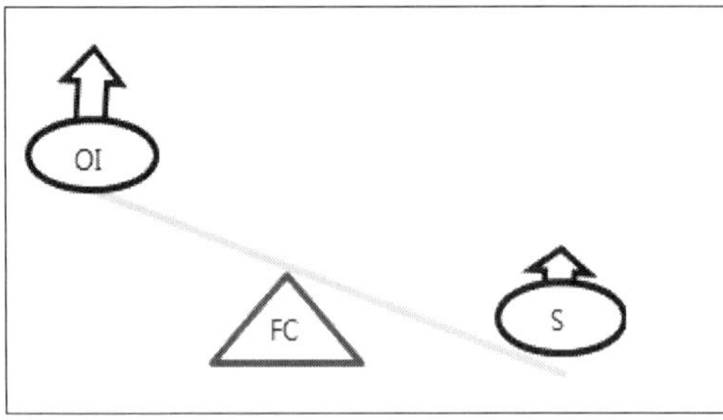

	고정비(FC)가 지렛대 작용을 하여 매출액 변동에 비해 영업이익(이익)의 변동폭이 더욱 확대되는 현상
	즉, 영업레버리지가 발생하는 원인은 고정비임. [Q: if 고정비가 없다면?]

(2) 기본 공식(단, 손실구간에서는 DOL은 적용하지 않음.)

$$DOL = \frac{\Delta I / I}{\Delta Sales / Sales} = \frac{\Delta I}{\Delta Sales} \times \frac{Sales}{I} = \frac{공헌이익}{Sales} \times \frac{Sales}{I} = \frac{공헌이익}{I}$$

= 1 / 안전한계율

(3) 원가구조 & DOL

if 고정비 비중이 높을 경우 ==> DOL은 높은 값을 지님.

vs.

if 고정비 비중이 낮을 경우 ==> DOL은 낮은 값을 지님.

※ 따라서 DOL은 손익분기점 부근에서 가장 크며 매출액이 증가할수록(고정비 비중이 낮아질수록) 점진적으로 감소한다.

(4) 원가구조의 선택 (의사결정)

if 호황상황(매출액 증가) : 고정비 비중이 클수록(DOL이 클수록) 유리함. ==> ☺

if 불황상황(매출액 감소) : 고정비 비중이 클수록(DOL이 클수록) 불리함. ==> ☹

예제 4〉 울산회사의 올해 영업활동에 관한 자료는 다음과 같다.

매 출 액	₩200,000
변 동 비	40,000
공 헌 이 익	160,000
고 정 비	140,000
영 업 이 익	20,000

〔요구사항〕

1. 현재수준의 DOL?

2. 매출액이 현재보다 20%증가하는 경우 영업이익은?

3. 만약 매출액이 ₩300,000일 경우 DOL?

〔실전 응용 문제〕

7. 다음은 ㈜울산의 조업도 변화에 따른 총수익, 총변동비 및 총고정비를 그래프로 나타낸 것이다. 그래프를 이용할 경우, ㈜울산이 안전한계율 37.5%를 달성하는데 필요한 목표 판매수량은 몇 단위인가?

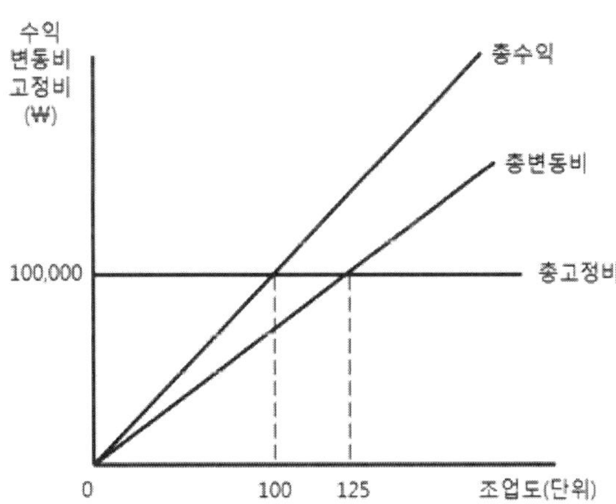

① 400개 ② 500개 ③ 600개

④ 700개 ⑤ 800개

8. 다음은 원가-조업도-이익(CVP) 분석에 관한 설명이다. 이 중 적합하지 않은 표현은 어느 것인가?

① 손익분기점에서는 순이익이 0이므로 법인세가 없다.
② 공헌이익이 총고정원가보다 클 경우에는 이익이 발생한다.
③ 생산량과 판매량이 다른 경우에도 변동원가계산의 손익분기점은 변화가 없다.
④ 총원가 중에서 고정원가의 비중이 클수록 영업레버리지도는 작아진다.
⑤ 안전여유율에 공헌이익률을 곱하면 매출액순이익률이 계산된다.

9. (주)동진은 단일 제품을 생산 및 판매하고 있으며, 매 년도 기초와 기말의 재고자산은 없다. 20X1년도의 매출 및 원가자료는 다음과 같다.

· 매출액 : ₩4,000,000	· 변동원가 : ₩2,000,000
· 공헌이익 : ₩2,000,000	· 고정원가 : ₩1,000,000
· 영업이익 : ₩1,000,000	

20X2년도에도 고정원가와 제품 단위당 판매가격은 20X1년도와 같을 것으로 예상된다. 또한 20X2년도의 제품 판매량은 20X1년도보다 20% 증가하고 20X2년도의 손익분기점 매출액은 20X1년도보다 25% 증가할 것으로 예상된다. 20X2년도 (주)동진의 영업레버리지도(degree of operating leverage)는 얼마로 예상되는가? (단, 영업레버리지도는 소수점 셋째자리에서 반올림하여 계산하라.)

① 1.99 ② 2.09 ③ 2.19
④ 2.29 ⑤ 2.39

10. 다음은 단일제품을 생산·판매하는 A기업과 B기업의 관련범위 내에서 작성된 손익분기도표(cost-volume-profit graph, CVP 도표)이다. 두 기업의 판매단가와 고정비는 동일하나, 단위당 변동비는 서로 다르다. 상기 CVP 도표와 관련된 설명으로 타당하지 않은 것은?

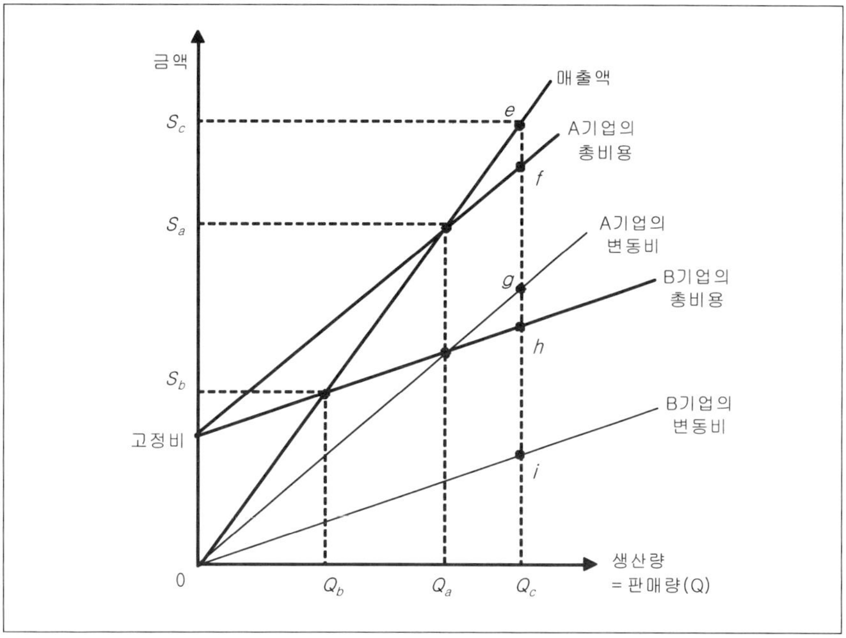

① Q_c에서 A기업의 이익은 $\overline{ef}$로 표시되며 $(Q_c\text{-}Q_a)$에 A기업의 단위당 공헌이익을 곱하여 계산할 수 있다.

② S_c에서 B기업의 영업레버리지도(degree of operating leverage)는 $(\frac{S_b}{S_c - S_b})$로 계산할 수 있다.

③ S_c에서 A기업과 B기업의 안전한계율(margin of safety ratio)의 차이는 $(\frac{S_a - S_b}{S_c})$이다.

④ Q_c에서 A기업과 B기업의 공헌이익 차이는 두 기업의 단위당 변동비 차이에 Q_c을 곱하여 계산할 수 있다.

⑤ 관련범위 내의 어떤 매출액(S)에서도 B기업의 공헌이익률이 A기업의 공헌이익률보다 크다.

확장된 CVP 분석

1. 현금흐름 분기점 분석

: "현금유입액=현금유출액"이 되는 판매량 및 매출액 산정

(1) 가정: 유동자산 부채 항목은 모두 현금흐름에 포함함. 즉, 매출액과 변동비는 모두 각각 현금유입과 현금유출로 가정함.

(2) 기본 공식

매출액 = 변동비 + (고정비-비현금고정비) + 법인세**

※주의!!

법인세 => 발생주의에 따라 측정함. 즉, 발생주의 상(손익계산서 상) 세전이익 * 세율로 법인세를 측정함.

예제 5〉 A회사는 단위당 판매가격이 ₩20이고 단위당 변동비가 ₩10인 제품을 생산·판매하고 있다. 연간 고정비는 ₩40,000(감가상각비 ₩10,000 포함)이다.

〔요구사항〕

1. 법인세가 없는 경우 현금흐름분기점 판매량을 구하시오.
2. 법인세율이 40%일 경우 현금흐름분기점 판매량을 구하시오.(단, 회사는 법인세 환수를 신청할 수 있다.)

★2. 복수제품의 CVP분석

(1) 가정: 매출배합이 일정함을 가정 (이는 동시에 매출액 구성비가 일정함도 의미함.) 이는 아래의 예를 통해 정리 가능함.

소주:맥주의 매출배합(판매비중) = 1:2 이며 이들의 판매단가가 각각 ₩2,000과 ₩3,000으로 일정하다고 할 때 폭탄주 판매에 따른 매출액 구성비는 1:3(1*₩2,000 : 2*3,000)으로 일정한 값을 지님.

(2) 복수제품 CVP 분석의 이용도구

① 등식법 : 기본공식 (1), (2) 적용

★② 가중평균 공헌이익법: 기본공식 (3), (4) 적용

☞ 사례: 가중평균 단위당 공헌이익(혹은 공헌이익률)

제품	A	B	
판매량	200개	600개	==> 매출배합이 1:3임을 의미함.
ⓐ공헌이익	₩20	₩30	
공헌이익률	10%	20%	

가중평균공헌이익 = ⓐ₩20×[1/(1+3)] + ⓐ₩30×[3/(1+3)] = ₩50/4
= 총공헌이익 / 총판매량 = 12.5

★③ 꾸러미법: 위의 예에서 1:3의 매출비율을 가진 속성이 한 꾸러미에 들어 있다고 가정한 후 기본공식을 적용하여 문제의 해를 구하는 기법==> 단, 매출액 구성비가 주어진 문제의 경우에는 적용이 불가능함.

예제 6〉 ㈜영민은 A, B의 두 가지 제품을 판매하고 있다. 다음은 올해의 영업활동에 관한 자료이다. 매출배합이 변하지 않을 경우 등식법, 가중평균공헌이익법, 꾸러미법 각각을 적용하여 손익분기점 판매량을 구하시오.

	A	B	계
판매량	6,000개	2,000개	8,000개
매출액 (ⓐ₩10, ₩15)	₩60,000	₩30,000	₩90,000
변동비 (ⓐ₩7, ₩ 9)	42,000	18,000	60,000
공헌이익(ⓐ₩3, ₩ 6)	18,000	12,000	30,000
고정비			24,000
영업이익			6,000

[참고] 외부시장제약이 존재할 경우 최적의 매출배합?

매출액=변동비+고정비+이익==> 공헌이익=고정비 + 이익
==> 식(1) Σ(판매량*ⓐ공헌이익) = 고정비 + 이익
==> 식(2) Σ(매출액*공헌이익률) = 고정비 + 이익

만약 판매량에 관한 제약이 존재할 경우(즉, 총판매량에 한계점이 존재할 경우) ⓐ공헌이익이 높은 순으로 매출배합을 구성하는 것이 기업의 이익을 제고하는 방안이 됨. 이와는 달리 만약 총매출액에 제한이 존재할 경우에는 공헌이익률이 높은 제품의 구성비를 높이는 것이 이익을 제고하는 방안이 됨.

〔실전 응용 문제〕

11. ㈜한지는 제품 A와 제품 B를 생산·판매한다. ㈜한지는 변동원가계산방법을 사용하며 당기 예상판매 및 예상원가 자료는 다음과 같다.

구분	제품 A	제품 B	합 계
판매수량	300개	700개	1,000개
총매출액	₩ 30,000	₩ 42,000	₩ 72,000
총변동원가	₩ 15,000	₩ 21,000	₩ 36,000
총고정원가			₩ 21,600

매출배합이 일정하다고 가정하고 손익분기점을 달성하기 위한 두 제품의 판매수량은 각각 얼마인가?

	제품A	제품B		제품A	제품B
①	130개	504개	②	162개	378개
③	180개	420개	④	203개	473개
⑤	210개	490개			

12. (주)탐국은 두 가지 제품 A와 B를 제조, 판매한다. 다음은 2004년의 예산자료이며 매출배합은 예산과 같이 항상 유지된다.

	제품 A	제품 B
판매량	800개	1,200개
판매가격	₩100	₩150
단위당 변동비	60	100

고정비는 조업도수준에 따라 다음과 같다.

고정비	총판매량
₩53,000	0~4,000개
₩92,750	4,001~9,000개

매출액의 15%에 해당하는 목표이익을 얻기 위한 매출수량은 각각 얼마인가?

	제품A	제품B		제품A	제품B
①	750개	1,125개	②	800개	1,200개
③	1,000개	1,500개	④	1,150개	1,725개
⑤	1,400개	2,100개			

13. 다음 그래프는 C회사의 1993년도 예산이익-조업도 그림이다. C회사는 A, B 두 제품을 생산 · 판매한다. 실제판매가와 원가는 예산판매가와 원가와 동일하다고 가정한다. 또한 실제총판매량과 예산판매량이 같으며, 기초와 기말재고자산은 없다. 실제순이익이 예산순이익보다 더 클 때 어떤 제품의 실제판매량이 예산판매량을 초과하였는가? 또 OP/OS는 무엇을 의미하는가?

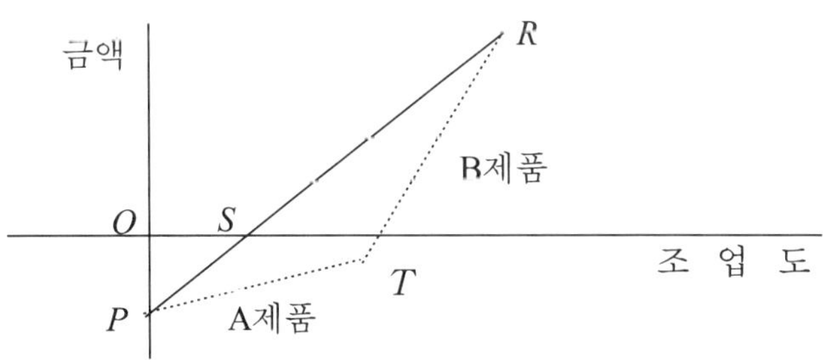

① A제품, 공헌이익률
② A제품, 공헌이익
③ B제품, 공헌이익
④ A제품, 변동비율
⑤ B제품, 공헌이익률

3. 비선형함수하의 CVP분석

선형성 가정		VS.	비선형성
수익	ⓐ판매가 일정		구간에 따라 변동
원가	ⓐ변동비 일정 총고정비 일정		

※ 비선형함수하의 CVP 분석을 위한 절차

step1. 변동이 발생하는 항목에 대한 각 구간 값 확인(즉, 변동이 발생하는 조업도 범위 확인)
step2. 위에서 확인한 각 조업도 범위 내에서는 선형성을 가정하여 기본 공식을 적용함.
step3. 위 2 항목을 적용한 해가 해당 조업도 범위 내에 존재하는 가를 확인하여 BEP에서의 판매량 및 매출액 등을 산출함.

예제 7〉 수익의 비선형성

㈜정한은 회원제로 스포츠센터를 운영하려고 한다. 스포츠센터에서는 연 1회 회원을 모집하며, 등록회원수가 많을수록 이용이 불편하기 때문에 다음과 같이 모든 회원에게 1인당 연간 시설이용료를 낮추어 받을 계획이다.

등록회원수	1인당 연간 시설이용료
0-3,000명	₩20
3001-6,000명	18
6,001-9,000명	15

스포츠센터에서 수용 가능한 최대 연회원수는 9,000명이다. 회원 1인당 연간 변동비는 ₩10이고, 연간 고정비는 ₩40,000이다.

〔요구사항〕

1. 손익분기점 회원수를 구하시오.
2. 이익을 극대화하는 회원수를 구하시오. 그 때의 연간 이익은 얼마인가?

예제 8〉 고정비 비선형

㈜민채는 단위당 판매가격이 ₩20이고 단위당 변동비가 ₩10인 제품을 생산·판매하고 있다. 최대조업도는 연 9,000개이고, 연간 고정비는 조업도에 따라 다음과 같이 달라진다.

연간조업도	고정비
0-3,000개	₩40,000
3001-6,000개	50,000
6,001-9,000개	70,000

〔요구사항〕

1. 손익분기점 판매량을 구하시오.
2. 이익을 극대화하는 연간 판매량을 구하시오. 그 때의 연간 이익은 얼마인가?

★예제 9〉 변동비 비선형

㈜나영TV는 울산시에서 유선방송을 운영하고 있는데, 회사의 각종 자료는 다음과 같다.

> ① 회사가 유선방송의 가입자로부터 받는 월간 시청료는 가입자당 ₩20이다.
> ② 회사가 사용하고 있는 방송설비의 소유권은 시에 있으며, 회사는 시와의 방송설비 사용계약에 따라 10,000명의 가입자로부터 받는 시청료에 대해서는 10%, 10,000명을 초과하는 가입자로부터 받는 시청료에 대해서는 5%를 시에 지불하고 있다. 그 외에도 매월 ₩50,000을 기본사용료로 지급하고 있다.
> ③ 회사는 채널공급업자로부터 여러 채널을 공급받아 방송하고 있다. 회사는 채널 공급업자와의 계약에 따라 20,000명의 가입자까지는 가입자당 ₩8, 20,000명을 초과하는 가입자에 대하여는 가입자당 ₩6을 지불하고 있다. 그 외에도 매월 일정하게 ₩20,000을 채널공급업자에게 지급하고 있다.
> ④ 매월 ₩60,000의 고정비와 가입자당 매월 ₩2의 변동비가 영업비용으로 발생하고 있다.

〔요구사항〕

1. 매월 손익분기점이 되는 가입자 수는 몇 명인가? (단 조업도는 30,000명을 한도로 한다.)
2. 가입자가 10,000명, 20,000명, 30,000명일 때 각각 월 영업이익은 얼마인가?

제3장 관련원가와 의사결정

핵심내용: 의사결정의 효과가 1년 이내로 제한되는 비경상적 비반복적 특수의사결정 ==> 관련 원가를 분석하여 이익극대화 관점에서 하나의 대안을 선택하는 의사결정 행위에 대해 논의함.

※ 단기의사결정 vs. 장기투자의사결정(자본예산)

	단기의사결정	장기의사결정
대상기간	1년 이내	1년 초과
투자여부	자본(설비)투자 (X)	자본(설비)투자 (○)
화폐의 시간가치	(X)	(○)
판단기준	이익극대화	자본예산 모형에 따라 달라짐

학습전개방법

1st - 총론: 용어정리 및 Basic Approach(총액 vs. 증분Approach)

2nd - 각론: 유형별 의사결정 상황 분석

① 특별주문의 수락 또는 거절
② 부품의 자가제조 또는 외부구입
③ 보조부문의 유지 또는 폐쇄
④ 제품라인의 유지 또는 폐지
⑤ 제한된 자원의 사용
⑥ 투입배합의 결정
----
⑦ 제약이론
⑧ 품질개선 의사결정
⑨ 제품의 가격결정

기본개념 정리(용어정리 및 증분접근법의 개념)

1. 용어정리

(1) 관련원가 vs. 비관련원가

관련원가 : 대안 간(A안 vs. B안)의 차이를 초래하는 미래원가

비관련원가 : 대안 간(A안 vs. B안)의 차이를 초래하지 않는 미래원가

(2) 매몰원가(sunk cost: 대표적 비관련원가)
과거 의사결정으로부터 발생한 역사적 원가로서 현재 혹은 미래에 어떠한 의사결정을 하더라도 회피할 수 없는 원가

(3) 회피가능원가 vs. 회피불능원가
회피가능원가: 특정 대안을 선택함으로 인하여 발생하지 않거나 감소하는 원가
회피불능원가: 특정 대안의 선택여부와 관련 없이 발생하는 원가

(4) 지출원가 vs. 기회비용
지출원가: 의사결정에 따라 발생하는 미래 현금 등의 지출을 수반하는 원가
기회비용: 어떤 대안을 선택함에 따라 포기된 기회(대안)이 존재할 때 포기한 대안 값

2. 관련원가 분석 접근법(총액 vs. 증분)

(1) 총액접근법: 각 대안별로 해당 대안의 이익을 도출한 후 최대이익을 나타내는 대안을 선택함.
(2) 증분접근법**:** 대안 중 하나의 대안을 선택한 후 대안 선택 時 증가하는 관련 이익 및 비용만을 분석한 후 증가이익이 영**(0)**이상일 경우 대안을 채택하는 접근법

사례: 총액법과 증분접근법의 비교

명동회사는 소매상을 통하여 제품을 판매하여 왔으나 내년부터는 대리점을 통하여 판매하기로 하였다. 이를 위하여 한 달 전 광고비 ₩1,500을 지출하였다. 하지만, 회사의 경영자는 기존의 유통경로를 바꾸는 것에 불안을 느낀 나머지 김 부장에게 두 가지의 대안을 자세히 분석하여 보고서를 제출할 것으로 요구하였다. 김 부장이 제출한 보고자료는 다음과 같다. 회사의 경영자는 어떤 대안을 선택해야 하는가?

	소매상을 통해 판매할 경우	대리점을 통해 판매할 경우
연간예상판매량	1,000개	1,000개
단위당 판매가	₩20	₩20
단위당 변동제조원가	10	10
단위당 변동판매비	5	2
연간 고정비	4,000	6,000

유형별 의사결정 사항 분석

1. 특별주문(Special Order)의 수락 vs. 거절

핵심사항: 유휴설비(여유생산설비) 존재여부
유휴설비 존재 時: 특별주문에 따른 증분 매출액 vs. 지출원가(most of 변동비) 고려
if 유휴설비 존재 無: 특별주문에 따른 증분 매출액 vs. 지출원가(most of 변동비) 고려 + 기존판매량 포기에 따른 기회비용의 발생 고려
질적정보(qualitative information): 기존고객과의 마찰 특별주문 승낙에 따른 잠재요인 등

예제 2〉 서울회사의 20X1년 손익계산서는 다음과 같다.

매 출 액	100×ⓐ20=	₩2,000
변 동 비	100×ⓐ10=	1,000
공 헌 이 익		1,000
고 정 비		800
영 업 이 익		200

회사는 지금까지 내수판매만 하여 왔으나, 20X2년 초 외국의 구매업자로부터 단위당 ₩18에 50개의 제품을 구입하겠다는 특별주문을 받았다. 특별주문을 수락할 경우에는 50개의 특별주문에 대하여 포장비가 개당 ₩1씩 추가로 발생하고 고정판매관리비도 ₩100만큼 증가하리라 예상된다. (단, 특별주문을 수락할 경우에도 내수시장은 전혀 영향을 받지 않고 국내의 수요는 전년과 동일하다고 한다.)

〔요구사항〕

1. 회사의 연간 최대생산능력이 120개인 경우 특별주문의 수락할 것인가?
2. 위의 경우 특별주문을 수락할 수 있는 최소판매가격은 얼마인가?

〔실전 응용 문제〕

〔문제 1-2〕

(주)아리수는 휴대폰에 장착되는 전지를 생산한다. 회사는 현재 생산시설용량(월 8,000직접노무시간)의 75%를 가동하고 있다. 최근 회사는 (주)한국전자로부터 개당 ₩700에 5,000개의 전지를 1개월 안에 납품해 달라는 특별주문을 받았다. 전지의 개당 제조원가는 다음과 같다.

직접재료원가	₩200
직접노무원가(개당 0.5 직접노무시간)	300
제조간접원가	200
개당 제조원가	₩700

(주)아리수의 직접재료원가와 직접노무원가는 변동원가이다. 제조간접원가 중 변동제조간접원가는 직접노무시간당 ₩240이다. (주)아리수는 향후 수개월 동안 월 6,000직접노무시간(8,000직접노무시간×75%)의 조업도를 유지하기에 충분한 경상주문을 받아 놓고 있다. 경상주문품의 판매가격은 개당 ₩1,000이다.

1. (주)아리수가 5,000개의 특별주문을 수락할 경우, 일부 경상주문을 포기함으로 인한 기회비용은 얼마인가?

① ₩300,000 ② ₩190,000 ③ ₩380,000
④ ₩500,000 ⑤ ₩150,000

2. (주)아리수가 5,000개의 특별주문을 수락할 경우 증분손익은 얼마인가?

① 증분손실 ₩300,000 ② 증분이익 ₩210,000 ③ 증분손실 ₩150,000
④ 증분이익 ₩20,000 ⑤ 증분이익 ₩0

3. 다음은 ㈜관세의 손익계산서에서 발췌한 정보이다. ㈜관세가 판매하는 제품의 단위당 판매가격은 ₩200이다. 매출원가와 판매비와관리비 각각에 대해서 30%는 변동원가이며, 70%는 회피불능고정원가이다. ㈜관세는 ㈜한국으로부터 단위당 ₩150에 500단위의 제품을 사겠다고 제의를 받았다. 이에 대한 추가주문을 받아들인다면 ㈜관세의 영업이익에 미치는 영향은 얼마인가?(단, ㈜관세는 유휴생산능력이 충분하다.)

매 출 액	₩3,000,000
변 동 비	2,000,000
매출총이익	1,000,000
판 관 비	500,000
영 업 이 익	500,000

① ₩51,000감소 ② ₩50,000감소 ③ ₩50,000증가
④ ₩51,000증가 ⑤ ₩75,000증가

4. ㈜백두는 A, B, C 세 단계의 연속된 생산공정을 통해 완제품을 생산한다. ㈜백두는 매년 600단위의 제품을 생산하여 단위당 ₩5,000에 시장에서 모두 판매한다. 금년에 ㈜백두는 ㈜한라로부터 완제품 400단위를 단위당 ₩4,000에 납품해 줄 것을 추가로 요구받았다. 이 주문은 400단위 모두를 수락하거나 아니면 거절해야 한다. 완제품 기준으로 표시된 공정별 연간 생산능력, 생산량 및 단위당 변동원가는 다음과 같다.

구분	A공정	B공정	C공정
공정별 연간 생산능력	1,000단위	800단위	900단위
공정별 연간 생산량	600단위	600단위	600단위
공정별 단위당 변동원가	₩500	₩1,000	₩1,500

㈜백두가 ㈜한라의 주문을 받아들일 경우 영업이익은 얼마나 증가(또는 감소)하는가? 단, 외부공급업체로부터 B공정에서 생산된 것과 동일한 부품을 단위당 ₩3,000에 무제한 공급받을 수 있다고 가정한다.

① ₩50,000 증가 ② ₩50,000 감소 ③ ₩400,000 증가
④ ₩400,000 감소 ⑤ 증감 없음

2. 부품의 자가제조(In-Sourcing) vs. 외부구입(Out-Sourcing)

핵심사항: 관련원가의 범위와 기회비용	
관련원가	(+) 외부구입비용(지출원가)
	(-) 회피가능 자가제조원가(자가제조 변동비) (-) 기회비용감소(유휴화된 자가제조설비의 대체용도 활용에 따른 수익의 증가 또는 타부품 생산원가의 감소 등)
질적정보(qualitative information): 외부공급업자의 신뢰성 외부공급업자와의 유대관계 등	

예제 3〉 영동회사는 완제품 생산에 필요한 부품을 자가제조하고 있다. 부품의 연간 소비량 5,000개의 자가제조에 관한 원가자료는 다음과 같다.

	단위당 원가	총원가
직 접 재 료 비	₩6	₩30,000
직 접 노 무 비	4	20,000
변 동 제 조 간 접 비	2	10,000
고 정 제 조 간 접 비		
감 독 자 급 여	1	5,000
감 가 상 각 비	3	15,000
기 타 배 부 액	2	10,000
합 계	₩18	₩90,000

회사는 올해 초 외부공급업자로부터 개당 ₩16에 필요한 만큼의 부품을 공급하겠다는 제의를 받았다. 부품을 외부에서 구입할 경우 외부용역회사 소속의 공장감독자는 소속회사로 돌아가게 된다.

〔요구사항〕 부품을 외부에서 구입할 경우 기존의 공장설비를 임대하면 연간 ₩20,000의 임대수익을 얻을 수 있다고 할 때, 부품의 자가제조 또는 외부구입 의사결정을 하시오.

〔실전 응용 문제〕

5. 대한직업소개소는 현재 연간 6,000건의 직업을 소개해주고 있다. 1건의 직업 소개에 소요되는 변동비는 ₩2,000이고 연간 총고정비는 ₩3,000,000으로 추정된다. 그런데 국세직업소개소에서 연간 6,000건 전부에 대한 직업소개를 대행해 주겠다고 제의를 해왔다. 이와 같이 국세직업소개소의 제의를 수락할 경우에 기존의 연간 총고정비 중 ₩1,400,000이 감소할 것으로 예상된다. 국세직업소개소는 대행수수료로서 연간 ₩13,000,000을 요구해왔다. 이와 같은 국세직업소개소의 제의를 수락하는 것이 대한직업소개소의 영업이익에 미치는 영향으로 옳은 것은?

① ₩1,000,000 증가　② ₩1,000,000 감소　③ ₩600,000 증가
④ ₩600,000 감소　⑤ ₩400,000 증가

6. (주)한국완구는 매년 완구생산에 필요한 부품인 모터 3,000개 중 일부를 자체생산하고, 나머지 부족한 부분은 외주로 충당하고 있다. 자체생산은 모터부서에서 담당하며 연간 총 2,000개의 모터를 생산한다. 모터 1개당 변동제조원가는 ₩55이며, 모터부서의 총고정원가는 연간 ₩150,000이다. 자체생산시 발생하는 모터부서의 총고정원가 중 80%만이 모터부서 폐지시 회피가능한 원가이다. 외주로 조달하는 모터는 연간 총 1,000개이다. 당기초 외주업체는 전격적으로 모터의 판매가격을 모터 1개당 ₩120에서 ₩100으로 인하하였다. 이에 따라 (주)한국완구는 기업내 모터부서를 폐지하고, 모터 3,000개를 전량 외주업체에서 구매할 것을 검토하기 시작하였다. 이에 모터부서는 부서 폐지를 막기 위한 자구방안으로 단위당 변동제조원가 ₩10과 회피가능고정원가 ₩10,000을 동시에 절감하였다. 만약 (주)한국완구가 외주업체로부터 모터 3,000개 전량을 구입할 경우 (주)한국완구의 순이익에 미치는 영향은 얼마인가? 단, 모터부서의 최대생산능력은 자구방안과 관계없이 항상 2,000개이다.

① ₩0　② ₩10,000 증가　③ ₩30,000 증가
④ ₩40,000 증가　⑤ ₩40,000 감소

3. 보조부문의 유지 vs. 폐쇄

핵심사항: 외부구입량 파악 & 타 보조부문의 원가절감액	
관련정보	1. 자가제조 vs. 외부구입과 동일함.
	2. 외부구입량 파악 (일반적으로 외부구입시 필요한 구입량은 기존에 비해 감소)
	3. 존속하는 타 보조부문에 대한 배부 원가 절감액
질적정보(qualitative information): 노사관계, 외부공급업자와의 유대관계 등	

예제 4〉 울산회사는 두 개의 보조부문(수선부문, 전력부문)과 두 개의 제조부문(성형부문, 완성부문)을 운영하고 있다. 각 보조부문에서 다른 부문에 제공할 연간 예상용역량은 다음과 같다.

제공 \ 사용	보조부문		제조부문		합계
	수선부문	전력부문	성형부문	완성부문	
수선부문	-	100시간	250시간	150시간	500시간
전력부문	500kWh	-	100kWh	400kWh	1,000kWh

각 보조부문에서 발생할 연간 예상원가(배분전)는 다음과 같다.

	수선부문	전력부문
변동비	₩70,000	₩10,000
고정비	30,000	30,000
합계	₩100,000	₩40,000

전력부문의 고정비는 전액이 설비자산의 감가상각비이며 변동비는 전력생산량에 비례하여 발생하는데 당기의 예상 변동비 ₩10,000은 전력의 예정생산량 1,000㎾h를 기준으로 하여 산출한 것이다. 수선부문의 전력필요량은 수선부문의 조업시간에 비례한다. 회사의 경영자는 전력을 외부에서 구입하는 것을 고려하고 있다.

〔요구사항〕

1. 전력을 자가제조하지 않고 외부구입할 경우, 회사가 현재의 생산수준을 유지하기 위하여 연간 구입해야 하는 전력량은 얼마인가?
2. 한 전기회사가 kwh당 ₩30에 회사가 필요로 하는 전력을 공급하게쌌고 제의하여 왔다. 이 제의를 받아들여야 하는가?
3. 전력을 외부에서 구입할 경우 전력부문의 기존설비자산을 임대하면, 연간 ₩5,000의 임대수익을 얻을 수 있다고 할 때, kwh당 ₩30에 전력을 공급하겠다는 전기회사의 제의를 받아들여야 하는가?

〔실전 응용 문제〕

7. Q사는 두 개의 보조부문 A와 B, 그리고 생산부문 X와 Y를 갖고 있다. 다음 표는 보조부문 A와 B, 그리고 생산부문 X와 Y와의 관계를 나타낸 것이다.

	보조부문		생산부문		총단위
	A	B	X	Y	
A	0	20	50	30	100
B	40	0	10	50	100

또한 보조부문 A 자체에서는 모두 변동원가로서 ₩20,000이 쓰여지고, 보조부문 B에서도 모두 변동원가로서 ₩10,000이 지출된다. 외부에서 보조부문 B를 폐쇄하는 조건으로 단위당 ₩130에 공급하겠다는 제의가 왔을 때 Q사가 이 제의를 받아들여야 하는지 또는 거절하여야 하는지를 다음 중에서 고르시오.

① 단위당 ₩130이 B에서 공급하는 ₩100보다 크기 때문에 거절한다.
② 보조부문 B를 폐쇄함으로써 생기는 절약분은 ₩14,000인데 단위당 ₩130에 사오면 ₩11,960의 지출이 발생하므로 보조부문 B를 폐쇄한다.
③ 보조부문 B를 폐쇄함으로써 생기는 절약분은 ₩11,960인데 외부에서 공급하면 ₩14,000의 지출이 발생하므로 보조부문 B를 유지한다.
④ 보조부문 B를 폐쇄함으로써 생기는 절약분은 ₩12,320인데 외부에서 공급하면 ₩10,000의 지출이 발생하므로 보조부문 B를 폐쇄한다.
⑤ 보조부문 B를 폐쇄함으로써 생기는 절약분은 ₩10,000인데 외부에서 공급하면 ₩12,320의 지출이 발생하므로 보조부문 B를 유지한다.

4. 제품라인의 유지 vs. 폐쇄

핵심사항: 관련원가의 범위 결정	
관련수익	(-) 생산중단에 따른 폐쇄된 라인의 매출액 감소
관련비용	(+) 잠식효과-> (-) 기회비용 : 타제품 판매량 감소에 따른 이익 상실액
	(-) 생산중단에 따른 지출원가 & 기회비용의 감소(시너지효과)
질적정보(qualitative information): 노사관계, 외부공급업자와의 유대관계 등	

예제 5〉 울산회사는 A, B, C의 세 가지 제품을 생산, 판매하고 있다. 회사는 당기 제품별 손익계산서는 다음과 같다.

	A	B	C	합계
매 출 액	₩200	₩300	₩500	₩1,000
변 동 비	180	200	220	600
공헌이익	20	100	280	400
고 정 비	60	90	150	300
영업이익	₩(40)	10	130	100

회사는 고정비를 각 제품의 매출액에 비례하여 배분하고 있다. 위의 손익계산서를 본 경영자는 손실이 발생하고 있는 A제품을 내년부터 생산하지 않을 것을 검토하고 있다.

〔요구사항〕

1. A제품을 생산하지 않을 경우에도 지금처럼 ₩300의 고정비가 발생한다면 A제품의 생산라인을 폐지하여야 하는가?

2. A제품을 생산하지 않을 경우 고정비가 ₩50만큼 회피가능하다면 A제품의 생산라인을 폐지하여야 하는가?

〔실전 응용 문제〕

8. A회사의 11월 약식손익계산서가 다음과 같다.

	합 계	갑 부문	을 부문
매 출 액	₩200,000	₩80,000	₩120,000
변 동 비	116,000	32,000	84,000
공 헌 이 익	84,000	48,000	36,000
추적가능고정비	60,000	20,000	40,000
부 문 이 익	24,000	28,000	(4,000)
공통고정비	10,000	4,000	6,000
영 업 이 익	₩14,000	₩24,000	(₩10,000)

각 부문이 폐쇄된다면 각 부문의 추적가능고정비용의 3/4은 회피가능하다. 이 회사는 공통고정비를 각 부문의 매출액에 비례하여 배분하고 있다. 이 회사는 을 부문을 폐쇄할 경우 갑 부문의 매출이 10% 감소할 것으로 예측하고 있으나 을 부문을 폐쇄할 경우 을 부문의 매출에는 영향이 없을 것으로 예측하고 있다. 이 회사가 을 부문을 폐쇄하기로 결정한다면 회사 전체의 영업이익은 얼마가 되는가?

① ₩18,000　② ₩13,200　③ ₩10,000
④ ₩8,000　⑤ ₩3,200

9. ㈜갑은 제품 A와 제품 B를 생산 · 판매하고 있으며, 20X1년 제품별 손익계산서는 다음과 같다.

	제품 A	제품 B	합계
매출액	₩100,000	₩50,000	₩150,000
매출원가			
직접재료원가	25,000	15,000	40,000
직접노무원가	20,000	13,000	33,000
제조간접원가	11,000	10,000	21,000
합계	56,000	38,000	94,000
매출총이익	₩44,000	₩12,000	₩56,000
판매관리비	30,000	15,000	45,000
영업이익	₩14,000	(₩3,000)	₩11,000

㈜갑의 20X1년 제조간접원가 ₩21,000 중 ₩9,000은 작업준비원가이며, 나머지 ₩12,000은 공장설비의 감가상각비이다. 작업준비원가는 배치생산횟수에 비례하여 발생하며, 공장설비의 감가상각비는 회피불가능한 원가로서 매출액을 기준으로 각 제품에 배부된다. 각 제품의 판매관리비 중 40%는 변동원가이고 나머지는 회피불가능한 고정원가이다. 만약 제품 B의 생산라인을 폐지하면, 제품 A의 판매량은 30% 증가하게 되며 제품 A의 배치생산횟수는 20% 증가할 것으로 기대된다. 20X2년에도 제품별 수익 및 비용 구조는 전년도와 동일하게 유지될 것으로 예상된다. ㈜갑이 20X2년초에 제품 B의 생산라인을 폐지할 경우 연간 증분이익은 얼마인가?

① ₩2,000 ② ₩2,300 ③ ₩2,900
④ ₩3,200 ⑤ ₩3,600

---

5. 제한된 자원의 사용

(1) 의의: 이익극대화 관점에서 생산요소의 제약이 존재하는 경우 최적제품배합에 관한 의사결정 ==> 제약조건 하에서 복수 제품 중 생산의 우선순위 결정

(2) 적용

[case1] 제약자원이 1개인 경우: 제약자원 단위당 공헌이익이 큰 제품부터 우선 생산

예제 6〉 울산회사는 수익과 원가자료가 다음과 같은 두 제품 A, B를 생산, 판매하고 있다.

	제품 A	제품 B
단위당 판매가	₩150	₩100
단위당 변동비	90	60
단위당 공헌이익	60	40
단위당 기계시간	2시간	1시간

제품 A, B의 수요는 무한하다고 가정한다. 연간 이용가능한 기계시간이 150시간으로 제한되어 있다. 회사의 공헌이익을 극대화하기 위한 최적제품배합과 그 때의 연간 공헌이익을 구하시오.

★[case2] 제약자원이 2개 이상인 경우: 선형계획법 적용

☞ 선형계획법의 적용 절차

1st : 목적함수 도출 ==> Max 공헌이익 극대화
2nd : 제약조건식 표시
3rd: 제약조건을 모두 충족하는 영역 즉, 실행가능영역 표시 (by graph)
4th: 최적해 도출

예제 7〉 울산회사는 수익과 원가자료가 다음과 같은 두 제품 A, B를 생산, 판매하고 있다.

	제품 A	제품 B
단위당 판매가	₩150	₩100
단위당 변동비	90	60
단위당 공헌이익	60	40
단위당 기계시간	2시간	1시간
단위당 원재료	1kg	2kg

제품 A, B의 수요는 무한하며 연간 이용가능한 기계시간과 원재료는 각각 150시간, 120kg으로 제한되어 있다. 회사의 공헌이익을 극대화하기 위한 최적제품배합과 그 때의 연간 공헌이익을 구하시오.

〔실전 응용 문제〕

〔문제 10-11〕 정밀기계를 위한 특수필터와 가정의 전자제품용 일반필터를 생산하여 판매하고 있다. 2008년도 제품 생산량과 단위당 자료는 다음과 같다.

구 분	특수필터	일반필터
생산량	2,000개	6,000개
판매가격	₩500	₩300
직접재료비	150	100
직접노무비	60	80
변동제조간접비	90	60
변동판매관리비	50	30

연간 최대조업도는 21,000기계시간이며, 2008년도 변동제조간접비는 기계시간당 ₩30이었다. 매년 생산량과 판매량은 동일한 것으로 가정한다.

10. 연간 최대조업도하에서 특수필터와 일반필터를 각각 최소한 1,500단위 이상 판매하는 경우, 총공헌이익을 최대화하기 위한 특수필터와 일반필터의 판매량은 얼마인가?

	특수필터	일반필터		특수필터	일반필터
①	4,500단위	6,750단위	②	4,500단위	8,200단위
③	5,000단위	1,500단위	④	6,000단위	1,500단위
⑤	6,500단위	1,500단위			

11. 특수필터 제품에 대한 판매활동을 강화하여 특수필터와 일반필터의 매출배합을 2 : 3으로 변경하는 것을 고려하고 있다. 매출배합의 변경은 오직 특수필터 제품의 변동판매관리비에만 영향을 준다. 특수필터와 일반필터의 전체 판매량을 8,000단위로 하고 매출배합을 변경할 경우에 두 제품의 판매로 인한 총공헌이익이 매출배합 변경전과 동일하다면, 특수필터 제품의 단위당 변동판매관리비는 얼마인가?

① ₩50 ② ₩65 ③ ₩75
④ ₩85 ⑤ ₩95

12. K회사는 다음과 같은 두 가지 제품을 생산하고 있다.

	갑 제품	을 제품
제품단위당 :		
직접재료원가	₩60	₩120
직접노무원가	40	90
제조간접원가(기계시간당 ₩40)	160	320
외부구입가격	240	460
연간 외부주문량	3,000단위	5,000단위

고정제조간접원가 배부율은 기계시간당 ₩15이다. 회사는 주문이 들어오면 외부에서 구입하여 제공하더라도 주문을 모두 수락하는 정책을 가지고 있다. 기계시간이 총 32,000시간으로 제한되어 있고 회사는 이익극대화를 목표로 한다고 할 때, 다음의 기술 중에서 옳지 않은 것은?

① 변동제조간접원가의 기계시간당 배부율은 ₩25이다.
② 갑 제품의 단위당 변동제조원가는 ₩200이다.
③ 변동제조원가에 비하여 외부구입가격이 상대적으로 큰 제품은 을이기 때문에, 기계시간당 원가절감효과도 갑 제품에 비하여 을 제품이 크게 나타난다.
④ 갑 제품은 외부주문수량의 전량을 자가생산하여야 한다.
⑤ 을 제품은 외부주문수량의 1/2을 자가생산하고 나머지 1/2은 외부구입하여야 한다.

13. H회사는 단일 기계설비를 이용하여 두 종류의 제품 H와 L을 생산판매하고 있다. 월간생산능력은 H제품만 생산할 경우 400개이다. H제품 1개 생산에 소요되는 시간은 L제품의 2배이다. 설비능력 및 시장수요를 감안한 3월 계획은 H제품 300개와 L제품 200개를 생산판매하는 (즉, 기계설비를 100% 가동하는) 것이다. 최근 L제품 100개를 정규가격 이하인 단위당 ₩50에 3월중 납품해 달라는 특별주문을 받았다. 단위당 원가 및 가격자료는 다음과 같다.

	H제품		L제품	
정규 판매가격		₩100		₩60
직접재료원가	₩40		₩20	
직접노무원가(변동원가)	20		15	
변동제조간접원가	10		5	
고정제조간접원가	20		10	
합 계		₩90		₩50

특별주문을 받아들일 경우 이익은 당초 계획에 비해 어떻게 달라지겠는가?

① 이익에 변화 없음
② ₩1,000 이익감소
③ ₩500 이익감소
④ ₩2,000 이익감소
⑤ ₩1,500 이익감소

14. (주)서울은 두 가지 제품 A, B를 생산 · 판매하고 있다. A, B 제품의 단위당 판매가격은 각각 ₩600, ₩700이며, 단위당 변동원가는 각각 ₩400씩이다. 한편 이 제품들을 생산하기 위해서는 갑기계와 을기계를 이용해야 한다. A제품 한 단위를 생산하기 위해서는 갑기계와 을기계를 각각 1시간씩 가동해야 한다. 또한 B제품을 한 단위 생산하기 위해서는 갑기계를 4시간, 을기계를 1시간 가동해야 한다. 갑, 을 기계의 매월 가동가능시간은 각각 640시간, 400시간이며, 매월 감가상각비는 갑기계가 ₩40,000, 을기계가 ₩50,000이다. 이익(손실)을 최대화(최소화)하려면 제품 A와 B를 각각 매월 얼마나 생산 · 판매해야 하는가? (단, 생산된 제품은 모두 판매되며, 기계에 대한 감가상각비는 회피불능원가이다)

	A	B
①	0개	0개
②	0개	160개
③	0개	400개
④	320개	80개
⑤	400개	160개

6. 투입배합의 결정

① 의의: 비용을 극소화를 위한 최적의 재료배합 의사결정 --> 비용극소화를 통한 이익극대화

② 적용

[case1] 제약 재료(요소)가 1개인 경우: <u>제약요소 단위당 원가가 낮은 재료부터 우선 투입</u>

[case2] 제약 재료(요소)가 2개 이상인 경우: 선형계획법 적용

예제 8〉 ㈜영민은 땅콩을 사용하여 칼륨이 함유된 다이어트용 식품을 생산하고 있다. 이 제품 1단위에는 최소한 칼륨 200mg이 반드시 함유되어야 한다. 회사가 사용할 수 있는 땅콩은 A, B의 두 종류가 있는데, A땅콩 1컵에는 4mg의 칼륨이 포함되어 있고 B땅콩 1컵에는 2mg의 칼륨이 포함되어 있다. A땅콩 1컵의 원가는 ₩120이며 B땅콩 1컵의 원가는 ₩80이다. 기타 다른 원가는 땅콩의 원료배합과는 무관하다고 가정하자.

〔요구사항〕

1. 회사의 원가를 최소화하기 위한 제품 1단위의 최적땅콩배합은 얼마인가? 제품 1단위를 생산하는데 소요되는 최소한의 땅콩원가를 구하시오.
2. 각 땅콩에 포함되어 있는 칼륨의 성분에 다소 차이가 있어서 제품 1단위에 포함되어야 하는 200mg의 칼륨 중 50%가 반드시 B땅콩으로부터 추출되어야 한다고 가정하자. 회사의 원가를 최소화하기 위한 제품 1단위의 최적땅콩배합은 얼마인가? 제품 1단위를 생산하는데 소요되는 최소한의 땅콩원가를 구하시오.

예제 9〉 ㈜영민은 땅콩을 사용하여 칼륨과 마그네슘이 함유된 다이어트용 식품을 생산하고 있다. 이 제품 1단위에는 최소한 칼륨 200mg과 마그네슘 180mg이 반드시 함유되어야 한다. 회사가 사용할 수 있는 땅콩은 A, B의 두 종류가 있는데, A땅콩 1컵에는 4mg의 칼륨과 2mg의 마그네슘이 포함되어 있고 B땅콩 1컵에는 2mg의 칼륨과 3mg의 마그네슘이 포함되어 있다. A땅콩 1컵의 원가는 ₩120이며 B땅콩 1컵의 원가는 ₩80이다. 기타 다른 원가는 땅콩의 원료배합과는 무관하다고 가정하자.

〔요구사항〕

1. 회사의 원가를 최소화하기 위한 제품 1단위의 최적땅콩배합은 얼마인가? 제품 1단위를 생산하는데 소요되는 최소한의 땅콩원가를 구하시오
2. 각 땅콩에 포함되어 있는 칼륨의 성분에 다소 차이가 있어서 제품 1단위에 포함되어야 하는 200mg의 칼륨 중 50%가 반드시 B땅콩으로부터 추출되어야 한다고 가정하자. 회사의 원가를 최소화하기 위한 제품 1단위의 최적땅콩배합은 얼마인가? 제품 1단위를 생산하는데 소요되는 최소한의 땅콩원가를 구하시오.

최신의사결정 이론(제약이론, 품질원가, 목표원가)

1. 제약이론과 의사결정

(1) 의의: 제약이론(TOC: Theory of Constraint)은 병목공정(Bottleneck)의 처리능력 제약을 해결하여 수익성을 높이는 이론

(2) 기본 개념(Basic concept)

① 가정: 가공원가와 판매관리비와 같은 영업비용이 모두 고정원가임.
==> 즉, 재료비(Direct Material)만을 변동원가로 고려(초변동원가 system)
② 쟁점: 재료처리량 공헌이익(Throughput Contribution) > 병목공정 개선비용

(3) 목적: 단기적 재료처리량 공헌이익의 극대화 & 재고운영비 감소 & 비부가가치 투자 감소

(4) 적용: 재료처리량 공헌이익(Throughput Contribution) > 병목공정 개선비용

The Key of this issue	
관련수익	(+) 병목공정 개선을 통한 추가 매출 효과
관련비용	(+) 추가 매출과 관련한 변동원가(재료비)
	(+) 병목공정 개선에 투입된 원가(운영비+투자비)
	(-) 병목공정의 처리능력 증가를 통한 재고유지원가 감소 등의 기회비용 감소

==> Throughput Contribution + 기회비용감소 > 공정개선을 위한 운영비&투자비 증가액

(5) 제약이론 적용 장점

① 전사적관점에서의 이익극대화 가능
② 성과평가 지표의 개선
(과거: 조업도(생산량)기준 --> TOC: 재료처리량 공헌이익 기준)
③ 재고유지비용의 감소
④ 고객대응시간 단축 --> 이에 따른 판매량 증가
⑤ 공정개선의 측면에서 TOC와 ABC는 상호보완적 역할을 수행할 수 있음.

☞ 병목(Bottleneck)공정의 문제 및 해결방안

① 병목공정이란? 생산능력이 필요작업량에 부족한 공정을 의미함.
② 병목공정의 문제:
병목공정의 낮은 처리능력==> 병목공정 전 공정의 처리물량은 재고로 쌓여 재고유지원가가 발생==> 병목공정 후 공정은 처리량이 부족==> 기업의 생산판매 물량이 병목공정의 처리량에 의해 제약 받음
③ 병목공정의 해결
단기: 병목공정의 느린 속도에 다른 공정의 속도를 맞추어 재고를 감소,
&. 병목공정 작업을 추가 아웃소싱 하여 해당 작업 처리량을 높임
장기: 병목공정의 자체 처리능력을 높여 기업 전체의 생산능력을 증가

예제 9〉 울산회사는 단위당 판매가격이 ₩100이고 단위당 직접재료비가 ₩40인 A제품을 생산·판매하고 있다. 직접재료비 이외의 다른 모든 원가는 고정비이다. A제품은 압연공정과 프레스공정을 통하여 생산되는데 이들 두 공정의 자료는 다음과 같다.

	압연공정	프레스공정
시간당 생산능력	30개	20개
연간생산능력(5,000시간)	150,000개	100,000개
연간고정비	₩900,000	₩800,000

현재 프레스공정의 생산능력의 제약으로 인하여 A제품의 연간 생산량은 100,000개에 그치고 있다. 따라서 압연공정과 프레스공정의 단위당 고정운영비(직접재료비 제외)는 각각 ₩9. ₩8으로 계산된다.

〔요구사항〕 다음의 각 물음은 서로 독립적이다. (단, A제품의 수요는 무한하다고 가정한다.)

1. 프레스 공정의 유휴시간을 제거하기 위하여 작업자를 고정배치하려고 한다. 이러한 조치를 위하여 연간 ₩50,000의 비용이 추가로 소요되며, 이 조치가 실행되면 프레스공정의 연간 생산능력이 1,000개 증가된다고 한다. 이러한 조치를 실행하여야 하는가?
2. 연간 ₩100,000의 비용을 추가로 투입하면 프레스공정의 작업준비시간을 단축시킬 수 있으며 이로 인해 연간 4,000개의 프레스가공을 추가로 할 수 있다고 한다. 이를 실행해야 하는가?
3. 한 외부가공업자는 울산회사가 원재료를 공급하는 조건으로 A제품 2,000개를 개당 ₩16의 가격이 프레스공정의 개당 ₩8의 운영비보다 두 배나 높기 때문에 거절하여야 한다고 주장하고 있다. 생산이사의 주장이 타당한가?
4. 압연공정에서 1개의 불량품이 생산된다면 불량품의 관련원가는 얼마인가? 또한, 만약 프레스공정에서 1개의 불량품이 생산된다면 불량품의 관련원가는 얼마인가?

〔실전 응용 문제〕

15. 제약이론에 대한 다음의 설명 중 가장 타당하지 않은 것은?

① 제약이론에서는 기업의 생산활동과 관련된 내부적 제약요인을 집중적으로 관리하고 개선하여 생산활동을 최적화하고자 한다.
② 제약이론의 생산최적화과정은 제약요인을 찾아 개선한 후에 또 다른 제약요인을 찾아 지속적으로 개선하는 과정을 밟는다.
③ 제약이론을 원가관리에 적용한 재료처리량공헌이익(throughput contribution)은 매출액에서 직접재료비와 직접노무비를 차감하여 계산한다.
④ 제약이론은 재료처리량공헌이익을 증가시키고, 투자 및 운영원가를 감소시키는 것을 목적으로 한다.
⑤ 제약이론에서는 운영원가를 단기적으로 변화시킬 수 없는 고정비로 본다.

〔문제 16-17〕

W회사는 기계공정과 마무리공정에서 사무용 의자를 만들고 있다. 이에 관련된 자료는 아래 표와 같다. 의자는 단위당 ₩90,000에 판매되고 기계공정 초기에 ₩40,000의 직접재료원가가 투입된다. 이외에 다른 변동원가가 없다. 또한 생산된 완제품은 모두 판매할 수 있다.

	기계공정	마무리공정
연간처리능력	1,000단위	800단위
연간생산수량	800단위	800단위
고정운영원가(직접재료원가 제외)	₩8,000,000	₩4,800,000
단위당 고정운영원가	₩10,000	₩6,000

16. 마무리공정의 처리능력을 100단위 증가시킬 수 있는 최신설비를 마무리공정에 설치할 것을 고려하고 있다. 이 최신설비의 연간원가는 ₩4,000,000이다. 이 설비를 설치한다면 얼마의 순이익이 추가로 발생하는가?

① ₩0 ② ₩1,000,000 ③ (₩4,000,000)
④ ₩4,000,000 ⑤ ₩8,000,000

17 .현재 마무리공정에서 200단위의 불량품을 생산했다. 이 불량품으로 인해 발생하는 총손실은 얼마인가?

① ₩0 ② ₩4,800,000 ③ ₩8,000,000
④ ₩10,000,000 ⑤ ₩18,000,000

18. H회사는 두 가지 공정을 거쳐 제품을 생산하는 회사이며, 관련 자료는 다음과 같다.

	제1공정	제2공정
연간 최대생산능력	1,000단위	600단위
연간 고정원가	₩2,000	₩1,000
단위당 변동원가	₩30	₩10

제품은 단위당 ₩60에 판매되며, 생산된 제품은 생산량에 관계없이 판매가 가능하다고 가정한다. 제2공정에 연간 리스료가 ₩1,000인 기계장치 1대를 리스하여 투

입하면, 연간 100단위의 제품을 추가로 생산할 수 있다. 동 기계장치 1대를 리스할 경우 증분손익은 얼마인가?

① 증분이익 ₩500 ② 증분손실 ₩500 ③ 증분이익 ₩1,000
④ 증분이익 ₩5,000 ⑤ 증분이익 ₩9,000

2. 품질경영을 위한 품질원가 계산

(1) 품질의 정의: 내구성, 편의성, 디자인 등...의 복합적 개념 --> 그러나 관리회계측면에서 접근하면 품질은 크게 두 가지 영역으로 구분가능함.

a) 설계품질(Quality of Design) : 설계에 의해 결정되는 기능성, 디자인 등의 품질(=소비자 품질)
b) 적합품질(Quality of Conformance) : 설계 사양에 적합하게 작동하는 품질(=생산자 품질)

<사례> 수출용 신형 그랜저의 외형 변화는 어떠한 품질 척도를 높이기 위한 것일까? (조선일보, 2003.05.13. 기사 참조)

구형 그랜저 XG	신형 그랜저XG(내수용)	신형 그랜저XG(수출용)

(2) 품질원가
: 적합품질과 관련하여 발생하는 원가--> 불량품과 관련한 여러 원가

(3) 품질원가의 유형

종류	예
예방원가	우수협력업체 선정원가, 직원 품질교육 훈련비, 예방적 설비 유지보수비, 설계개선원가
평가원가	공정검사원가, 재공품/완성품 검사원가
내부실패원가	불량품 재작업 원가, 불량품 폐기원가, 공손원가, 설비 고장수리비
외부실패원가	보증수리비, 고객서비스센터 운영비, 제품 리콜원가, 손해배상금, 미래매출감소의 기회원가, 기업이미지 훼손

(4) 최적품질 수준(2가지 관점)

a) 허용가능 품질수준 관점=일정률의 불량률은 허용함.(전통적 관점)-소수설

b) 무결점관점=불량률 '영(0)'에서 품질원가가 최소화됨.

<==>전사적 품질관리 system

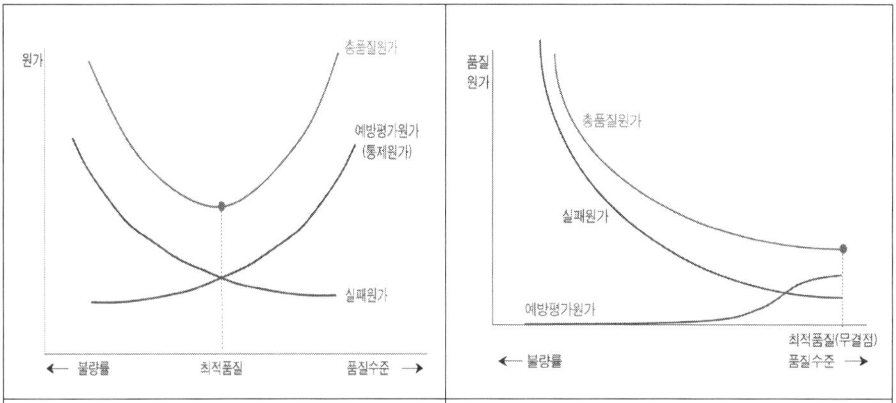

전통적 관점 / 무결점 관점

(5) 품질원가 분석

a) 수단: 품질원가 보고서(매출액 대비 유형별 품질원가 비율)

b) 목적: 품질개선효과를 살펴보기 위한 노력 --> 품질원가의 최소화 --> 이익 극대화

c) 품질개선효과 분석

☞ 통상적 품질개선 효과

1st: 통제원가 up --> 외부실패원가 down(Although 내부실패원가 up)
2nd: 통제원가uo --> 전체 실패원가 down
3rd: 예방원가 --> 평가원가 down & 실패원가 down

예제 10) 최근 우리나라는 2002년 7월 1일부터 본격 시행되는 제조물책임법에 대하여 국내기업들이 제품결함관련 손해배상의 부담을 안게 되었다. 그 결과 경영자들은 품질경쟁력을 높이기 위한 방안을 신중히 검토하고, 품질관리와 신제품 개발에 총력을 기울여야 하는 상황에 직면하게 되었다. 두 가지 형태의 냉장고를 생산·판매하고 있는 E사도 이러한 상황을 고려하여 품질관리에 대한 전면적인 검토를 하게 되었다. 즉, 경영자는 두 가지 냉장고의 품질을 믿을 수 없어 품질관리를 위하여 원가를 계산하여 전사적 품질관리를 시도하게 되었다.
품질원가에 대한 전반적인 자료를 수집한 결과 일반적으로 품질원가는 네 가지 범주로 구분된다는 것을 파악하고, 품질원가를 요약하여 품질원가 보고서를 작성하기로 하였다. E사의 각 냉장고와 관련된 품질관리 자료를 요약하면 다음과 같다.

구 분	A형	B형
생산 및 판매수량	10,000단위	5,000단위
단위당 판매가격	₩200,000	₩150,000
단위당 변동원가	₩120,000	₩80,000
설계개선에 소요된 시간	6,000시간	1,000시간
단위당 품질검사시간	1시간	0.5시간
재작업 수량비율	4%	10%
냉장고당 재작업원가	₩50,000	₩40,000
고객의 요구에 따른 수선비율	3%	8%
냉장고당 수선원가	₩40,000	₩50,000
불량품으로 인하여 상실된 추정매출수량	—	300단위
손해배상추정액	₩10,000,000	₩5,000,000

품질관리와 관련하여 설계개선에 참가한 직원과 품질검사원의 임률은 각각 다음과 같다.

설계개선에 참가한 직원	: 시간당 ₩7,500
품질검사원	: 시간당 4,000

〔요구사항〕

1. E사의 품질원가를 네 가지 범주로 구분하여 A형과 B형 냉장고에 대한 품질원가와 매출액 대비 범주별 원가비율을 나타내는 품질원가 보고서를 작성하시오(비율은 %로 나타내고, 소수점 셋째자리에서 반올림하시오).
2. E사의 매출액 대비 각 범주별 품질원가의 비율에 기초하여 냉장고 A형과 B형에 대한 품질원가를 비교 설명하시오.
3. 무결점(Zero Defects)을 추구하는 현대기업의 품질원가 행태를 품질원가와 품질수준(Quality of Conformance)의 관계를 이용하여 도표로 나타내시오.

〔실전 응용 문제〕

19. A사는 품질원가의 측정을 위해 품질관련 활동원가를 계산하고 있다. 다음 나열된 품질관련 활동원가 중 예방원가(prevention cost of quality)에 포함되어야 할 금액은?

활 동	활동원가 (또는 비용)	활 동	활동원가 (또는 비용)
품질방침기획 및 선포활동	₩10	제품품질검사 및 시험활동	₩60
선적 전에 발견된 부적합품 재작업활동	20	원부자재 공급사 평가활동	70
반품 재작업활동	30	반품 재검사활동	80
예방적 설비보수 및 유지활동	40	품질교육 및 훈련활동	90
미래 판매기회상실에 따른 기회비용	50		

① ₩50 ② ₩80 ③ ₩140
④ ₩160 ⑤ ₩210

20. ㈜영민은 연간 20,000대의 복사기를 생산하여 판매하고 있다. 복사기의 대당 판매가격은 ₩10,000, 대당 변동제조원가는 ₩4,000(재작업 및 수선원가 제외)이다. 재작업 및 수선에 관련된 원가는 다음과 같다.

	변동비	고정비	합계
시간당 재작업원가	₩40	₩60	₩100
시간당 고객지원원가	20	30	50
1회당 수선부품운송원가	180	60	240
시간당 보증수리원가	45	65	110

회사의 엔지니어들은 복사기의 품질을 향상시키기 위하여 복사기의 렌즈를 교체하려고 한다. 새로운 렌즈는 기존의 렌즈보다 단위당 ₩50이 더 비싸다. 복사기 한 대에 사용되는 렌즈는 하나이다. 복사기의 렌즈를 교체할 경우 연간 12,000시간의 재작업, 800시간의 고객지원, 200회의 수선부품운송, 8,000시간의 보증수리가 절감되고, 100대의 복사기가 추가로 판매될 것이라고 한다. 이 경우 복사기 렌즈를 교체하여야 하는가? (Horngren)

3. 원가기획과 목표원가

(1) 단기적 가격결정: 변동원가system적용 -->변동비 회수가격
예: 특별주문에서의 수락 가능한 최소판매가격(=증분지출원가+기회비용)

(2) 중·장기적 가격결정: 총원가를 회수하는 가격

① 가격결정 유형

a) 원가가산 가격결정(예: 원가보상계약)
: 시장수요와 경쟁기업의 가격정책을 무시 (독점기업의 가격결정 형태)

b) 목표판매가격(목표원가의 개념의 출발점)

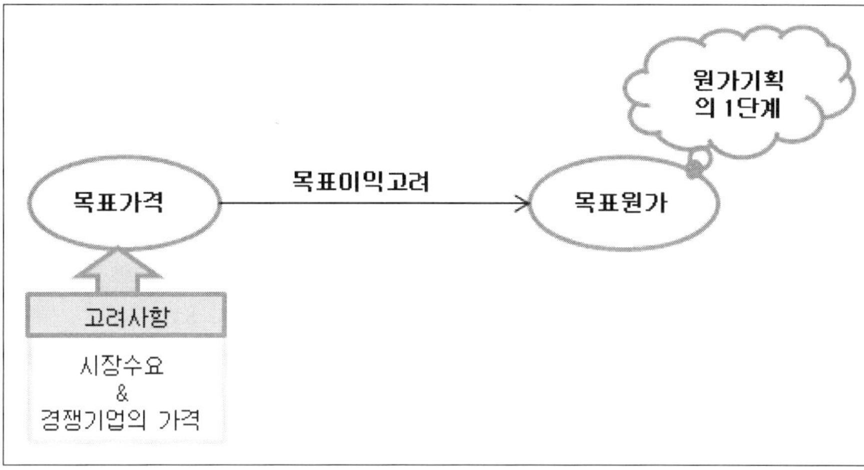

② 목표원가 설정 후 목표원가 달성을 위한 노력 ==> 가치공학

☞ 가치공학(*Value Engineering*: **VE**)이란??

○ 가치공학의 의의: : 최소의 원가로 필요한 기능을 달성하는 방법

○ 활동의 구분 : 모든 활동을 부가가치 활동과 비부가가치 활동으로 구분 후 후자는 제거하고 전자의 효율적 수행을 통해 원가동인수를 절감하고 단위당 활동원가를 절감하는 노력 수행

○ 사전적으로 제품의 수명주기 전반에 걸쳐 수행되는 행위 중 특히 제조 전 단계에서 발생하는 원가의 대폭 절감

[사례] 가치공학을 적용한 제조 전(前) 단계의 원가절감 필요성

"단 몇 퍼센트의 원가절감에는 피나는 노력이 필요하고 달성하는 것도 어렵지만, 수십 퍼센트의 원가절감 또는 원가반감은 착상만 바르게 하면 의외로 쉽다."

-원가절감사전(이가라시 료)-

☞ 제품수명주기와 원가절감(백태영_원가관리회계 5판 참조)

<table>
<tr><td>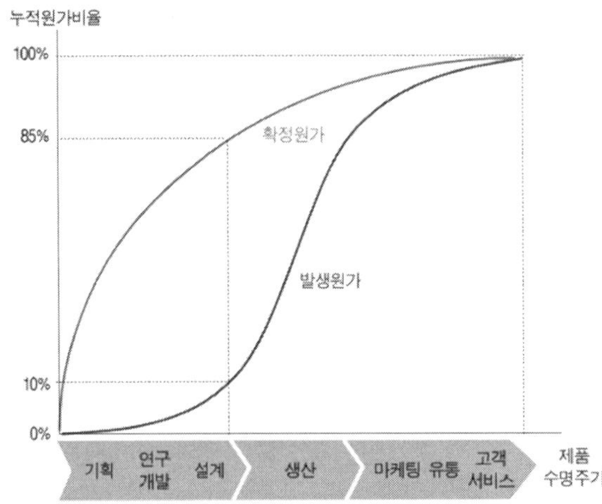
</td><td><그림 해석>
설계단계까지 발생하는 원가는 총수명주기원가의 10%인데, 설계단계까지 확정된 원가는 총원가의 85%
--> 생산 전 단계에서의 개선 노력을 통해 원가의 대폭 감소를 달성할 여지가 있음.</td></tr>
</table>

c. 제조단계에서의 지속적 개선을 통한 원가의 소폭 절감(카이젠 원가계산)

☞ 카이젠원가계산(kaizen costing)

: 제조단계에서 원가절감목표를 설정하고 제조공정을 지속적으로 개선하여 원가절감을 달성하는 과정을 지칭함. 이러한 원가계산구조는 제조단계에서의 소규모이고 지속적인 원가절감에 초점을 둔다는 점에서 목표원가계산과는 차이가 있음.

[참조] cf. 카이젠원가 vs. 표준원가

	카이젠원가	표준원가
목적	원가절감	원가통제
개선주체	제조공정의 작업자	관리자
제조공정	지속적인 개선이 가능함	상대적으로 안정정임
차이분석	목표절감액 vs. 실제절감액	표준원가 vs 실제원가
설정횟수	보통 월단위 평가	1년(반년)단위로 표준설정

예제 11) 당사는 최근 경쟁이 심화되면서 현재의 판매가격으로는 현재의 판매량을 유지할 수 없게 되었다. 다음의 영업담당이사와 생산부장의 대화내용을 보고 물음에 답하시오.

영업담당이사	: 현재 시장상태로 보아 현재의 판매가격으로는 판매수준을 유지할 수 없다고 보는데, 자네 생각은 어떠한가?
생산부장	: 그렇습니다. 경쟁사의 출현으로 경쟁이 심해지고 있기 때문에 현재의 판매량을 유지하려면 판매가격을 인하해야 합니다.
영업담당이사	: 가격인하를 위해서는 현재의 원가를 절감해야 하지 않나? 원가절감 방안에는 어떤 것들이 있지?
생산부장	: 현재의 생산방식으로는 기존 원가의 0.5%밖에 감소시킬 수 없습니다. 설계변경을 통한 원가절감을 고려해보아야 합니다.
영업담당이사	: 판매량은 600개가 적당하다고 보는데, 설계변경을 통한 원가절감가능성에 대한 보고서를 준비해보게나.

현재의 생산방식에 의할 경우 600개 생산시의 원가정보는 다음과 같다.

직접재료원가	₩10,000	
직접노무원가	12,000	
기계가동원가	4,000	고정비임
주문원가	2,500	주문횟수 8회
작업준비원가	2,720	작업준비시간 10시간
부품처리원가	4,000	부품사용개수 80개
검사원가	8,380	검사시간당 ₩480
재작업원가	10,400	생산량(재작업품 포함)의 10%
총계	₩54,000	

〔요구사항〕

1. 설계변경시 600개를 생산하는 데 소요되는 활동량이 다음과 같이 변화한다고 한다. 활동기준원가계산하에서 제품의 설계변경 후 단위당 제조원가를 구하시오.

기계가동시간	25% 절감가능
주문횟수	4회로 감소
작업준비시간	5시간 감소
부품사용개수	50개로 감소
검사시간	25% 절감가능
재작업수량	생산량의 5%로 절감가능

2. 회사가 설계변경 후 목표원가를 현재원가의 13% 감소로 설정했다면, 설계변경이 회사의 목표원가를 달성시키는지 구체적인 계산을 근거로 설명하시오.

3. 제조단계에서의 원가절감노력보다 제품설계단계에서의 원가절감노력이 더 효과적인 이유는 무엇인가?

4. 활동기준원가계산에 의할 경우 원가정보의 왜곡현상이 완화될 수 있는 제조환경에는 어떠한 것들이 있는가?

제4장 자본예산

핵심내용: 기업의 장기 의사결정 예컨대 자본투자와 관련한 의사결정 구조에 대해 이해함. 이를 위해 화폐의 시간가치와 자본비용에 대한 학습이 선행될 필요가 있음. 따라서 본 장에서는 화폐의 시간가치의 의미와 자본비용의 결정 과정을 먼저 설명한 뒤 자본예산 결정기법에 대해 구체적으로 논의한다.

화폐의 시간가치

1. 유동성선호와 이자율

유동성 선호 : 사람들은 미래의 현금보다 현재의 현금을 선호

시차선호	⇒	
실물투자기회	⇒	무위험이자율
물가상승	⇒	
불확실성	⇒	위험프리미엄

2. 현금의 미래가치와 현재가치

(1) 미래가치

① 연 1회 이자지급: $P_n = P_0(1+r)^n = P_0 \times CVIF_{(r.n)}$

② 연 m회 이자지급: $P_n = P_0(1+r/m)^{m \times n} = P_0 \times CVIF_{(r/m,\, m \times n)}$

$= P_0(1+r_e)^n = P_0 \times CVIF_{(re,\, n)}$

(2) 현재가치: 미래가치 계산식을 P_0에 대한 값으로 역산

예제 1) 미래가치의 계산

연간 이자율이 10%로 일정하다고 할 때 현재 10,000원의 3년 후 가치는 얼마인가?

예제 2) 현재가치의 계산
연간 이자율이 10%로 일정하다고 할 때 3년 후의 10,000원의 현재가치는 얼마인가?

예제 3) 실리기원에서는 바둑대회를 개최하여 우승자에게 다음 중 한가지를 선택할 수 있도록 하였다. 이 바둑대회의 우승자는 어느 것을 선택하는 것이 가장 좋은가? 단, 연간 이자율은 10%로 일정하다.

1. 현재 2,000,000원을 지급
2. 5년 후에 3,500,000원을 지급
3. 10년간 매년 350,000원씩 지급
4. 영구적으로 매년 200,000원씩 지급
5. 5년 후부터 매년 300,000원씩 영구적으로 지급

자 본 비 용

1. 자본비용의 개념

: 자본의 사용에 대한 대가
기 업: 조달된 자본으로부터 벌어들여야 하는 최소한의 필수수익률
투자자: 자신이 제공한 자본에 대한 최소한의 요구수익률

2. 자본비용의 역할

: 기업가치를 평가하는 기준, 투자안의 경제성을 판단하는 기준, 자본조달방법을 결정하는 기준

3. 자본비용의 종류

(1) 원천변 자본비용 : ① 타인자본비용 --> 부채의 자본비용 (DCF 등)
② 자기자본비용 --> 보통주의 자본비용 (CAPM 등)

(2) 가중평균자본비용 : 원천별 자본비용을 자본구성비율로 가중평균한 값

$$k_0 = k_d(1-t_c)\frac{B}{S+B} + k_e\frac{S}{S+B}$$

자본예산 모형

• 핵심포인트

1. 현금흐름의 추정 : 현금흐름추정의 기본원칙 정리, 영업현금흐름이 갖는 의미 이해
2. 경제성분석 : 각 경제성분석기법의 의의와 장단점 정리
3. NPV법, IRR법, PI법의 비교 : 각 방법의 평가결과가 일치하는 경우, 상반될 수 있는 경우, 상반되는 이유, 상반문제의 해결방법 등을 이해
4. 자본예산의 특수문제 : 투자규모가 다른 경우, 투자수명이 다른 경우, 자본할당 등을 정리

1. 자본예산의 기초

(1) 자본예산의 의의: 투자로부터의 현금흐름이 1년 이상에 걸쳐 나타나는 장기성 자산에 대한 투자결정과 관련된 계획 및 평가과정

(2) 자본예산의 절차: 자본예산은 일반적으로 다음의 과정을 거쳐서 이루어지는데, 재무관리에서는 이 중에서도 투자안의 현금흐름 추정과 경제성분석 문제를 주로 다룸

투자안의 개 발 ⇨ 투자안의 현금흐름 추정 ⇨ 투자안의 경제성 분석 ⇨ 투자안의 재 평 가

☞ 참고: 투자안 간의 상호 관계에 따른 투자형태 분류

① 독립적 투자 : 한 투자안이 다른 투자안의 현금흐름에 아무런 영향을 미치지 않는 경우 → 각 투자안별로 채택/기각 여부를 판단하는 의사결정을 하면 됨

② 종속적 투자 : 투자안 B에 투자하기 위해서는 반드시 투자안 A에 먼저 투자해야하는 경우 투자안 B는 투자안 A에 종속되어 있다고 함 → 종속관계를 고려해서 의사결정을 해야 함

③ 상호 배타적 투자 : 두 개 이상의 투자안에 동시에 투자할 수 없는 경우 → 가장 유리한 투자안을 선택하는 의사결정을 해야 함

2. 현금흐름의 추정원칙

(1) 현금흐름의 개념 : 현금흐름(cash flow)은 특정기간 동안의 현금유입에서 현금유출을 뺀 순현금흐름을 의미

★ (2) 현금흐름 추정의 기본원칙

(1) 납세 후 기준: 법인세는 명백한 현금유출이므로, 법인세에 미치는 효과를 고려하여 추정

(2) 증분기준: 투자안의 현금흐름은 그 투자안에 투자하는 경우의 기업현금흐름과 투자하지 않는 경우의 기업 현금흐름간의 차이로 추정 → 투자안이 기업 전체에 미치는 영향을 고려하기 위함(단, 부수적효과, 잠식효과, 기회비용을 고려하되 매몰원가는 고려대상이 아님을 주의함.)

(3) 금융비용: 이자비용, 배당금 등의 금융비용은 명백한 현금유출에 해당하지만, 금융비용이 투자안의 가치에 미치는 영향은 할인율(또는 자본비용)에 반영해서 평가하기 때문에 현금유출로 처리할 수 없음.

(4) 감가상각비: 감가상각비는 현금유출을 수반하지 않는 비용이므로, 현금유출로 처리해서는 안 됨. --> Tax effect 고려

(5) 인플레이션: 인플레이션의 영향은 현금흐름과 할인율에 일관성 있게 반영해야 함.

3. 투자기간별 현금흐름 추정

(1) 투자시점의 현금흐름

① 기계구입비 : 기계설비의 구입비와 부대경비를 현금유출로 처리

② 투자세액공제(ITC) : 투자세액공제에 따른 법인세 절감액은 투자시점의 현금유입

③ 구기계의 처분에 따른 현금흐름 : 처분손익의 세금효과를 고려해서 다음과 같이 계산

구기계의 처분에 따른 현금흐름 $= DV - (DV - BV)\ t_c$

④ 추가운전자본 : 투자시점에서 추가운전자본이 필요한 경우에는 그 금액을 현금유출로 처리하고, 투자가 종료되는 시점에서 현금유입으로 처리

예제 4) 투자시점의 현금흐름 추정

동부기업은 현재 사용중인 기계를 새로운 기계로 대체하려고 한다. 현재 사용중인 기계는 5년 전에 구입하였으며, 구입가는 1,000,000원이었다. 이 기계의 내용연수는 10년이고 잔존가치는 200,000원이며, 정액법으로 상각해 왔다. 이 기계는 현재 시장에서 800,000원에 매각할 수 있다. 한편, 새로운 기계는 구입가격이 2,000,000원이고 설치에 1,000,000원이 소요된다. 신기계의 내용연수는 5년이고 잔존가치는 500,000원이며, 감가상각은 정액법에 의한다. 동부기업이 새로운 기계설비를 구입할 경우 500,000원의 투자세액공제 혜택을 받을 수 있으며, 투자시점에서 1,000,000원의 추가운전자본이 소요될 것으로 예상된다. 동부기업의 한계법인세율이 40%라고 할 때 기계의 대체에 따른 투자시점의 현금흐름을 추정하라.

(2) 영업기간의 현금흐름

① 영업현금흐름 : 매출액을 S, 감가상각비를 제외한 영업비를 O, 감가상각비를 D, 영업이익을 EBIT라고 하면 (증분)영업현금흐름은 다음과 같음

(식1) Δ영업현금흐름(CFO) = $\Delta EBIT(1 - tc) + \Delta D$
(식2) Δ영업현금흐름(CFO) = $\Delta EBITDA(1 - tc) + \Delta D*tc$

☞ 유의사항

영업현금흐름은 투자안 자체의 수익성만을 나타내는 값으로, 자본조달결정과는 무관하다는 점에 유의 --> 부채의 사용여부와 관계없이 전액 자기자본으로 조달해서 투자한다고 가정하여 영업현금흐름을 계산한다는 것과 같은 의미 (∵ 자본조달에 관한 사항은 할인율에 모두 반영)

② 추가운전자본 : 정상적인 영업활동이 이루어지면 투자기간 동안 유동자산과 유동부채의 증감이 지속적으로 발생하는데, 이로 인하여 순운전자본이 증가하면 현금유출로 처리하고 순운전자본이 감소하면 현금유입으로 처리. 다만 각 시점별 추가운전자본액이 직접 주어지는 경우에는 소요시점에서 현금유출로 처리하고, 투자종료시점에서 현금유입으로 처리

예제 5) 증분CFO추정

동부기업은 새로운 기계설비를 구입하고자 하는데, 기계설비를 구입하지 않은 때와 구입할 때의 매출액, 영업비, 감가상각비가 각각 다음과 같은 예상된다. 법인세율이 50%라고 할 때 물음에 답하라.

	구입하지 않을 때	구입할 때
매 출 액 (S)	50,000	60,000
영 업 비 (O)	25,000	20,000
감가상각비 (D)	15,000	24,000

〔요구사항〕

1. 동부기업이 새로운 기계를 구입하지 않을 때와 구입할 때의 영업현금흐름을 각각 추정하라. 새로운 기계의 구입으로 인한 증분CFO는 얼마인가?
2. 동부기업이 새로운 기계를 구입할 때의 중분매출액, 영업비, 감가상각비를 구하고 이를 이용하여 증분영업현금흐름을 추정하라.

예제 6) 영업기간의 현금흐름추정

예제 4에서 동부기업이 기계를 대체하면 연간 매출액이 2,000,000원 증가하고 연간 영업비용이 950,000원 증가하며, 2년 후에는 500,000원, 4년 후에는 200,000원의 운전자본이 추가로 필요할 것으로 예상되는 경우 영업기간 동안의 증분현금흐름을 추정하라.

(3) 투자종료시점의 현금흐름

① 영업현금흐름 : $\Delta C = (\Delta S - \Delta O)(1 - tc) + \Delta D \cdot tc$

② 잔존가치회수

③ 운전자본회수 : 투자종료시점의 운전자본잔액(이는 투자종료 직전 연도까지의 각 기간별 추가운전자본액을 누계한 값과 동일)을 현금유입 처리

예제 7) 예제 4과 6의 자료를 참조하여 물음에 답하라.

1. 동부기업이 기계를 대체할 경우 내용연수말의 현금흐름을 추정하라.
2. 구기계와 신기계의 5년 후 처분가치가 각각 250,000원과 600,000원으로 예상된다면 잔존가치회수에 따른 현금흐름은 어떻게 달라지는가?

4. 경제성 분석모형

(1) 경제성 분석의 의의

① 특정 투자안을 채택할 것인지 아니면 기각할 것인지, 여러 투자안 중에 가장 유리한 투자안이 어떤 것인지를 평가하는 것

② 경제성분석기법은 화폐의 시간가치를 고려하지 않는 비할인현금흐름법과 화폐의 시간가치를 고려하는 할인현금흐름법으로 구분 할 수 있음

(2) 경제성 분석기법의 비교

평가기법	정 의	투자안의 평가기준
회계적 이익률법	회계적이익률 $= \dfrac{\text{연평균순이익}}{\text{연평균투자액}}$	회계적이익률 > 목표이익률
회 수 기간법	회수기간 =원금을 회수하는데 걸리는 기간 (현금주의)	회수기간 > 목표회수 기간
순현재가치법 (NPV법)	$NPV = \sum_{t=1}^{n} \dfrac{C_t}{(1+k)^t} - C_o$	NPV > 0
내부수익률법 (IRR법)	$\sum_{t=1}^{n} \dfrac{C_t}{(1+IRR)^t} = C_O$	IRR > 자본비용
수익성지수법 (PI법)	$PI = \dfrac{\sum_{t=1}^{n} \dfrac{C_t}{(1+k)^t}}{C_o}$	PI > 1

예제 8) 다음의 현금흐름이 예상되는 두 투자안의 자본비용이 10%일 때 회수기간법, 순현재가치법, 내부수익률법, 수익성지수법 각각의 평가기법에 따라 투자안을 평가하시오. (단, 목표회수시간은 1.6년으로 가정함.)

투자안	0	1	2
A	-1,000	500	800
B	-200	100	200

(3) 분석기법의 장·단점 비교

평가기법	장 점	단 점
회계적 이익률법	① 간단하여 이해가 쉬움 ② 자료수집이 용이	① 현금흐름이 아닌 회계적이익에 기초 ② 화폐의 시간가치 무시 ③ 목표이익률의 결정이 자의적
회수기간법	① 회수기간은 투자안의 위험을 나타내는 지표가 됨 ② 회수기간이 짧은 투자안을 선택하면 유동성 측면에서 유리한 투자안을 선택할 수 있음	① 회수기간 이후에 발생하는 현금흐름을 무시 ② 화폐의 시간가치를 고려하지 않음 ③ 목표회수기간의 설정이 자의적
NPV	**① 내용연수 동안의 모든 현금흐름 고려** **② 적절한 할인율을 사용하여 화폐의 시간가치를 고려 가치가산의 원리** **③ 가치가산의 원리[1]가 성립** **④ 기업가치극대화 목표에 부합** **⑤ 평가기준이 객관적**	**실무적으로 적절한 할인율(자본비용)을 구하기가 어려움**
IRR	① 내용연수 동안의 모든 현금흐름 고려 ② 화폐의 시간가치를 고려 → 그러나 내부수익률을 구할 때 적용되는 할인율은 위험이 반영된 적절한 할인율이 아님에 유의	① 계산이 어려움 ② 가치가산의 원리가 성립하지 않음 ③ 기업가치를 극대화하는 선택이 이루어지지 않을 수 있음 ④ 평가기준이 현금흐름의 형태에 따라 달라짐
PI	① 내용연수 동안의 모든 현금흐름 고려 ② 적절한 할인율을 사용하여 화폐의 시간가치를 고려	① 가치가산의 원리가 성립하지 않음 ② 기업가치를 극대화하는 선택이 이루어지지 않을 수 있음

1) 가치가산의 원리 : 두 개 이상의 투자안에 결합투자하는 경우의 NPV는 각 투자안의 NPV를 합한 것과 동일

〔실전 응용 문제〕

1. 다음의 투자가치 평가방법 중 화폐의 시간가치를 고려하는 방법만을 고르면?

a. 회계적 이익률법	b. 회수기간법	c. 순현재가치법
d. 내부수익률법	e. 수익성지수법	

① a, b　　② c, d　　③ c,d,e
④ b, c, d, e　　⑤ a, b, c, d, e

2. 위 보기에서 현금흐름을 기초로 한 평가방법을 고르면?

① a, b　　② c, d　　③ c,d,e
④ b, c, d, e　　⑤ a, b, c, d, e

※. 다음의 내용을 읽고 문제 3-5까지 답하시오.

- 기업K는 오염방지시설을 신형설비로 교체하려고 한다. 새로운 설비의 투자비용은 4천만원이고 5년동안 정액상각방식에 따라 상각될 것이며 잔존가치는 없다.
- 구형설비는 3년전에 4천8백만원에 구입하여, 잔존가치는 없이 8년의 내용연수에 대하여 정액상각하고 있다. 구형설비는 현재 2천만원에 팔 수 있다고 예상된다.
- 새로운 설비로 인해 세후 순이익이 매년 6백만원씩 증가할 것이 예상된다.
- 신형설비는 5년후에 약 5백만원에 팔 수 있을 것으로 예상되고 구형기계를 계속이용한다면 5년후에는 200만원의 폐기비용이 들 것으로 예상된다. 법인세율은 40%라고 한다.

3. 신형설비 설치시의 초기현금 흐름은 얼마인가?

① -1,400만원　　②-1,500만원　　③-1,600만원
④ -1,700만원　　⑤ -1,800만원

4. 총 현금흐름은 얼마인가?

① 1,820만원 ② 2,820만원 ③ 3,820만원
④ 4,820만원 ⑤ 5,820만원

5. 자본비용이 10%라고 한다면 위의 설비교체 투자안의 순현재가치는 얼마인가?

① 1,093만원 ② 1,293만원 ③ 1,493만원
④ 1,693만원 ⑤ 1,893만원

6. 제철공장에서 용광로를 교체하려고 한다. 기존의 용광로는 5년전에 1,000억원에 구입하였으며 내용연수는 10년으로 정액상각하며 잔존가치는 없다. 한편 기존의 용광로를 파는 경우 600억원을 받을 수 있다. 새로운 용광로의 구입가격은 1,400억원이며, 설치비용은 100억원이다. 현재 이 사업자에게 적용되는 법인세율은 30%이다. 신규투자에 따른 초기 현금흐름을 추정하면 얼마인가?

① -900억원 ② -930억원 ③ -1,100억원
④ -1,130억원 ⑤ -1,730억원

7. 현재 투자금액 100억원, 1년 후 현금흐름 120억원, 자본비용 10%, 타인자본비용 6%, 투자기간 1년일 때 내부수익률(IRR)은?

① 30% ② 25% ③ 20% ④ 15%
⑤ 10%

8. 어떤 투자안의 순현가(NPV)가 0이면?

① 그 투자안의 자본비용은 0이다.
② 그 투자안의 수익성지수는 0이다.
③ 그 투자안의 회수기간은 최소가 된다.
④ 그 투자안의 내부수익률은 자본비용과 같게 된다.
⑤ 그 투자안의 회계적 평균이익률은 내부이익률과 같게 된다.

9. 순현가법과 내부수익률법에 관한 설명으로 바르지 못한 것은?

① 두 방법 모두 현금흐름 할인모형이다.
② 순현가법에서는 자본비용으로 재투자됨을 가정하고, 내부수익률법에서는 내부수익률로 재투자됨을 가정한다.
③ 단일투자안일 경우 항상 동일한 결론을 가져다 준다.
④ 순현가법이 내수익률법보다 우수한 방법이다.
⑤ 복수의 배타적인 투자안일 경우 항상 상반된 결과를 가져다 준다.

10. NPV법과 IRR법의 평가결과가 상반되는 경우에는 NPV법의 결과를 따르는 것이 타당하다. 그 이유라고 할 수 없는 것은?

① NPV법이 기업가치극대화 목표에 부합한다.
② NPV법의 재투자수익률에 대한 가정이 더 현실적이다.
③ NPV법에서는 가치가산의 원리가 성립한다.
④ NPV법에서는 현금흐름의 형태에 따라 서로 다른 평가기준을 적용시킬 수 있다.
⑤ 현금흐름의 형태에 따라 복수의 IRR이 존재 할 수도 있다.

11. 동부기업은 다음의 특성을 지닌 네 개의 투자안을 검토중이다. 동부기업의 투자자금이 70억원으로 한정되어 있다고 할 때 다음 설명 중 틀린 것은?

투자안	투자원금	수익성지수
A	20억원	1.5
B	30억원	1.38
C	40억원	1.3
D	50억원	1.18

① NPV가 가장 큰 투자안은 C이다.
② 네 투자안이 독립적이고 분할투자가 가능할 경우 최적투자조합의 NPV는 27.4억워이다.
③ 투자조합 (A,C)의 가중평균수익성지수는 약 1.314이다.
④ 네 투자안이 독립적이고 분할투자가 불가능할 경우의 최적투자조합은 (A,D)이다.
⑤ 투자안 B와 C가 상호배타적일 경우의 최적투자조합은 (A,C)이다.

제5장 종합예산

1. 종합예산의 의의

: 기업이나 단체 각 부문의 유기적인 운영을 위하여 총체적, 종합적으로 예산을 세우는 것

☞ 예산의 종류

①	종합예산 vs. 부문예산
②	영업예산 vs. 재무예산
③	고정예산 vs. 변동예산
④	특수예산 : a. 수명주기예산 b. 카이젠예산 c. 활동기준예산

2. 종합예산편성절차 (순서도)

(1) 판매예산 : 마케팅 부서에서 시장의 수요, 제품의 가격 등을 고려하여 예측함.

(2) 제조예산 : 예상판매량과 제품재고의 변화량을 고려하여 계획 수립

(3) 제조원가예산 - 당기 투입 DM, DL, OH(VOH vs. FOH)에 대한 예산수립

(4) 원재료구입예산
ex> 직접재료구입예산 : 직접재료구입량 × 직접재료가격
(★직접재료구입량 = 직접제료사용량 + 기말지접재료 - 기초직접재료)

(5) 매출원가계산(원가흐름의 가정 필요: 일반적으로 선입선출법이용)

(6) 판매관리비예산 : 변동판매관리비와 고정판매관리비로 나누어 각각 계산

(7) 영업이익 추정(by 예산 손익계산서 작성)

(8) 현금예산수립: 재무예산의 하나로 추정현금흐름표 작성

ex> 영업활동현금흐름: 판매대금회수액, DM, DL, OH, 판·관비 지급액

투자활동현금흐름: 고정자산 취득 및 매각 등

재무활동 현금흐름: 자금차입 및 상환 등이 해당됨.

(9) 예산 재무상태표 작성

3. 예산편성 방법

구분기준	예산종류
예산편성주체	권위적 예산 vs. 참여예산 ==> 절충예산
예산편성방법	증분예산 vs. 영(0)기준 예산 ==> 영(0)기준 검토 예산
예산편성기간	기간(Period)예산 + 계속(Rolling)예산

예제 1) 가전제품을 생산·판매하는 A회사는 2001년 1월의 예산을 편성하고자 한다. 이에 필요한 자료는 다음과 같다.

1. 기초재무상태표

재무상태표

A회사 20X1년 1월 1일 (단위 : 원)

차변		대변	
계정과목	금액	계정과목	금액
현금	145,400	매입채무	132,400
매출채권	450,000	자본금	1,000,000
원재료(8,600kg×ⓐ5)	43,000	자본잉여금	250,000
제품(2,400개×ⓐ60)	144,000	이익잉여금	200,000
유형자산	1,000,000		
감가상각누계액	(200,000)		
합계	1,582,400	합계	1,582,400

2. 제품의 판매가격은 단위당 ₩100이며, 예산판매량은 1월에 8,000개, 2월에 10,000개, 3월에 9,000개이다.
3. 제품의 월말재고량은 다음달 예상판매량의 30%수준을 유지하도록 한다.
4. 제품 단위당 변동제조원가는 다음과 같다.

직접재료원가	5kg × ⓐ5	₩25
직접노무원가	1시간 × ⓐ15	15
변동제조간접원가	1시간 × ⓐ10	10
계		₩50

그리고 1월에 예상되는 고정제조간접비는 감가상각비 ₩40,000을 포함하여 ₩68,800이다.

5. 원재료의 월말재고량은 다음달 제품생산에 필요한 수량의 20%수준을 유지하도록 한다. 그리고 월초 및 월말재공품은 없는 것으로 가정한다.
6. 변동판매관리비는 판매 단위당 ₩5이며 1월에 예상되는 고정판매관리비는 감가상각비 ₩30,000을 포함하여 ₩90,000이다.
7. 모든 매출은 외상으로 이루어지며, 외상매출금은 판매한 당월에 70%, 다음달에 30%가 회수된다.
8. 모든 매입은 외상으로 이루어지며, 외상매입금은 매입한 당월에 60%, 다음달에 40%를 지급한다.
9. 재료매입액과 감가상각비를 제외한 모든 비용은 발생한 달에 전액 지급한다.

〔요구사항〕

종합예산편성절차에 맞춰 각 항목별 예산계획을 수립하시오.

〔실전 응용 문제〕

1. 다음 중 예산과 관련된 설명으로 옳지 않은 것은?

① 영업예산은 다음 예산연도의 운영계획을 나타내며, 예산재무상태표에 총괄된다.
② 종합예산편성의 첫 단계는 판매량 예측이다.
③ 계속예산제도는 예산기간말에 근시안적으로 판단하는 것을 방지하는 효과가 있다.
④ 참여예산제도를 운영하는 경우에는 예산수립 참여자의 악용가능성에 대비해야 한다.
⑤ 영기준예산제도를 운영하는 경우에는 예산편성을 위한 노력이 많이 든다.

2. 2/4분기 매출수량과 생산수량에 대한 예산자료가 다음과 같다.

	4월	5월	6월
매출수량	100,000단위	120,000단위	?
생산수량	104,000단위	128,000단위	156,000단위

4월 1일 현재 제품의 재고량은 20,000단위이다. 회사의 정책에 따르면 매월말 제품의 재고로 다음 달 판매수량의 20%를 반드시 보유해야 한다. 7월의 매출은 140,000단위가 될 것으로 예상하고 있다. 6월의 예상 판매수량은 얼마인가?

① 128,000단위 ② 160,000단위 ③ 180,000단위
④ 184,000단위 ⑤ 188,000단위

3. 제품단위당 4g의 재료를 사용한다. 재료 1g당 ₩0.80이며, 다음 분기 재료사용량의 25%를 분기말 재고로 유지한다. 분기별 생산량은 다음과 같다. 1분기의 재료구입액은 얼마인가?

	1분기	2분기
생산량	24,000	35,000

① ₩84,500 ② ₩85,600 ③ ₩86,400
④ ₩87,200 ⑤ ₩88,800

4. 주요 원재료 A를 사용하여 제품 P를 생산하고 있다. 제품 P 한 단위를 생산하기 위해서는 원재료 A가 3kg 소요된다. 2006년말의 재고자산 종류별 실제재고수량과 2007년도의 분기별 예상판매량은 다음과 같다.

2006년 12월 31일 현재 재고수량		2007년 분기별 예상판매량	
재고자산	수 량	분 기	판매량
원재료 A	4,000kg	1/4	8,000단위
재공품	없음	2/4	9,000단위
제품 P	2,500단위	3/4	7,000단위
		4/4	9,000단위
			33,000단위

재고정책에 의하면, 각 분기말 제품재고수량은 다음 분기 예상판매량의 30%수준으로 유지한다. 또한 각 분기말 원재료재고수량은 일정하게 4,000kg씩 유지

하며 재공품재고는 없다. 2007년 2/4분기중에 구입해야 할 원재료 A의 물량은 얼마인가?

① 22,800kg ② 24,600kg ③ 25,200kg
④ 26,800kg ⑤ 28,600kg

5. 2009년 1월부터 3월까지의 예상상품매출액은 다음과 같다.

월 별	예상매출액
1월	₩3,500,000
2월	4,100,000
3월	3,800,000

매월 기말재고액은 다음 달 예상매출원가의 25%이며, 상품의 매출총이익률은 30%이다. 2월의 예상상품매입액은 얼마인가?

① ₩2,467,500 ② ₩2,625,000 ③ ₩2,817,500
④ ₩3,010,000 ⑤ ₩4,672,500

6. 금년초에 설립된 A사는 상품구매원가의 120%로 상품가격을 책정하고 있다. A사는 매월 구매상품 40%는 현금구입하고 나머지 60%는 외상구입한다. 외상구입 대금은 구입한 달의 다음 달에 지급한다. A사는 매월 기말재고로 그 다음 달 예상판매량의 30%를 보유하는 정책을 실시하고 있다. 1, 2, 3월의 예상매출액은 다음과 같다. 단, 3개월 동안의 판매가격 및 구매단가는 불변이다.

	1월	2월	3월
예상매출액	₩9,600	₩12,000	₩15,600

구입대금 지급으로 인한 A사의 2월중 예상현금지출액은 얼마인가?

① ₩8,760 ② ₩9,160 ③ ₩10,512
④ ₩10,960 ⑤ ₩13,152

7. 2005년 1월 매출액은 ₩500,000이고, 2월과 3월 매출은 직전월에 비하여 각각 10%와 20%씩 증가할 것으로 예상된다. 매출은 현금매출 70%와 외상매출 30%로 구성되며, 외상매출은 판매된 달에 60%, 그 다음 달에 40%가 회수된다. 이에 따라 현금예산표상 2005년 3월의 현금유입액을 계산하면 얼마인가?

① ₩440,000 ② ₩484,000 ③ ₩544,000
④ ₩580,800 ⑤ ₩646,800

8. 다음 자료를 활용하였을 때, 외상매출금으로부터 6월중에 회수가능한 현금추정액은 얼마인가?

6월의 추정외상매출금	₩100,000
5월의 실제외상매출금	₩75,000
6월의 외상매출금 중 6월에 회수가능한 비율	50%
5월의 외상매출금 중 6월에 회수가능한 비율	70%
5월 이전의 외상매출금 중 6월에 회수가능한 금액	₩6,000

① ₩101,000 ② ₩104,500 ③ ₩105,000
④ ₩106,000 ⑤ ₩108,500

제6장 책임회계와 성과평가

책임회계 및 성과평가의 의의

1. 책임회계(Responsibility Accounting)란?

: 기업조직내에 여러 가지 종류의 책임중심점을 설정하고, 계획과 실적에 관련된 회계수치를 책임중심점별로 집계·분석 및 보고함으로써 해당 중심점의 관리자에게 대한 성과평가를 행하려는 회계제도를 지칭함.

※책임중심점(responsibility center)의 종류
① 원가중심점: 원가에 대해서 권한과 책임을 지님(ex. 제조부문)
② 수익중심점: 수익에 대해서 권한과 책임을 지님(ex. 판매부문)
③ 이익중심점: 이익(수익-원가)에 대해서만 권한과 책임을 지님(ex. 판매부문)
④ 투자중심점: 이익 & 투자에 대한 권한과 책임을 지님.(ex. 사업부, CEO)

※ 효과적인 성과보고서의 특징
① 동기부여: 구성원의 능동적인 참여 & 성과-보상 전략 수립
② 목적적합성: 관리자가 통제가능한 요소에 중점을 두어 작성되어야 한다.
③ 적시성: 경영관리와 조정에 도움이 될 수 있도록 적시에 작성되어야 한다.
④ 경제성: 효익과 비용의 관계를 고려하여 성과보고서 작성

2. 책임중심점의 성과평가

(1) 고정예산과 변동예산
① 고정예산: 특정조업도(판매량 및 생산량)를 기준으로 하여 수립된 예산
② 변동예산: 다양한 조업도(실제 판매량 및 생산량)를 기준으로 하여 편성된 예산

(2) 성과보고서의 작성 - 책임중심점별 책임회계의 개관
: 성과보고서는 실제성과, 실제생산량에 근거한 변동예산, 최초의 고정예산을 비교하는 형식으로 작성하는 것이 일반적임.

예제1〉 울산회사는 단일제품을 생산·판매하고 있으며 제품 단위당 표준원가는 다음과 같다.

	표준수량	표준가격	표준원가
직접재료비	2kg	₩25/kg	₩50
직접노무비	3시간	3/시간	6
변동제조간접비	3시간	2/시간	6
고정제조간접비	3시간	5/시간	15
제품 단위당 표준원가			₩80

또한, 울산회사가 예상하는 제품의 연간 생산 및 판매량은 6,000개, 단위당 판매가격은 ₩100, 변동판매관리비는 ₩5이고, 연간 고정제조간접비 및 고정판매관리비 예산은 각각 ₩90,000과 ₩30,000이라고 한다. 회사는 올해 초 6,000개 조업도에 근거한 고정예산을 편성하였으며, 영업활동결과 올해의 실제성과는 다음과 같다.

생산 및 판매량			5,000개
매출액	5,000개 × ⓐ110		₩550,000
변동비			
직접재료비	12,000kg × ⓐ27.5	₩330,000	
직접노무비	16,000시간 × ⓐ2.5	40,000	
변동제조간접비		28,000	
변동판매관리비		26,000	424,000
공헌이익			126,000
고정비			
고정제조간접비		80,000	
고정판매관리비		36,000	116,000
영업이익			10,000

〔요구사항〕 위의 자료를 이용하여 울산회사의 실제성과와 변동예산, 고정예산을 비교하는 성과보고서를 작성하시오.

원가중심점의 성과평가

핵심내용: 원가중심점의 성과평가는 원가회계에서 다루는 표준원가 시스템의 차이분석에 배합차이와 수율차이에 대한 분석을 추가하여 진행됨. 즉, [원가중심점의 성과평가 = 표준원가 system + 배합차이&수율차이]로 표시할 수 있다.

☞ 고정제조간접비의 조업도 차이 분석?

고정제조간접비 조업도차이는 변동원가계산에 의한 성과보고서에서는 산출되지 않는다. 조업도차이는 전부원가계산제도하에서 고정제조간접비를 제품원가에 배부하기 때문에 발생하는 것으로 변동원가계산에 의한 성과보고서에 나타나지 않는 것은 당연하다고 하겠다.

1. 능률차이의 세분화 =〉 배합차이 & 수율차이

(1) 의의: 복수의 원재료 및 노동력을 투입하여 제품을 생산하는 경우 직접재료비(노무비) 능률차이는 배합차이와 수율차이로 구분될 수 있다. 이를 그림으로 나타내면 아래와 같다.

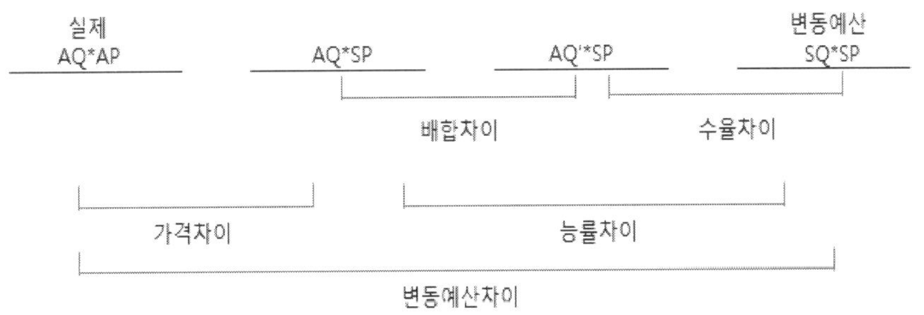

단, AQ': 표준배합으로 표시한 실제사용량

(1) 배합차이(materials mix variance): 원재료의 수량을 실제총사용량(투입량)으로 일정하게 한 상태에서 실제배합과 표준배합의 차이가 직접재료비에 미치는 영향을 나타냄.

(2) 수율차이(materials yield variance): 원재료의 배합을 표준배합으로 일정하게 한 상태에서 실제수율과 표준수율의 차이가 직접재료비에 미치는 영향을 나타냄.

예제 2〉 울산회사는 두 종류의 원재료 A, B를 사용하여 단일제품을 생산하고 있다. 직접재료비의 제품 1리터당 표준원가는 다음과 같다.

	표준수량	표준가격	표준원가
직접재료비			
A	0.6리터	₩100/리터	₩60
B	0.4리터	₩200/리터	80
제품 리터당 표준원가			₩140

회사는 당기 중 제품 100리터를 생산하였으며, 실제 발생된 직접재료비는 다음과 같았다

직접재료비		
A	100리터×ⓐ125	₩12,500
B	25리터×ⓐ240	6,000
합계		₩18,500

〔요구사항〕

1. 원재료 A, B의 표준배합과 실제배합은 각각 얼마인가?
2. 표준수율과 실제수율은 각각 얼마인가?
3. 직접재료비 가격차이과 능률차이는 얼마인가?
4. 직접재료비 배합차이와 수율차이는 얼마인가?

예제 3) ㈜한선화장품은 세 가지의 액체원료 A, B, C를 사용하여 남성용 향수를 생산하고 있다. A, B, C는 각각 4/10, 3/10, 3/10의 비율로 사용되며 그 표준원가는 리터당 ₩6, ₩3.5, ₩2.5이다. 기술담당자의 보고에 의하면 지난 몇 개월 동안의 표준수율이 배합 100리터에 대해서 80%였다고 한다. 회사에서는 보관비가 많이 소요되므로 원재료를 보유하지 않는 정책을 유지하고 있다. 회사는 지난주에 총 재료비 ₩449,500으로 75,000리터의 향수를 생산하였다. 세 가지 액체원료의 실제사용량과 리터당 원가는 다음과 같다.

원재료	실제사용량	리터당 원가
A	45,000리터	₩5.5
B	35,000리터	4.2
C	20,000리터	2.75

〔요구사항〕

1. 직접재료비 가격차이와 능률차이를 구하시오.
2. 직접재료비 배합차이와 수율차이를 구하시오.

〔실전응용문제〕

1. 다음은 제품 단위당 원가요소별 표준원가 자료이다.

직 접 재 료 비	₩100	직 접 노 무 비	₩200
변동제조간접비	₩50	고정제조간접비	₩100

제조간접비 배부기준은 직접노무시간이다. 2008년 6월에 기초재고는 없고, 총 500개의 제품을 생산하였다. 직접재료비 가격차이는 ₩1,000(불리), 수량차이는 ₩2,000(유리)이고, 직접노무비 임률차이는 ₩500(유리), 능률차이는 ₩1,500(불리)이었다. 6월중 직접재료비 실제발생액과 직접노무비 실제발생액은 각각 얼마인가?

	직접재료비	직접노무비		직접재료비	직접노무비
①	₩46,000	₩99,000	②	₩48,000	₩101,000
③	48,000	101,500	④	49,000	101,000
⑤	49,000	101,500			

2. 표준원가계산제도를 채택하고 있으며 2008년 2월과 3월에 동일한 표준을 적용하고 있다. 2008년 2월중 실제로 생산된 제품수량은 1,000단위였으며, 고정제조간접원가의 조업도차이는 ₩750만큼 불리하며, 소비차이(예산차이)도 ₩400만큼 불리한 것으로 나타났다. 2008년 3월중 실제로 생산된 제품수량은 1,250단위였으며, 고정제조간접원가의 조업도차이는 ₩500만큼 유리하며, 소비

차이(예산차이)도 ₩300만큼 유리한 것으로 나타났다. 2008년 3월중 실제로 발생한 고정제조간접원가는 얼마인가?

① ₩5,350 ② ₩5,450 ③ ₩6,050
④ ₩6,150 ⑤ ₩6,250

3. 다음 표준원가 계산자료에 의하여 당기중의 실제 작업시간을 계산하면 얼마인가?

실제생산량	2,000단위
노무원가발생액	₩4,000,000
단위당 표준허용시간	24시간
유리한 임률차이	₩1,200,000
불리한 시간차이	₩400,000

① 40,000시간 ② 44,000시간 ③ 48,000시간
④ 50,000시간 ⑤ 52,000시간

4. 다음은 C회사의 2000년도 제조활동과 관련된 자료이다.

– 단위당 표준 직접노무시간 :	2시간
– 실제 직접노무시간 :	10,500시간
– 생산된 제품단위 :	5,000개
– 변동제조간접원가 표준 : 표준 직접노무시간당	₩3
– 실제변동제조간접원가 :	₩28,000

C회사의 2000년도 변동제조간접원가 능률차이는 얼마인가?

① ₩2,000 유리 ② ₩1,500 불리 ③ ₩2,000 불리
④ ₩3,500 유리 ⑤ ₩1,500 유리

5. H회사는 표준원가제도를 사용하고 있으며 1999년 1월과 2월의 표준은 동일하다. 1999년 1월에는 2,000단위의 제품을 생산하였으며 고정제조간접원가의 조업도차이는 ₩1,000(불리)이고 소비차이는 ₩800(유리)이었다. 1999년 2월에는 2,500단위의 제품을 생산하였고 고정제조간접원가의 조업도차이는 ₩1,500(유리)이고 소비차이는 ₩600(불리)이면 2월의 고정제조간접원가 실제 발생액은 얼마인가?

① ₩8,600　② ₩9,400　③ ₩9,800
④ ₩10,600　⑤ ₩11,600

6. ㈜민채의 제품 재료와 관련된 표준원가와 실제원가는 다음과 같다.

<제품단위당 표준원가>

재료	표준수량	표준가격	표준원가	
X	3kg	ⓐ30	₩90	
Y	7kg	ⓐ10	₩70	₩160

<실제발생원가>

재료	실제수량	표준가격	표준원가	
X	2,750kg	ⓐ35	₩96,250	
Y	8,250kg	ⓐ9	₩74,250	₩170,500

회사는 당기 중 1,000단위를 생산하였다. ㈜민채의 가격차이, 배합차이, 수율차이는 각각 얼마인가? (단, U=불리한 차이; F=유리한 차이를 나타냄)

	가격차이	배합차이	수율차이
①	5,000U	16,000F	11,000U
②	5,500U	11,000U	16,000F
③	5,500F	11,000F	16,000U
④	5,500U	11,000F	16,000U
⑤	5,500F	11,000U	16,000F

이익중심점의 성과평가

핵심내용: 이익(수익)중심점 차이분석은 결국 판매부서의 성과평가를 위해 예산대비 실제 이익의 차이를 분석하는 의미를 지님. 이익중심점의 차이분석을 대체로 판매가격 차이와 매출조업도 차이에 집중되는 경향이 있다. (∵판매관리비 차이분석은 예산과 실제의 차이만 존재)

1. 판매가격차이와 매출조업도 차이

매출총차이는 판매가격차이와 매출조업도 차이로 구분할 수 있는데 이 때

(1) 판매가격차이(selling price variance): 실제판매량하에서 실제판매가격과 예산판매가격의 차이로 인하여 공헌이익에 미치는 효과

(2) 매출조업도 차이(sales volume variance): 예산단위당공헌이익하에서 실제판매량과 예산판매량의 차이로 인하여 공헌이익에 미치는 효과

를 각각 나타냄. 이러한 차이를 식으로 정리하면 아래와 같이 나타낼 수 있다.

판매가격차이 = (AP-BP)×AQ
매출조업도차이 = (AQ-BQ)×(BP-Svc)

여기서,
AP=실제판매가; BP=예산상의 판매가; AQ=실제판매수량; BQ=예산상의 판매수량; Svc: 표준변동원가.

또한 이를 표준원가계산에서 익숙해진 분석도구에 기초하여 살펴보면 다음과 같다.

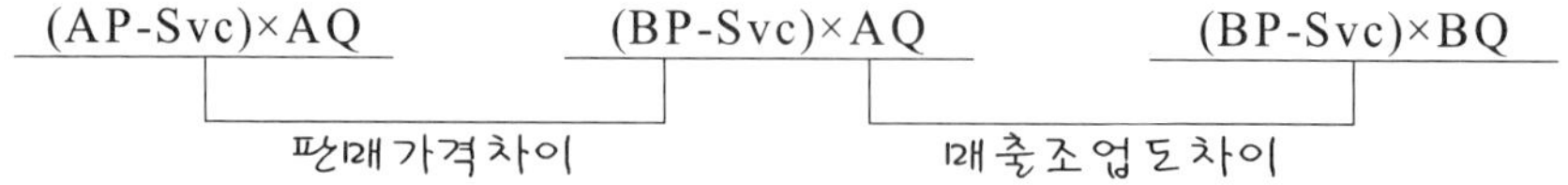

2. 매출배합차이와 매출수량차이

복수의 제품을 판매하고 있을 경우 매출조업도차이는 다시 매출배합차이와 매출수량차이로 나눌 수 있다.

(1) 매출배합차이(sales mix variance): 제품의 수량을 실제총판매량으로 일정하게 한 상태에서 실제매출배합과 예산매출배합의 차이가 공헌이익에 미치는 영향을 말함.

(2) 매출수량차이(sales volume variance): 제품의 배합을 예산매출배합으로 일정하게 한 상태에서 실제총판매량과 예산총판매량의 차이가 공헌이익에 미치는 영향을 나타냄.

이러한 차이를 식으로 정리하면 아래와 같이 나타낼 수 있다.

$$\text{매출배합차이} = \sum(AQ \times AM - \text{total } AQ \times BM) \times (BP\text{-}Svc)$$
$$\text{매출수량차이} = \sum(\text{total } AQ \times BM - BQ \times BM) \times (BP\text{-}Svc)$$

여기서,
AM=실제배합; BM=예산배합.

또한 앞선 매출총차이를 감안하여 상술한 차이를 표준원가계산에서 익숙해진 분석도구에 기초하여 살펴보면 다음과 같이 나타낼 수 있다.

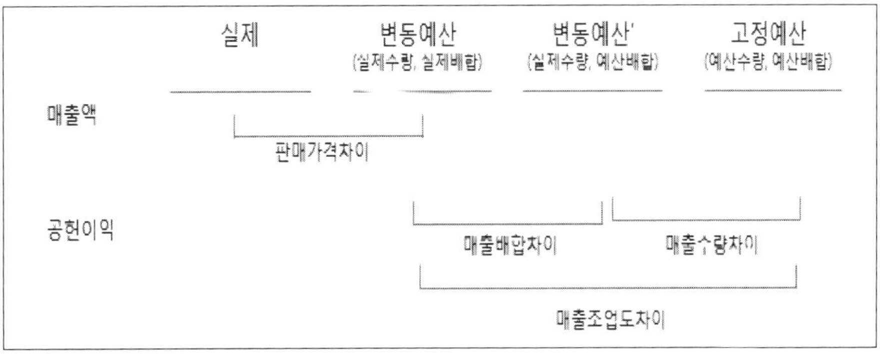

예제 4〉 동우회사는 카메라를 생산·판매하는 회사이다. 이 회사에서 생산하는 제품은 A, B의 두 가지 품목인데, 20X1년의 예산자료와 실제자료는 다음과 같다. 단, 20X1년의 예산고정비는 ₩30,000, 실제고정비는 ₩20,000이다.

20X1년 예산자료

제품	단위당 판매가	단위당 변동비	단위당 공헌이익	판매량
A	₩100	₩30	₩70	600개
B	40	20	20	400개
합계				1,000개

20X1년 실제자료

제품	단위당 판매가	단위당 변동비	단위당 공헌이익	판매량
A	₩90	₩40	₩50	400개
B	30	20	10	800개
합계				1,200개

〔요구사항〕

1. 판매가격차이와 매출조업도차이를 구하시오.
2. 매출배합차이와 매출수량차이를 구하시오.

3. 시장점유율차이와 시장규모차이

기업이 특정산업에 종사하는 경우 그 기업의 시장점유율과 시장전체의 규모는 기업의 매출수량에 중요한 영향을 미치므로 이러한 기업의 매출수량차이는 그 원인에 따라 성과평가의 목적에서 시장점유율차이와 시장규모차이로 구분할 필요가 존재한다.

(1) 시장점유율차이(market share variance): 실제시장규모하에서 실제시장점유율과 예산시장 점유율의 차이가 공헌이익에 미치는 영향

시장점유율차이=(실제점유율-예산점유율) × 실제시장규모 × 단위당 예산공헌이익

(2) 시장규모차이(market size variance): 예산시장점유율하에서 실제시장규모와 예산시장규모의 차이가 공헌이익에 미치는 영향

시장규모차이=(실제시장규모-예산시장규모) ×예산점유율× 단위당 예산공헌이익

시장점유율차이와 시장규모차이의 구분을 앞서와 같은 표준원가시스템의 분석도구에 기초하여 나타내면 아래와 같다.

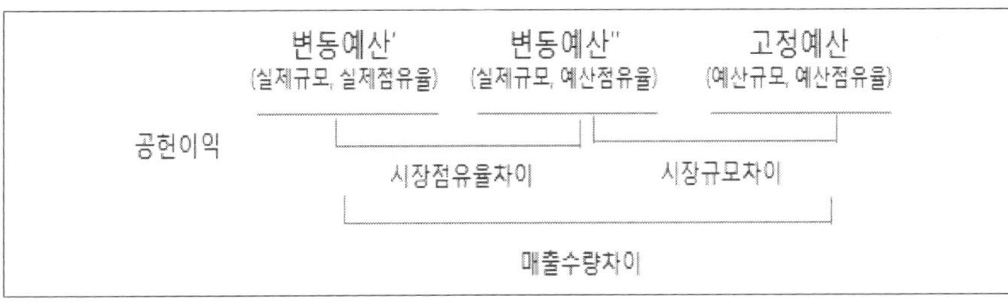

☞ 점유율차이와 규모차이와 관련한 주의점

① 시장점유율차이와 시장규모차이는 기업이 생산하는 특정산업내의 모든 제품을 합하여 계산한다. ② 시장점유율차이와 시장규모차이는 기업의 시장점유율과 시장전체의 규모에 관한 정보를 입수할 수 있어야 한다. ③ 판매부문 관리자의 성과평가척도로 시장점유율차이가 시장규모차이보다 중요시 되어야 한다.

예제 5〉 모든 조건은 예제 3과 동일함. 단, 동우회사는 시장조사기관이 예측한 전체 카메라 시장규모 10,000개와 판매부서에서 추정한 10%의 예상시장점유율을 기준으로 20X1년의 실제시장규모가 12,500개로 보고되었다면 시장점유율차이와 시장규모차이는 각각 얼마인가?

예제 6) D사는 2가지 소형냉장고와 대형냉장고를 생산 공급한다. 단위당 도매가격은 소형냉장고 ₩60, 대형냉장고 ₩120이다. 1987년의 예산과 실제 영업성과가 다음과 같이 제시되었다. 예산은 1987년말에 수립되었으며, 두 제품의 추정 시장점유율에 근거를 두고 있다. 회사는 판매부문을 이익중심점으로 설정하고 있다.

1987년 손익계산서 (단위 : ₩1,000 1,000단위)

	소형		대형		합계	
	실제	예산	실제	예산	실제	예산
판매량	86	120	74	80	160	200
매출	₩5,074	₩7,200	₩8,510	₩9,600	₩13,584	₩16,800
매출원가	4300	6,000	6,068	6,400	10,368	12,400
매출총이익	₩774	₩1,200	₩2,442	₩3,200	₩3,216	₩4,400
미배분원가						
판매비					1,000	1,000
광고비					1,060	1,000
관리비					406	400
계					2,466	2,400
세전이익					₩750	₩2,000

매출원가는 전액 변동제조원가이며, 미배분원가는 전액 고정원가이다.

〔요구사항〕

1. 매출가격차이, 매출조업도차이, 매출배합차이, 매출수량차이를 구하라. 그리고 이러한 차이가 의미가 있으려면 소형과 대형간에 어떤 조건이 충족되어야 하나?

2. 판매부문과 생산부문의 성과평가를 하고 예산상의 순이익과 실제 순이익의 차이를 조정하라. 조정표에는 〔요구사항 1〕의 매출차이와 계산이 가능한 원가차이도 포함하라.

3. 원가회계를 전혀 모르는 회사의 최고경영자는 실제 순이익이 예산상 순이익보다 ₩1,250만큼 불리하게 나오자 판매부문 책임자를 문책하려고 한다. 소형과 대형을 합한 예산시장규모는 500단위이고 실제시장규모는 800단위일 때 최고경영자의 조치는 타당한 것인가? 시장점유율차이와 시장규모차이를 근거로 답하시오.

〔실전 응용 문제〕

7. S회사의 3월 예산 대비 실적자료는 다음과 같다. 동 자료를 토대로 당초 예상보다 영업이익이 ₩200만큼 줄어든 원인을 (i) 판매가격차이, (ii) 변동원가차이, (iii) 고정원가차이 이외에 중요한 차이항목인 매출조업도차이를 추가하여 경영진에게 보고하고자 한다. 매출조업도차이의 금액은 얼마인가? 유리한 차이는 (F)로, 불리한 차이는 (U)로 표시한다.

	실 적	예 산
판매수량	400개	300개
매 출 액	₩7,200	₩6,000
변동원가	4,800	3,000
고정원가	1,400	1,800
영업이익	1,000	1,200

① ₩1,800(F)   ② ₩600(F)   ③ ₩1,000(U)

④ ₩1,800(U)   ⑤ ₩1,000(F)

8. K가구사는 두 종류(A, B)의 목재의자를 판매하고 있다. 6월 두 제품에 대한 관련 자료가 다음과 같을 때 B제품의 매출배합차이는 얼마인가?

예산상 단위당 공헌이익 : A: ₩30,000 B: ₩40,000
두 제품의 예산상 총판매량 : 200개
두 제품의 고정예산상 총공헌이익 : ₩7,300,000
A의자의 실제 매출배합비율 : 30%
두 제품의 총매출수량차이 : ₩730,000 불리한 차이

① ₩270,000 유리   ② ₩270,000 불리   ③ ₩360,000 유리

④ ₩360,000 불리   ⑤ ₩90,000 불리

다음 자료를 보고 물음에 답하시오(문제 9-10)

㈜나영은 경쟁이 치열한 시장에서 제품 R를 생산 · 판매하고 있다. 제품 R에 대한 예산과 실제자료는 다음과 같다.

		예산	실제
판매수량		10,000개	12,000개
변동제조원가	(단위당)	₩15	₩17
변동판매비	(단위당)	4	6
고정제조원가	(연 간)	50,000	54,000
고정판매비	(연 간)	14,000	12,000
판매가격	(단위당)	40	38
시장규모		50,000개	80,000개

9. ㈜나영의 매출가격차이는 얼마인가? 단, 유리한 차이는 (F)로, 불리한 차이는 (U)로 표시한다.

① ₩72,000(U)　② ₩56,000(U)　③ ₩36,000(U)
④ ₩24,000(U)　⑤ ₩12,000(U)

10. 매출조업도차이 중 시장규모차이는 얼마인가? 단, 유리한 차이는 (F)로, 불리한 차이는 (U)로 표시한다.

① ₩42,000(F)　② ₩84,000(F)　③ ₩24,000(U)
④ ₩84,000(U)　⑤ ₩126,000(F)

투자중심점의 성과평가

핵심내용: 투자중심점(Investment center)은 수익과 원가뿐만 아니라 투자에 대해서도 책임을 지는 중심점으로 가장 포괄적이고 광범위한 책임중심점이며, 분권화된 사업부가 여기에 해당된다. 투자중심점 관리자의 성과는 이익을 얻기 위하여 그가 관리하는 자원이 얼마나 효율적이며 효과적으로 으로 목표를 달성하였는가에 따라 평가된다. 따라서 투자중심점의 성과평가를 평가할 때에는 이익과 투자액을 동시에 고려하여야 한다. 투자중심점의 성과평가에 사용되는 척도로는 투자수익률, 잔여이익, 경제적부가가가치 등이 있다.

1. 투자수익률(Return on Investment)

(1) 기본공식: 투자수익률 = 이익 / 투자액

☞ 실제 적용 방법

투자수익률을 계산할 때, 분자인 이익수치는 자본비용을 고려하기 전의 영업이익이 많이 쓰이고, 투자액은 총자산액이나 투하자본(=총자산-유동부채)이 많이 이용된다. 그러나 실무적으로 ROA(return on assets)와 ROE(return on equity) 가장 보편적인 투자수익률로 활용되고 있음.

(2) 듀폰분석 (투자수익률의 세분화 과정)

① ROA: 자산을 기준으로 구한 투자수익률, 즉 자산수익률(ROA)은 2개의 세부비율로 분해하여 평가할 수 있다. 이 때 매출액이익률은 영업활동의 효율성에 대한 평가 지표로 활용할 수 있으며 자산회전율은 영업활동의 효과성을 진단하는 평가지표로 활용 가능하다.

$$ROA = \frac{이익}{자산} = \frac{이익}{매출액} \times \frac{매출액}{자산}$$

<u>Quiz: 매출액이 증가할 경우 ROA는 증가하는가? 단, 동 기업은 일정한 고정부채를 보유하고 있다.</u>

② ROE: 주주의 투하자금에 대한 투자수익률, 즉, 자기자본수익률(ROE)은 3개의 재무적지표로 분해하여 평가가능하다.

$$ROE = \frac{이익}{자본} = \frac{이익}{매출액} \times \frac{매출액}{자산} \times \frac{자산}{자본} = ROA \times (1 + financial\,leverage)$$

(3) ROI의 [장점 vs. 단점]

장점	단점
① 투자규모의 영향을 받지 않는 성과평가척도임 ② 듀퐁분석을 통해 기업의 영업순환과정 전체에 대한 탐색이 가능함.	① 준최적화 현상이 초래될 위험이 있음. ② 사업내용이 상이할 사업부 간 평가시 바람직한 성과평가가 되지 않을 가능성이 있음. ③ 투자의사결정과정과 성과평가의 기준 근거가 상이해짐--> 동기부여 측면에서 모순이 있음.

사례 - 준최적화의 위험

B사업부가 현재 12%의 투자수익률을 달성하여 좋은 평가를 받아, 부문관리자 및 직원이 승진과 급여에서 혜택을 받고 있다. B사업부가 투자수익률 10%의 20억원 규모의 사업에 투자하면 사업부의 평균 투자수익률은 현재의 12%보다 낮은 11.4%가 됨.

	현재	추가 사업	사업추가 후
이 익	6	2	8
투 자 액	50	20	70
투자수익률	12%	10%	11.4%

투자수익률 기준 사업부 평가와 요구수익률 8%를 가정하면,
B사업부 입장 : 투자수익률 하락의 불이익을 피하기 위해 수익률 10%의 사업을 포기함
회사전체입장 : 8% 이상 수익률의 사업은 채택하는 것이 바람직
==〉 이와 같이 회사전체 입장과 B사업부의 입장이 상이하여 기업이익이 최대화되지 않는 현상이 존재할 가능성이 있음. 이를 준최적화(Sub-optimization) 현상 이라함.

2. 잔여이익(Residual Income => RI method)

: 자본비용을 차감한 후의 초과이익의 절대규모를 나타내는 성과지표임.

(1) 기본공식

잔여이익 = 영업이익 – 요구수익률* × 투자액
= 투자액 × (영업이익/투자액 - 요구수익률)
= 투자액 × (투자수익률 - 요구수익률)

* 요구수익률이란?

사업의 위험성(Risk)이나 더 좋은 투자기회에 대한 기대 등이 반영되어 실제 자금조달 비용 수준보다 일반적으로 높게 설정된다. 요구수익률로 측정되는 자본이용은 타인자본에 대해 실제로 지급된 명시적인 이자비용뿐만 아니라 자체 조달된 자기자본에 대한 암묵적인 자본비용도 고려한다.

(2) RI의 [장점 vs. 단점]

장점	단점
① 준최적화 현상은 발생하지 않음. ② 사업내용이 다른 경우에도 성과평가 지표로 활용 가능(사업내용의 차이 --> 요구수익률에 반영되어 있음)	① 투자수익률이 동일할지라도 투자규모가 크면 잔여이익이 동시에 상승함. 즉, 투자 규모에 따른 Size effect의 영향을 상쇄하지 못함. ② 투자의사결정과정과 성과평가의 기준 근거가 상이해짐--> 동기부여 측면에서 모순이 있음.

사례 - 잔여이익 모형을 통한 평가

요구수익률을 8%로 가정하면 A, B사업부의 현재 잔여이익과 B사업부의 사업추가 후의 잔여이익은 아래 표와 같다.

	A사업부	B사업부 사업추가 전	B사업부 추가 사업	B사업부 사업추가 후
이 익	10	6	2	8
투 자 액	100	50	20	70
자본비용	8 (100×8%)	4 (50×8%)	1.6 (20×8%)	5.6 (70×8%)
잔여이익	2	2	0.4	2.4

3. 경제적부가가치(EVA, Economical Value Added)

: 사업단위가 자본비용을 초과하여 달성한 세후이익을 기업가치 관점에서 조정한 가치평가지표

(1) 기본공식

경제적부가가치 = 조정 세후영업이익* - 조정투하자본** × 평균(세후)자본비용***

(2) 용어정리

① * 조정 세후영업이익

RI를 계산함에 있어 이용되는 손익계산서의 영업이익은 연구비를 비용으로 차감하여 계산하나, EVA계산에 있어서 연구비는 실질적인 자산가치가 있다고 판단함. 따라서 연구비를 자산으로 인정하여 투하자산에 추가하고 그 상각비만을 비용으로 인정하여 조정된 영업이익을 계산한다. 또한 영업활동 범위를 확대하여 자산평가손익이나 처분손익은 회계적으로는 영업외손익으로 분류되나 경제적부가가치에서는 영업관련 손익으로 판단하여 조정영업이익 계산에 반영한다. 이를 정리하면 다음과 같이 요약하여 나타낼 수 있다.

조정영업이익＝영업이익＋당기 연구비－자산화된 연구비상각액 +(－) 자산평가/처분이익(손실) +(－)기타조정

② ** 조정 투하자본

투하자본이란 이자비용이 발생하는 타인자본 중 투자활동을 위한 금액과 자기자본의 합으로 측정됨. 이는 다음과 같은 산식 중 하나를 통해 도출할 수 있음.

1) 투하자본 ＝ 조정자본총액 ＋ 이자발생부채 ＝ 조정자본총액 ＋ 부채총액 － 이자미발생부채
2) 투자자본 = 조정자산총액 - 이자미발생부채 ＝ 유동자산 ＋조정비유동자산 － 이자미발생부채
3) 투하자본 = 조정 순운전자본(유동순영업자산) + 조정비유동자산 = 영업부채 + 조정자본총액

③ *** 가중평균자본비용(WACC, Weighted Average Cost of Capital)
: 차입자금과 자기자감의 평균자본비용

평균 세후자본비용 = (차입자금/투하자본) ×차입자금의 자본비용 × (1-법인세율) + (자기자금/투하자본) ×자기자금의 자본비용 투하자본(시가) = 차입자금(시가) + 자기자금(시가)

(3) RI vs. EVA

① EVA는 법인세를 명시적으로 고려하기 위해 세후영업이익과 세후자본비용을 사용함.
② EVA는 기업가치 관점에서 회계수치를 그래도 사용하지 않고 적절히 조정함.
③ EVA는 자기자본비용을 가중평균자본비용을 통해 명시적으로 고려함.

예제 7) A사업부의 영업이익이 10억이고 당기연구비가 3억이라 하자. 연구비의 효과가 3년간 지속된다고 추정하여 경제적 부가가치 계산을 위해 3년에 걸쳐 상각하기로 한다. 2년전과 1년전에 지출한 연구비가 각각 2.4억원, 2.7억원으로 나타나고 있다. 자산평가 처분손익은 0.2억원 발생하였으며 기타조정 금액이 -0.1일 경우 EVA 계산을 위한 세후 조정영업이익은 얼마인가? 단, 법인세율은 40%의 단일세율이라고 가정한다.

예제 8) A사업부의 재무상태표는 다음과 같다.

자산 항목	금액(억원)	부채와 자본 항목	금액(억원)
유동자산	9	유동부채	7
현　금	2	매입채무	5
매출채권	3	단기차입금	2
재고자산	4	비유동부채	29
비유동자산	48	사　채	14
유형자산	35	장기차입금	10
무형자산	13	장기충당부채	5
		부채총액	36
		자본총액	21
자산총액	57	부채와 자본 총액	57

〔요구사항〕 A사업부의 손익계산서상 계상된 당기 연구비 지출액이 8억이라고 할 경우 A사업부의 EVA를 계산하기 위한 조정 투하자본은 얼마인가?

〔실전 응용 문제〕

11. 투자중심점인 A사업부는 당기에 ₩100,000의 영업자산을 투자하여 ₩10,000의 영업이익을 획득하였다. 한편 투자안의 채택여부를 결정할 때 이용하는 회사의 최저필수수익률은 28%이며 사업부 경영자의 업적은 투자수익률에 의해 평가되고 있다. A사업부는 새로 ₩20,000을 투자하면 ₩5,000의 이익을 얻을 수 있는 새로운 투자기회를 검토하고 있다. 회사전체의 관점에서는 새로운 투자안을 채택하는 것이 유리한가? 당신이 A사업부의 경영자라면 새로운 투자안을 채택할 것인가?

	회사전체	A사업부
①	채택	채택
②	채택	채택하지 않음
③	채택하지 않음	채택
④	채택하지 않음	채택하지 않음
⑤	정답 없음	

12. 대한전자의 제1사업부는 에어컨을 생산 · 판매하고 있다. 대한전자의 제1사업부는 투자중심점으로 운영되며, 사업부장의 성과는 투자수익률(ROI)에 근거하여 평가한다. 제1사업부의 목표 투자수익률은 15%이다. 1년 동안 대한전자의 제1사업부와 에어컨의 생산 · 판매에 관한 예상자료는 다음과 같다.

제1사업부 연간 총고정비	₩2,000,000,000
에어컨 단위당 변동비	₩300,000
에어컨 연간 판매대수	5,000대
제1사업부 평균 총자산	₩3,000,000,000

제1사업부의 사업부장이 목표 투자수익률을 달성하기 위한 에어컨의 단위당 최소 판매가격은 얼마인가?

① ₩700,000 ② ₩720,000 ③ ₩750,000
④ ₩790,000 ⑤ ₩820,000

13. (주)계룡에는 A와 B 두 개의 사업부가 있는데 다음은 성과평가와 관련된 자료이다.

구 분	A사업부	B사업부
투자액	2,000억원	4,000억원
영업이익	400억원	720억원

(주)계룡의 자본비용은 10%이며, 각 사업부에 대한 요구수익률도 10%이다. (주)계룡이 투자수익률과 잔여이익으로 사업부를 평가하는 경우 나타나는 결과로 가장 옳은 것은?

① 두 평가방법 모두 A사업부가 더 우수하다.
② 두 평가방법 모두 B사업부가 더 우수하다.
③ 두 평가방법 모두 A와 B사업부 간의 성과에는 차이가 없다.
④ 투자수익률로 평가하는 경우에는 B사업부, 잔여이익으로 평가하는 경우에는 A사업부가 더 우수하다.
⑤ 투자수익률로 평가하는 경우에는 A사업부, 잔여이익으로 평가하는 경우에는 B사업부가 더 우수하다.

14. 잔여이익이란 투자중심점이 사용하는 영업자산으로부터 획득해야 하는 최소한의 이익을 초과하는 영업이익을 말한다. 따라서 잔여이익은 투자중심점의 이익에서 투자중심점이 사용하는 사산에 대한 암묵적 이자를 차감하여 계산한다. 예를 들어, 영업자산에 최저필수수익률을 곱한 금액만큼을 암묵적 이자로 생각할 수 있다. 이러한 잔여이익 개념을 이용하여 경영자의 성과를 평가하고자 할 때의 유용성으로 적절하지 않은 것은?

① 투자수익률만을 이용하는 경우에 발생할 수 있는 준최적화의 문제를 개선할 수 있다.
② 위험이 높은 산업에 속한 투자중심점에 대해서는 영업자산에 대한 최저필수수익률을 높여서 위험수준을 고려할 수 있다.
③ 투자규모가 서로 다른 투자중심점을 서로 비교할 수 있고, 기간별로 비

교하는 것도 용이하다.

④ 투자수익률의 제고와 적극적인 투자를 통하여 기업가치를 제고할 수 있다는 함의를 제공한다.

⑤ 체계적이고 지속적인 기업정보의 투명성을 향상시켜 기업과 주주 간 정보의 불균형을 완화한다면 잔여이익이 증가되어 기업가치를 제고할 수 있다.

15. 다음 자료에 의해 계산된 경제적 부가가치(EVA)는 얼마인가?

세전영업이익	₩1,500,000
법인세율	35%
가중평균자본비용	12%
총자산(비영업자산 제외)	₩6,600,000
유동부채(이자발생부채는 없음)	₩600,000
최소요구투자수익률	15%

① ₩75,000 ② ₩183,000 ③ ₩255,000
④ ₩510,000 ⑤ ₩708,000

16. 다음은 (주)누리의 남부사업부와 중부사업부의 재무상태표와 손익계산서 자료의 일부이다.

	남부사업부	중부사업부
총자산	₩2,000,000	₩10,000,000
유동부채	500,000	3,000,000
세전영업이익	250,000	2,000,000

(주)누리의 가중평균자본비용계산에 관련된 자료는 다음과 같다.

장기부채 :	시장가치 ₩7,000,000	이자율 10%
자기자본 :	시장가치 ₩7,000,000	자본비용 14%

법인세율은 40%이다. 남부사업부와 중부사업부의 경제적 부가가치(EVA)는 얼마인가? (단, 각 사업부에는 동일한 가중평균자본비용을 적용한다)

	남부사업부	중부사업부		남부사업부	중부사업부
①	₩100,000	₩130,000	②	₩50,000	₩130,000
③	0	500,000	④	50,000	200,000
⑤	100,000	200,000			

17. 투자중심점(investment center)의 투자성과 평가지표에 관한 다음의 설명 중 가장 타당하지 않은 것은?

① 투자수익률(ROI)은 투하자본에 대한 투자이익의 비율을 나타내는 수익성 지표이며, 매출이익률에 자산회전율을 곱하여 계산할 수 있다.

② 투자수익률은 기업의 여러 투자중심점의 성과를 비교하는 데 유용할 수 있지만, 투자수익률의 수준이 투자중심점 경영자의 성과평가기준으로 사용될 경우에는 목표불일치 문제를 야기할 수 있다.

③ 잔여이익에 의한 투자중심점 성과평가는 투자수익률에 의한 준최적화 문제를 해결할 수 있으며, 각기 다른 투자규모의 투자중심점들의 성과를 잔여이익에 의하여 직접적으로 비교평가할 수 있는 장점이 있다.

④ 경제적 부가가치(EVA)는 세후영업이익에서 투하자본에 대한 자본비용을 차감하여 계산할 수 있다.

⑤ 경제적 부가가치의 관점에서는 영업이익이 당기순이익보다 기업의 경영성과를 평가하는 데 유용한 지표라고 본다.

균형성과표 (BSC: Balanced Socre-Card)

1. 재무성과지표의 문제점 및 BSC의 출현 배경

① 재무성과지표는 결과지향적(후행적지표) 지표이므로, 이 결과를 달성하기 위해 어떤 것을 중요시하고 무엇을 실천해야 하는지에 대한 방향제시가 없음 --> 기업의 핵심성공요소(Critical Success Factor)를 찾아내어 이를 비재부성과지표로 사용하면 성과관리제도가 기업성공전략 수행에 큰 기여를 할 수 있음.

② 재무성과지표는 추상적인 회계수치이므로 현장에 있는 중간관리자 이하의 직원에게는 피부에 와 닿지 않을 수 있다. --> Key Performance Index (Indicator)의 개발 및 공시를 통해 성과지표에 대한 의사소통이 필요함.

③ 재무성과지표는 다소 단기적인 측면이 강함. 이를 보완하기 위해 전략과 연계된 비재무적 성과지표의 제시가 필요함.

2. 균형성과표의 의미

상술한 재무성과지표의 문제점을 보완하기 위해 재무지표와 비재무지표를 균형적으로 성과관리에 사용하는 제도가 균형성과표임. 관리회계학자인 Kaplan과 경영자문가 Norton에 의해 정립된 균형성과표는 성과관리를 4가지 관점(구체적으로 재무적관점, 고객관점, 내부프로세스, 학습과 성장)으로 나눔. 이러한 dimension을 성과동인과 성과지표로 연계하여 나타내면 아래 그림과 같음.

3. 균형성과표의 장·단점

① 기존의 재무적 측정치와 고객, internal process, 학습과 성장 등의 관점에 의한 비재무적 측정치 간의 균형있는 성과평가를 할 수 있음.

② 재무적 관점에 의한 단기적 성과와 나머지 세 관점에 의한 장기적 성과 간의 균형을 이룰 수 있음.

③ 외부적측면(External measures) & 내부적측면(internal measures)의 균형

④ 선행지표(과정지표)와 후행지표(결과지표)의 균형

⑤ 객관적지표(정량지표)와 주관적지표(정성지표)의 균형

☞그림: 균형성과표의 성과체계

전략 & 비전

4가지 관점	CSF	KPI
재무적관점	기업가치 극대화	ROE, EVA
고객관점	고객만족도 제고	고객확보율, 재구매율, 고객만족도 설문조사 등
Internal Process	혁신	신제품수(수익률) 등
	운영	품질원가보고서, 재작업률 등
	판매 후 서비스	first-pass-yield, 현장도달시간
학습과 성장	우수인재영입/유지	우수인재이직률 등
	우수인재양성	교육투자/매출액, 특허등록 수
	종업원 만족도 제고	EOS 점수

〔실전 응용 문제〕

18. 다음의 균형성과표(BSC)에 대한 설명 중 옳지 않은 것은 무엇인가?

① 비영리단체에서도 재무적 관점, 고객 관점, 내부 프로세스 관점, 학습과 성장 관점을 사용할 수 있다.
② 전략과 연계된 주요 평가지표(KPI)를 사용한다.
③ 관점 사이의 인과관계를 전략체계도(strategy map)로 나타낸다.
④ 미국에서 시작된 기법이다.
⑤ 균형성과표는 전략의 구체화와 의사소통보다 성과보상에 초점이 맞추어진 제도이다.

19. 균형성과표(BSC)에 관한 다음의 설명 중 가장 타당하지 않은 것은?

① 균형성과표는 재무적인 성과지표를 중심으로 하는 전통적인 성과측정제도의 문제점을 보완할 수 있는 성과측정시스템으로 인식되고 있다.
② 균형성과표는 조직의 비전과 전략을 성과지표로 구체화함으로써 조직의 전략수행을 지원한다.
③ 균형성과표의 다양한 성과지표간의 인과관계를 통하여 조직의 전략목표 달성과정을 제시하는 성과지표의 체계를 전략지도(strategy map)라고 한다.
④ 균형성과표는 일반적으로 재무 관점, 고객 관점, 내부 프로세스 관점, 학습과 성장 관점의 다양한 성과지표에 의하여 조직의 성과를 측정하고자 한다.
⑤ 균형성과표는 조직의 수익성을 최종적인 목표로 설정하기 때문에 4가지 관점의 성과지표 중에서 학습과 성장 관점의 성과지표를 가장 중시한다.

20. 균형성과표(제도)에 관련된 설명으로 가장 옳지 않은 것은?

① 균형성과표는 기업의 가치를 향상시키기 위해 전통적인 재무적 지표 이외에 다양한 관점의 성과지표가 측정되어야 한다는 것을 강조하고 있다.
② 고객의 관점은 고객만족에 대한 성과를 측정하는데 고객만족도 조사, 고객확보율, 고객유지율, 반복구매정도 등의 지표가 사용된다.
③ 내부 프로세스의 관점은 원가를 낮은 수준에서 유지하여 제품을 저렴한 가격으로 고객에게 제공할 수 있도록 기업내부의 업무가 효율적으로 수행되는 정도를 의미하는데 불량률, 작업폐물, 재작업률, 수율, 납기, 생산처리시간 등의 지표가 사용된다.
④ 학습과 성장의 관점은 기존의 프로세스와 제품에 만족하지 않고 기술 및 제품의 혁신적인 발전을 추구하는 정도를 의미하는데 종업원만족도, 전략적 직무충족도 등의 지표가 이용된다.
⑤ 재무적 성과는 수익을 제공하는 고객으로부터 달성될 수 있으므로 고객관점지표가 재무적 지표의 동인이 될 수 있으나, 내부 프로세스의 효율성 향상과 재무적 성과에 따라 학습과 성장의 지표가 달성되므로 결국 학습과 성장의 지표가 최종적인 결과물이 된다.

활동기준경영 (ABM: Activity-Based Management)

1. 활동기준경영이란?

제품설계에서부터 판매후 고객서비스에 이르기까지의 모든 과정에서 불필요한 비부가가치활동을 제거하고 꼭 필요한 부가가치활동만을 수행하도록 함으로써 원가절감, 품질개선, 낭비제거 등의 지속적 개선을 통해 기업의 수익성을 향상시키려는 경영관리시스템

2. 활동기준경영 체계

(1) 활동분석: 제품의 수명주기 동안 발생가능한 활동을 수집 --> 활동을 부가가치 활동과 비부가가치 활동으로 구분

☞ 비부가가치 활동이란?

비부가가치 활동은 제품의 상태변화를 초래하지 않는 모든 활동을 지칭함. 이는 중급회계의 유형자산 파트에서 학습한 자산성을 인정받지 못한 후속원가의 개념과 유사함. 비부가가치 활동의 예로 생산계획, 원재료의 이동, 대기, 저장, 검사, 재작업, 원재료의 재주문 등

(2) 원가절감 수단 파악: 활동분석을 통해 구분된 비부가가치 활동을 제거 혹은 감소하여 원가절감을 시도함.

3. 활동기준경영을 통한 성과평가

: 성과평가는 일반적으로 [활동기준변동예산서 작성 --> 차이분석]의 순서를 통해 진행됨. 이를 보다 구체적으로 나타내면 아래와 같음.

1st : 모든 활동을 부가가치활동과 비부가가치 활동으로 구분하여 각 활동별 원가를 산정

2nd : 비부가가치 활동 원가를 극소화(0)함 & 부가가치 원가 최소화를 목표로 삼음.

3rd : 목표와 실제 활동원가의 차이분석 --> 성과평가

☞ 부가가치원가 vs. 비부가가치원가의 구성내역

부가가치활동	- 효율적 수행 ---->	부가가치원가(표준원가)
	- 비효율적 수행 -->	비부가가치원가
비부가가치활동	----------------->	비부가가치원가

예제 9〉 울산회사는 최근 활동기준 변동예산제도를 도입하고 각 활동별 변동예산을 다음과 같이 수립하였다.

활 동	변동예산
용 접	용접시간×ⓐ40
구 매 주 문	구매주문횟수×ⓐ50
재 작 업	재작업시간×ⓐ9
품 질 검 사	₩60,000(직원 고정급)

회사는 각 활동별로 부가가치표준을 설정하였으며 올해의 관련자료는 다음과 같다.

활 동	원가동인	부가가치표준수량	표준가격
용 접	용 접 시 간	10,000시간	₩40/시간
구매주문	구매주문횟수	800회	₩50/회
재 작 업	재 작 업 시 간	0시간	₩ 9/시간
품질검사	검 사 시 간	0시간	?

〔요구사항〕

1. 활동기준 변동예산을 편성하시오.
2. 실제성과와 변동예산을 비교하는 성과보고서를 작성하시오. 단, 실제원가의 발생내역은 〔용접:540,000 / 구매주문:60,000 / 재작업:100,000 / 품질검사:80,000〕와 같음.

예제 10〉 상술한 예제 9를 참조하시오. 용접, 구매주문 및 재작업원가는 전액 변동활동원가이며, 품질검사원가는 검사직원의 고정급여이다. 회사는 1명당 연간 2,000시간을 검사할 수 있는 검사직원 2명을 고용하고 있다. 따라서 품질검사의 획득된 활동능력은 연간 4,000시간이다. 올해에 12,000시간의 용접,

1,000회의 구매주문, 10,000시간의 재작업, 3,000시간의 품질검사가 실제로 이루어졌다고 한다.

〔요구사항〕

1. 각 활동원가의 차이분석을 하시오.
2. 고정활동원가의 미사용활동차이를 계산하시오.(★)

Tip!! 활동원가 차이분석

변동활동원가(취득=사용) vs. 고정활동원가(취득≠사용)

제7장 불확실성하의 의사결정 및 기타

제 7 장 불확실성하의 의사결정에서는 크게 아래의 3가지 테마에 대해 다룬다.

(1) 불확실성하의 의사결정
: 성과표작성--> 최적의사결정--> EVPI--> EVSI--> 예측오차효과
(2) 불확실성하의 CVP분석: 통계적 분석(이산분포, 정규분포, 균등분포)
(3) 기타: 재고관리(전통적: EOQ&RP vs. 현대적: JIT)

불확실성하의 의사결정

1. 불확실성하의 의사결정절차

불확실성사의 의사결정이란 의사결정과 관련된 제 요소들이 불확실한 의사결정으로 다음의 기본요소와 절차에 따른다.

(1) 1st : 의사결정의 목적을 설정한다. 기대수익의 최대화, 기대이익의 최대화 혹은 기대비용의 최소화 등을 들 수 있다.
(2) 2nd : 의사결정자가 선택할 수 있는 모든 행동대안을 파악한다.
(3) 3rd : 의사결정과 관련된 미래의 발생가능한 모든 상황을 파악한다. 미래의 상황은 의사결정자가 통제할 수는 없으나 의사결정과정에서 매우 중요한 역할을 한다.
(4) 4th : 미래 상황의 발생가능성에 대하여 확률을 부여한다. 확률은 불확실성을 표한하는 방법이 된다.
(5) 5th : 행동대안과 상황의 결합에 의해 얻게 될 성과를 계산하여 성과표(pay off table)을 작성한다.
(6) 6th : 각 행동대한의 성과를 확률을 적용하여 행동대안별 기대가치(expected value)를 계산한다.
(7) 7th : 행동대안별 기대가치를 이용하여 1단계의 의사결정목적을 달성할 수 있는 최적 행동대안을 선택한다.

예제 1) 풀빵판매업계에서 유능하다고 소문난 김씨는 최근 풀빵(주)에 입사하였다. 회사는 김씨의 월간 급여산정에 대해여 다음과 같은 두 가지 대안을 제시하였다.

대안 (α_1) : 김씨의 판매량 × ₩40 + ₩20,000

대안 (α_2) : 김씨의 판매량 × ₩60 + ₩8,000

김씨가 월간 판매할 수 있는 판매량과 그 발생확률은 다음과 같다.

판매량	확률
400개	0.4
800개	0.6

〔요구사항〕 김씨의 입장에서 위의 문제를 분석하여 성과표를 작성하시오.

행동 \ 상황	X1 (판매량: 400)	X2 (판매량: 800)
대안 (α_1)		
대안 (α_2)		

2. 최적행동대안의 선택

(1) 기대가치기준: 각 행동 대안별로 성과의 기댓값을 구하여 이를 기준으로 최적행동대안을 선택하는 의사결정기준을 말한다.

(2) 기대효용기준: 각 행동 대안별로 기대효용을 구하여 이를 극대화시키는 최적행동대안을 선택하는 의사결정기준을 말한다. (효용함수: 위험추구, 위험중립, 위험회피)

예제 2) 예제 1의 상황을 바탕으로 하여 아래 물음에 답하시오.

1. 김씨의 효용함수가 위험중립형이라면 기대효용기준에 의한 김씨의 최적행동대안은 무엇인가?

2. 급여에 대한 김씨의 효용함수는 다음과 같다. 기대효용기준에 의하여 의사결정을 할 때 김씨의 최적행동대안은 무엇인가? $U(X) = \sqrt{X - 32,000}$ (단, X는 급여임)

3 완전정보의 기대가치(Expected value of perfect information: EVPI)

의사결정자가 미래의 상황에 대하여 완전한 정보를 갖고 있다면 특정의 상황하에서 최적 행동대안을 선택할 수 있으며 현재의 불확실한 상태하의 기대가치보다 높은 기대가치를 가질 수 있을 것이다. 이 때 완전정보를 가지고 있는 경우에 얻을 수 있는 최적의사결정의 기대가치를 완전정보하의 기대가치(expected value with perfect information)라고 한다. 따라서 의사결정자는 완전정보를 획득함으로써 기존정보하의 기대가치(expected value with existing information)보다 증가된 기대가치를 갖게 되는데, 이렇게 완전정보로 인하여 기존의 기대가치보다 증가된 기대가치 즉, 증분 기대가치의 크기를 완전정보의 기대가치(EVPI, expected value of perfect information)이라 한다.
상술한 내용에 기초하여 완전정보의 기대가치의 결정구조를 도시화하면 아래와 같은 식으로 정리 가능하다.

완전정보하의 기대가치
(-) 기대정보하의 기대가치(현재의 최적가치)

완전정보의 기대가치

4. 불완전정보의 기대가치 (Expected value of sample information: EVSI)

(1) 불완전정보의 기대가치: 불완전정보(imperfect information)란 완전하지는 않지만 의사결정의 불확실성을 일정 부분 감소시킬 수 있는 정보를 발하며 표본추출의 방법에 의하여 획득한다. 불완전정보의 기대가치는 앞선 완전정보의 기대가치와 유사하게 불완전정보하의 기대가치에서 현재의 최적가치를 차감한 값을 통해 정의될 수 있으며 이를 나타내면 아래와 같다.

불완전정보하의 기대가치
(-) 기대정보하의 기대가치(현재의 최적가치)

불완전정보의 기대가치

단, 불완전정보의 기대가치는 베이지안정리에 기초한 확률 값을 통해 도출됨에 따라 확률의 의미를 정리할 필요가 있다. 이는 아래와 같다.

☞ 확률의 의미 정리

정보 \ 상황	X1 (판매량: 400)	X2 (판매량: 800)
y1(400)	32	12
y2(800)	8	48

일반확률: P(x1) = 40/100 = 0.4

조건부확률: P(y1|x1)=32/40=0.8 ==> 정보의 정확도를 의미함.

결합확률 : P(x1∩y1)=P(y1∩x1)=32/100=0.32

일반확률 : P(y1)=44/100=P(x1∩y1)+P(x2∩y1)=0.32+0.12=0.44

※ 베이지안정리

P(y1|x1)=P(y1∩x1) / P(x1) ==> P(y1∩x1) = P(x1)*P(y1|x1)

(2) 불완전정보의 기대가치 계산절차

① 1st : 불완전 정보시스템이 만들어 낼 불완전정보의 종류 $y_i(y_1, y_2\cdots)$와 확률을 확인한다.

② 2nd : 각 상황이 사전확률 $P(x_i)$와 불완전정보의 확률[조건부확률-$P(y_i|x_i)$]을 결합하여 불완전 정보 각각을 보고 받을 확률을 구한다. 즉, $P(y_i) = \Sigma P(y_i|x_i) \times P(x_i)$ 값을 계산한다.

③ 3rd : 불완전정보체계에서 특정정보를 보고 받았을 때 각 상황의 발생가능성에 대한 사전확률을 사후확률로 추정한다. 이는 다음의 식과 같다.

$$P(x_i|y_i) = \frac{P(x_i \cap y_i)}{p(y_i)} = \frac{P(y_i|x_i) \cdot P(x_i)}{\Sigma P(y_i|x_i) \cdot P(x_i)}$$

④ 4th : 각 행동대안별 기대가치에 위에서 산출한 사후확률을 적용하여 각 불완전정보하의 최적행동대안을 결정한다.

⑤ 5th : 4단계에서 결정한 각각의 불완전정보하에서의 최적행동대안의 기대가치에 2단계에서 계산한 불완전 정보를 보고 받을 확률 $P(y_i)$을 적용하여 불완전정보하의 기대가치를 계산한다.

⑥ 6th : 불완전정보하의 기대가치에서 기존정보하의 기대가치를 차감하여 불완전정보의 기대가치(EVSI)를 계산한다.

예제 3) 모든 사항이 예제 1과 동일함. 단, 김씨는 자신의 판매량에 대한 정보를 얻기 위해 전문가를 고용하려고 하는데, 이 전문가의 예측이 80%정확하다고 가정한다. 이 경우 EVSI는 얼마인가?

5. 예측오차의 원가

: 예측오차로 인하여 입게 되는 손실액을 말하여 조건부손실 또는 기회손실이라고도 한다.

예제 4) 김씨는 부지를 임차하여 학교축제일에 기념품을 판매하려고 한다. 기념품의 단위당 구입비용은 ₩30이며 단위당 판매가격은 ₩50이다. 판매하지 못한 기념품은 반품이 불가능하며 시중에 단위당 ₩5에 처분해야 한다. 학교측에 대한 부지임차료는 ₩5,000이다.

〔요구사항〕 다음 각 상황에서 예측오차의 원가를 구하시오.

1. 수요량을 300단위로 예측하고 300단위를 구입하였으나 실제수요량은 330단위인 경우

2. 수요량을 300단위로 예측하고 300단위를 구입하였으나 실제수요량은 240단위인 경우

불확실성하의 CVP 분석

불확실성에 대처하기 위한 접근방법에는 통계적분석, 확률수를 이용한 분석 및 통계적 시뮬레이션 등이 있는데 본 절에서는 통계적분석에 집중하여 정규분포와 균등분포에 대해 설명한다.

1. 정규분포

기댓값과 표준편차에 의하여 결정되는 연속확률분포로서 그 모양은 완정대칭의 형태를 지니는 확률분포를 말함. 정규분포의 특성을 이용하여 손익분기점이나 목표이익을 얻을 수 있는 확률을 구하기 위해서는 기댓값이 0이고 표준편차가 1인 표준정규분포로 표준화시켜야 하는데 이러한 표준화는 정규분포를 이루는 판매량(X)를 표준정규분포의 Z값으로 변화함으로써 이루어진다.

$$\text{표준화 공식: } Z=\frac{x-E(x)}{\sigma(x)}$$

예제 5〉 울산회사는 단위당 판매가격이 ₩20이고 단위당 변동비가 ₩10인 제품을 생산, 판매하고 있다. 연간 고정비는 ₩4,000이다. 과거의 경험에 의하면, 연간 판매량은 평균 500단위, 표준편차는 100단위의 정규분포를 따르며 앞으로도 계속 그러할 것으로 기대하고 있다.

〔요구사항〕 표준정규분포표를 이용하여 다음을 구하시오.

1. 연간 기대영업이익
2. 영업손실이 발생하지 않을 확률
3. 연간 목표영업이익을 ₩2,000이상 달성할 확률

Z	p
1	0.3413
2	0.4772
3	0.4987

2. 균등분포

균등분포(uniform distribution)는 확률변수가 일정구간 내에서 정의되며 그 구간 내에서의 확률값이 모두 균등한 연속확률분포를 말한다. 따라서 정규분포가 종(bell) 모양의 형태를 갖는데 비해 균등분포는 아래와 같이 일자형 분포형태를 띄게 된다. 이러한 균등분포의 특성을 이용하여 손익분기점이나 기대이익 등을 구할 수 있다.

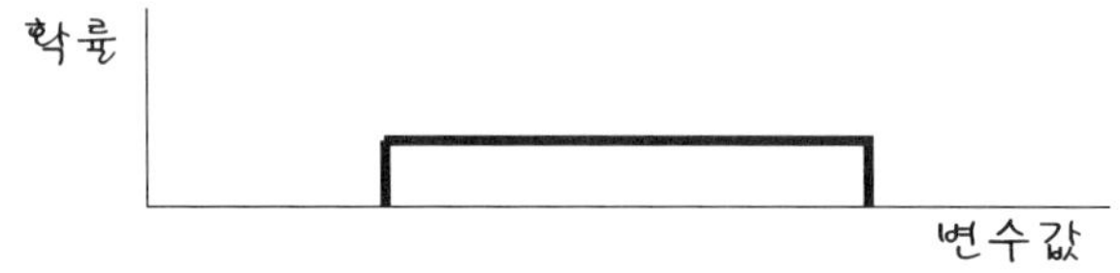

예제 6) ㈜영민은 단위당 변동비가 ₩60인 제품을 생산 · 판매하고 있다. 연간 총고정비는 ₩20,000이다. 회사가 최근에 실시한 시장조사의 결과를 다음과 같다.

① 단위당 판매가격이 ₩100일 경우 연간 총매출액의 확률분포는 ₩40,000과 ₩70,000 사이에서 균등할 것이다.

② 단위당 판매가격이 ₩80일 경우 연간 총매출액의 확률분포는 ₩70,000과 ₩100,000 사이에서 균등할 것이다.

<단위당 판매가격이 ₩100일 경우> <단위당 판매가격이 ₩80일 경우>

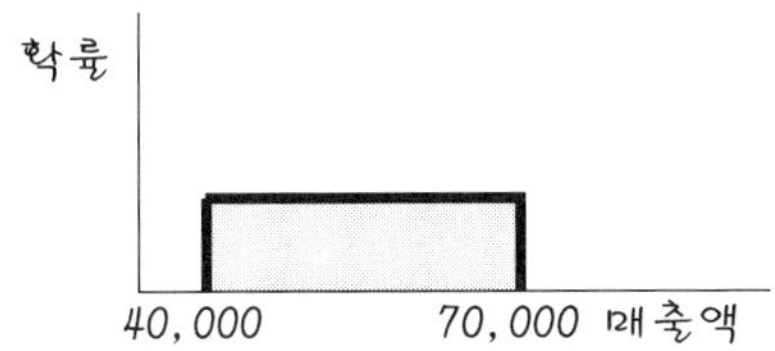

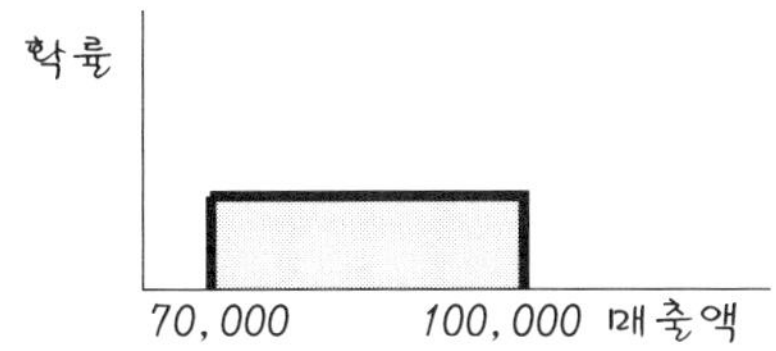

〔요구사항〕

1. 회사가 손익분기점을 또는 그 이상의 이익이 발생할 확률을 극대화하기 위해서는 단위당 판매가격을 얼마로 결정하여야 하는가?
2. 회사가 기대이익을 극대화하기 위해서는 단위당 판매가격을 얼마로 결정해야 하는가?

예제 7) 울산회사는 단위당 변동비가 ₩60인 제품을 생산, 판매하고 있다. 연간 총고정비는 ₩20,000이다. 회사가 최근에 실시한 시장조사의 결과는 다음과 같다.

① 단위당 판매가격이 ₩100일 경우 연간 총매출액의 확률분포는 ₩40,000과 ₩70,000사이에서 균등할 것이다.
② 단위당 판매가격이 ₩80일 경우 연간 총매출액의 확률분포는 ₩70,000과 ₩100,000사이에서 균등할 것이다.

〔요구사항〕

회사가 손익분기점 또는 그 이상의 이익이 발생할 확률을 극대화하기 위해서는 단위당 판매가격을 얼마로 결정해야 하는가?

기타(재고관리모형)

1. 확실성하의 재고관리 모형

(1) 경제적 주문량(EOQ: Economic Order Quantity)의 결정
: 경제적 주문량이란 연간 필요한 재고를 구매하기 위하여 관련원가를 최소화할 수 있는 가장 경제적인 1회 주문량을 말하며 이를 공식화하면 아래와 같다.

$$EOQ = \sqrt{\frac{2AP}{H}}$$

여기서, A= 재고관리대상기간 동안의 재고사용량
P= 1회 주문비용
H= 재고관리대상기간 동안의 단위당 재고유지비용

위 공식에서 언급되고 있는 재고관리와 관련된 비용을 구체적으로 나타내면 아래와 같이 정리할 수 있다.

☞ 재고관리와 관련된 비용

주문비용: 주문 후 재고가 입고될 때까지 발생하는 원가를 말하며 여기에는 운송비용, 하역비, 수수료, 주문과 관련된 사무비용 등이 포함된다. 통상 1회 주문비용은 주문량과 관계없이 일정하므로 주문비용은 주문횟수와 비례한다. 그런데 주문횟수(연간 수요량÷1회의 주문량)는 1회의 주문량과 반비례하므로 결국, 주문비용은 1회의 주문량과 반비례하게 된다.

유지비용: 재고가 입고된 후 판매될 때까지의 비용으로서 창고보관료, 보험료, 전기료, 자본비용 등이 포함된다. 유지비용은 평균재고가 많으면 많을수록 증가하게 되는데 평균재고는 1회 주문량과 비례하므로 유지비용과 1회의 주문량은 비례하게 된다.

예제 8) ㈜울산산업은 재고관리와 관련된 원가를 최소화하기 위하여 경제적 주문량을 결정하려고 한다. 재고관리와 관련된 원가는 다음과 같다.

단위당 구입원가	₩100
연간 수요량	10,000단위
단위당 연간 유지비용	₩2
1회 주문비용	₩25

경제적 주문량과 경제적 주문량하에서의 총원가는 각각 얼마인가?

2. 불확실성하의 재고관리 모형

(1) 안전재고의 결정

: 재고관리의 과정에 나타나는 불확실성은 ① 조달기간중의 사용량의 불확실성과 ② 조달기간의 불확실성이 존재한다. 이러한 재고관리의 불확실성에 대처하기 위하여 예비재고가 필요한데 이를 안전재고(safety inventory)라 하며 최적안전재고량을 결정하기 위하여 고려할 관련원가는 다음과 같다.

☞ 재고관리의 불확실성과 관련된 원가

재고부족원가(stockout cost): 조달기간 중 갑작스럽게 사용량이 증가한다거나 납품업체로부터의 조달기간이 예상보다 길어지면 기존의 재고는 소진되므로 재고부족으로 인하여 조업을 못하게 되는데 이 때 발생하는 기회비용을 지칭한다.

유지비용(Holding cost): 재고가 입고된 이후 판매될 때까지 발생하는 비용으로 창고보관료, 보험료, 전기료, 자본비용 등을 말한다.

재고부족워가는 안전재고가 많을수록 감소하며, 유지비용은 안전재고수량이 많을수록 증가하므로 안전재고의 관련원가를 식과 그림으로 표현하면 아래와 같다.

안전재고 관련원가 = 재고부족원가 + 유지비용
= 년간 기대재고부족수량 × 단위당 재고부족원가
+ 평균안전재고 × 단위당 연간유지비용

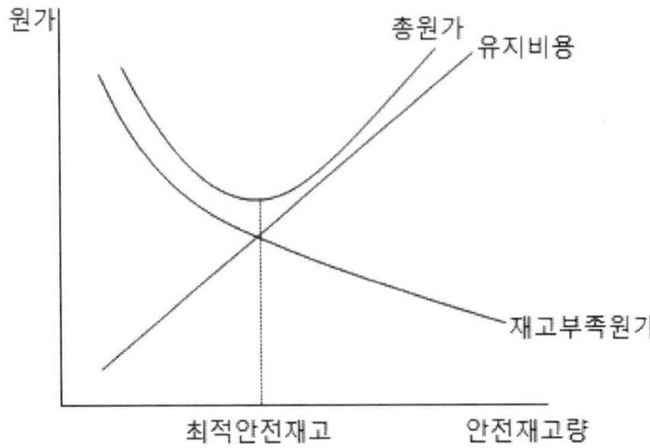

(2) 재주문점

: 재무문점(reorder point: ROP)이란 추가적인 재고자산이 필요하여 다시 주문해야 하는 재고수준을 말한다. 조달기간과 1일 재고사용량이 일정하다고 가정하면 재주문점의 재고수준 R은 조달기간 동안의 사용량에 안전재고를 가산하여 다음과 같이 계산된다.

재주문점 = [1일사용량*조달기간] + 안전재고

3. 적시재고시스템(JIT)

(1) 적시재고시스템의 의의

: 적시재고시스템(JIT: Just-in-time Inventory System)은 다양화된 수요자의 욕구에 의해 다품종 소량생산시스템에 대응하기 위하여 제품에 대한 주문이 들어 왔을 때 적시에 제품을 생산하여 공급할 수 있는 체제를 말한다. 적시에 제품을 생산하기 위해서는 적시에 원재료를 구입하여 공정에 투입할 수 있어야 하므로 원재료구입과정까지도 포괄하는 기업전체의 적시구입·생산체제를 의미한다. 적시재고시스템은 적시생산이라는 의미를 강조하여 때로는 적시생산시스템(just-in-time production system)이라고도 한다. 적시재고시스템은 주로 작업지시용 카드 등을 사용한다고 하여 칸반(kanban)시스템이라고도 한다.

전통적인 생산시스템에서는 특정 작업장에서 부품을 생산한 후 다음 작업장의 요구에 관계없이 이를 다음 작업장으로 밀어내는 방식으로 생산활동을 하여 왔으며 그 결과 과다한 재고의 누적과 비능률을 초래하게 되었다. 이와 같은 밀어내기식 접근(push approach)에 의한 전통적인 시스템과 달리 JIT시스템하에서는 "요구하지 않으면 아무 것도 생산하지 않는다."는 수요에 의한 당기기식 접근(pull approach)에 의해 생산계획이 이루어지므로 재고를 최소화하여 능률을 최대화할 수 있는 이점이 있다. 즉, JIT시스템에서는 생산공정의 모든 작업장은 그와 관련있는 다음 작업장에서의 생산량에 의해 결정된다. 따라서 최종조립공정에서의 생산량이 모든 원재료의 소요량을 결정하는 중요한 변수가 된다. 이와 같은 내용에 따라 전통적인 생산방식과 JIT를 비교하여 나타내면 아래 그림과 같다.

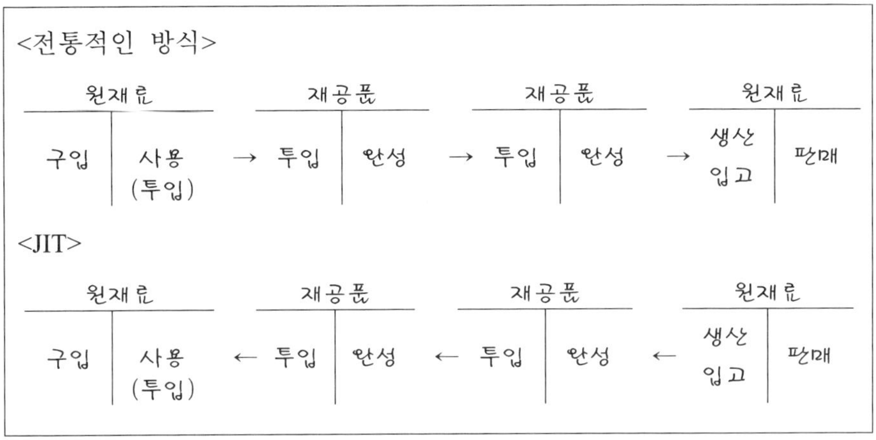

(2) 적시재고시스템의 구성요소

① <u>칸반시스템</u>: JIT시스템에서는 각 공정에서 생산되는 제품에 대한 정보를 작업지시카드에 의하여 전달한다. 작업지시카드에는 투입되어야 할 원재료의 종류, 수량, 부품번호 등이 기록되어 있다.

② <u>공급업자의 제한</u>: JIT시스템에서는 적시에 필요한 부품을 공급해 줄 수 있는 공급업자가 필요하다. 따라서 회사의 전산망 등과 유기적으로 연결되어 필요한 부품을 공급해 줄 수 있어야 하며 이러한 공급업자들은 회사가 요구하는 부품의 품질을 유지할 수 있는 기술수준을 지닌 신뢰할 수 있는 공급업자이어야 한다. JIT시스템에서는 부품의 공급이 소량으로 빈번하게 일어나는 경향을 갖게 된다.

③ <u>설비배치의 개선</u>: 효율적으로 작업을 진행하고 생산을 신속하게 진행하기 위해서는 생산라인을 제품의 특성에 맞게 일련의 생산체제를 전

제로 하여 재조정 배치하게 된다.

④ <u>작업시간의 감소와 소롯트 생산</u>: JIT시스템하에서는 설비배치를 개선하고 제조공정을 자동화함에 따라 작업준비시간이 대폭 감소하게 되고, 이에 따라 일괄생산체제에서 벗어나 적시에 필요한 만큼의 제품을 조금씩 생산하는 소롯트 생산체제가 가능해졌으며 재고수준도 감소된다. 공정의 자동화는 수치제어기계(numerical control machine, NC machine), 산업용 로봇, 유연생산시스템(flexible manufacturing system: FMS)이나 자동화생산방식 등의 채택에 그 바탕을 두고 있다. 이로 인해 작업준비시간뿐 아니라 전체적인 작업시간도 줄어들게 된다.

⑤ <u>전사적 품질관리</u>: 전 공정에서 부품, 재공품과 제품 등에 대하여 전사적인 품질관리(TQC)가 이루어져야 작업의 정지나 지체 없이 효율적인 작업체제를 유지한다.

⑥ <u>표준작업</u>: 전 공정에서 작업이 표준화되어야 작업자들도 작업의 내용을 쉽게 이해할 수 있으며 제품생산이 신속하고 체계적으로 이루어진다.

(3) 적시재고시스템의 장점

① 재고를 최소화함에 따라 재고자산에 대한 투자나 진부화 위험을 감소시킬 수 있다.

② 재료처리비용과 처리시간이 감소하고 생산성이 향상되며 고객의 수요에 더 빨리 대응할 수 있다.

③ 재고의 저장공간이 줄어들고 공장의 크기도 작아진다.

④ 작업준비시간이 감소하며 소롯트 생산과 생산의 평준화가 가능해진다.

⑤ 제품의 생산소요시간이 단축된다.

⑥ 전사적 품질관리를 통하여 공손품이나 불량을 없애고 낭비를 제거한다.

〔실전 응용 문제〕

1. (주)싸이언은 게임용 소프트웨어를 개발하여 판매하고 있다. 제품의 단위당 변동원가는 ₩30,000이며 단위당 판매가격은 ₩40,000이다. 이 회사는 곧 개최되는 컴퓨터박람회에 참가하려고 하는데 박람회 주관기관에서 부스(booth)임차료와 관련하여 다음의 2가지 지급방안을 제안하였다.

방안 1 : 고정임차료 ₩8,000,000 지급
방안 2 : 고정임차료 ₩2,000,000과 매출액의 10% 지급

이 회사는 과거 경험자료에 기초하여 소프트웨어 1,000단위와 2,000단위를 판매할 확률을 각각 40%와 60%로 평가하였다. 기대영업이익을 극대화하려면 어느 방안을 선택해야 하며 그 기대영업이익은 얼마인가?

① 방안 1, ₩14,000,000
② 방안 2, ₩14,000,000
③ 방안 1, ₩8,000,000
④ 방안 1, ₩7,600,000
⑤ 방안 2, ₩7,600,000

2. 충무회사는 자사가 생산하는 제품의 정확한 원가를 모른다. 회계부서에 의하면 고정원가는 ₩100,000으로 확정지을 수 있으나, 단위당 변동제조원가는 불확실하며, 단위당 변동제조원가의 분포 및 확률은 다음과 같다.

단위당 변동제조원가	₩6	₩9	₩12	₩15
확 률	1/6	1/3	1/6	1/3

충무회사의 판매부서는 고객으로부터 단위당 ₩10에 100개의 제품을 구매하겠다는 특별주문을 받았다. 이 회사가 특별주문을 처리할 충분한 유휴생산설비를 가지고 있으며, 위험중립형이라고 가정할 때 특별주문과 관련하여 단위당 변동제조원가에 대한 완전정보의 기대가치를 계산하면?

① ₩0
② ₩100
③ ₩150
④ ₩200
⑤ ₩300

3. 김밥을 말아서 판매하는 L양은 한국시리즈가 진행되는 야구장에서 김밥을 판매하려고 한다. 김밥의 단위당 제조원가는 ₩400이며, 판매가격은 ₩1,000이다. 야구는 야간경기이기 때문에 야구장에서 팔고 남은 김밥은 쉬게 되어 폐기처분해야 하며, 미리 만들어 간 김밥이 다 팔린 후에는 추가로 김밥을 만들어 팔 수 없다. 김밥 아가씨 L양이 예상한 김밥의 판매량은 다음과 같다.

판매량	2,500개	3,000개	3,500개
확　률	0.4	0.3	0.3

김밥의 판매량에 관하여 완전한 예측을 해주는 완전정보시스템이 있다면 그러한 완전정보의 기대가치는 얼마인가?

① ₩0　② ₩90,000　③ ₩170,000
④ ₩220,000　⑤ ₩270,000

4. J회사는 새로운 생산설비를 도입하면서 자본집약적인 경우와 노동집약적인 경우의 두 가지 대안을 생각하고 있다. 각 대안의 원가구조는 다음과 같다.

원 가	자본집약적 설비	노동집약적 설비
고정원가	₩1,000,000	₩200,000
단위당 변동원가	4,000	7,000

설비를 도입한 후 월 예상생산량과 그 확률이 다음과 같을 때, 원가최소화를 목표로 하는 J회사가 월 예상판매량에 관한 불확실한 정보 때문에 입게 될 경제적 손실은 얼마인가?

생산량	100단위	200단위	300단위	400단위
확　률	40%	30%	20%	10%

① ₩60,000　② ₩260,000　③ ₩1,540,000
④ ₩1,600,000　⑤ ₩1,800,000

5. 김밥 도시락을 단위당 판매가격 ₩1,000에 판매하려 한다. 단위당 변동원가는 ₩500이며, 월간 고정원가는 ₩750,000이다. 도시락의 수요량은 불확실하지만 정규분포를 이룰 것으로 보이며 월간 기대판매량은 2,100개, 표준편차는 400개로 예상한다. 도시락 판매로 인해 이익이 발생할 확률은? (단, 아래의 표준정규분포표를 이용하여 계산하시오)

Z	$p(Z<)$	Z	$p(Z<)$	Z	$p(Z<)$
0.5	0.69	1.0	0.84	1.5	0.93
2.0	0.98	2.5	0.994	3.0	0.999

① 7% ② 69% ③ 84%
④ 93% ⑤ 98%

6. B사는 최종제품생산을 위한 부품을 적시생산체제(JIT System)로 자체생산하고 있다. 내년에 10,000개의 부품이 필요하다. 이를 위한 부품 자체생산원가는 다음과 같이 예상된다.

총직접재료원가	₩60,000,000
총직접노무원가	10,000,000
총변동제조간접원가	20,000,000
총고정제조간접원가	70,000,000

변동제조간접원가는 직접재료의 구매주문원가를 포함하고 있고 모든 변동제조간접원가가 부품생산과 관련되어 있다. 고정제조간접원가 중 회피불가능한 배부된 원가는 ₩50,000,000이다. 그런데 이 기업은 부품의 외부주문을 고려하고 있다. 외부구입가는 단위당 ₩10,000이다. 추가로, 부품 구매주문을 위해 구매주문 1회당 ₩50,000이 발생한다. 부품재고의 파손, 자금비용 등이 연간 평균 부품재고액의 10%로 추정된다. 연간 주문횟수는 B사가 결정할 수 있다. 자체생산을 중단하면 현재 사용하고 있는 설비를 임대함으로써 연간 ₩10,000,000의 임대료수익을 발생시킬 것이다. 내년에 부품을 자체생산하는 대신 외부주문을 한다면 부품관련 원가를 최대한 얼마나 절감할 수 있는가?

① ₩9,000,000 ② ₩10,000,000 ③ ₩15,000,000
④ ₩19,000,000 ⑤ ₩20,000,000

부 록

■ 객관식 기출문제

제1장 원가의 추정과 분석

1. 원가의 형태 (04. 공인회계사)

다음 그래프의 종축은 총원가를 나타내며, 횡축은 1년간의 생산량을 나타낸다. 다음 중 그래프를 적정하게 설명하지 못한 것은?

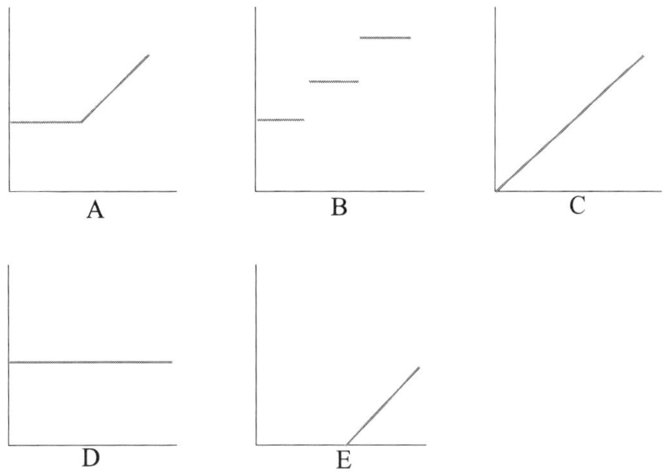

A : 일정량의 kwh까지는 기본요금을 내고 그것을 초과하는 경우에는 변동원가가 추가된다(kwh는 생산량에 비례하여 증가).

B : 수도요금 청구액은 다음과 같이 계산된다.

100,000갤런 이하	기본요금 ₩100,000
추가 10,000갤런	추가 사용된 갤런당 ₩3
추가 10,000갤런	추가 사용된 갤런당 ₩6

C : 기계사용시간(생산량에 비례)을 기준으로 계산되는 설비의 감가상각비

D : 정액법에 의한 설비의 연간 감가상각비

E : 어떤 조업도 수준 이상으로 생산되는 매 생산단위마다 ₩100을 관리자에게 지급하는 상여금 제도

① A　② B　③ C
④ D　⑤ E

답 ②

수도요금의 원가형태는 다음과 같다.

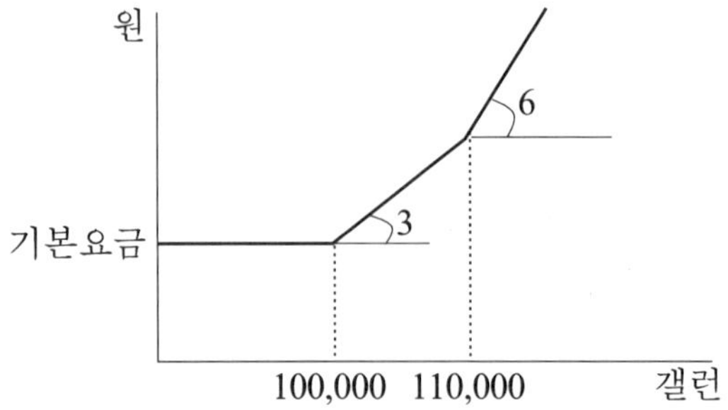

2. 혼합원가식 (08. 9급 공채)

월평균 기계운전시간(x)과 전력비(y)의 관계가 다음과 같이 추정된다.

$$y = 10,000 + 8x$$

추정 원가함수를 기초로 한 전력비에 대한 설명 중 가장 옳지 않은 것은? (단, 월평균조업도는 5,000기계운전시간이다)

① 전력비의 월평균 고정원가는 ₩10,000이다.
② 전력비의 변동원가는 기계운전시간당 ₩8이다.
③ 조업도가 4,000기계운전시간일 때 추정 총전력비는 ₩42,000이다.
④ 기계운전시간이 800시간 증가하면 전력비는 ₩16,400 증가한다.

답 ④

전력비의 변동원가는 기계운전시간당 ₩8씩 증가하므로 800시간 증가하면 ₩8×800시간=₩6,400 증가한다.

3. 혼합원가식 (06. 전산세무 1급 29회)

원가자료를 분석하여 아래와 같은 제조간접원가 예산식을 만들었다.

연간 제조간접원가예산=₩150,000+₩500/시간×직접노동시간

회사는 총직접노동시간을 7,500시간으로 예상하고 있을 때, 제조간접원가 예정배부율은?

① 직접노동시간당 ₩500
② 직접노동시간당 ₩510
③ 직접노동시간당 ₩520
④ 직접노동시간당 ₩530

답 ③

연간 제조간접원가예산 : ₩3,900,000 = ₩150,000 + ₩500×7,500
제조간접원가 예정배부율 : ₩3,900,000÷7,500시간 = ₩520/시간

4. 혼합원가식 (95. 공인회계사)

36개월간의 수선유지비에 대한 원가추정을 한 결과 다음과 같은 원가추정방정식을 구했다.

Y = 3,000,000 + 2,625X (X : 기계작업시간, Y : 수선유지비), 결정계수 = 0.8

어느 달의 기계작업시간이 1,500시간일 때 수선유지비의 변동예산액은 얼마인가?

① ₩3,937,500 ② ₩5,500,000 ③ ₩6,150,000
④ ₩6,337,500 ⑤ ₩6,937,500

답 ⑤
※ 변동예산액은 변동원가예산이 아니고 실제 생산량에 대한 총예산액이다.
예산액 = ₩3,000,000 + ₩2,625×1,500 = ₩6,937,500

5. 원가추정법의 종류와 특징 (09. 세무사)

다음 중 원가추정방법에 관한 설명으로 옳지 않은 것은?

① 회귀분석법은 결정계수(R^2)가 1에 가까울수록 만족스러운 추정을 달성한다.
② 고저점법은 원가자료 중 가장 큰 원가수치의 자료와 가장 작은 원가수치의 자료를 사용하여 추정하는 방법으로 두 원가수치의 차이는 고정비라고 가정한다.
③ 계정분석법을 사용하면 각 계정을 변동원가와 고정원가로 구분하는 데 자의성이 개입될 수 있다.
④ 산업공학분석법(또는 공학분석법)은 간접비 추정에 어려움이 있다.
⑤ 산업공학분석법(또는 공학분석법)은 과거자료 없이 미래원가를 추정하는 데 사용된다.

답 ②
두 원가수치의 차이는 변동비라고 가정한다.

6. 고저점법 (08. 주택관리사)

다음은 2007년 전반기 생산활동자료이다. 이 자료를 이용하여 고저점법을 적용할 때 단위당 변동원가가 ₩40이다. 3월의 발생원가는 얼마인가?

월	생산량	발생원가
1월	240개	₩14,600
2월	210개	13,600
3월	200개	?
4월	230개	14,200
5월	220개	13,900
6월	250개	15,000

① ₩12,900 ② ₩13,000 ③ ₩13,100
④ ₩13,200 ⑤ ₩13,300

답 ②

단위당 변동원가 = (최고조업도의 총원가－최저조업도의 총원가)/(최고조업도－최저조업도)

₩40=(₩15,000 － x) / (250 － 200)

x = ₩13,000

7. 고저점법 (05. 감정평가사)

2월부터 6월까지의 원가관련 자료는 다음과 같다.

월	생산량	제조원가
2월	10개	₩70,000
3월	20개	150,000
4월	40개	200,000
5월	50개	230,000
6월	30개	180,000

위 자료에 의하여 7월 예상 생산량이 60단위인 경우 제조원가를 추정하면 얼마인가? (단, 고저점법을 이용할 것)

① ₩240,000 ② ₩250,000 ③ ₩260,000
④ ₩270,000 ⑤ ₩280,000

답 ④

$$단위당\ 변동비 = \frac{₩230,000-70,000}{50-10} = \frac{₩160,000}{40} = ₩4,000$$

고정비 = ₩230,000 − ₩4,000×50 = ₩30,000

7월 예상제조원가 : ₩4,000×60 + ₩30,000 = ₩270,000

8. 고저점법 (96. 공인회계사)

최근 2년간 생산량과 총제조원가는 아래와 같다. 2년간 고정원가와 단위당 변동원가는 변화가 없었다.

	생산량	총제조원가
1994년	1,000개	₩50,000,000
1995년	2,000개	70,000,000

1996년도에 고정원가가 20% 증가하고 단위당 변동원가가 40% 감소하면 생산량이 3,000개일 때 총제조원가는 얼마인가?

① ₩36,012,000
② ₩60,000,000
③ ₩66,000,000
④ ₩72,000,000
⑤ ₩80,000,000

답 ④

총제조원가 = 단위당 변동원가×생산량 + 총고정원가
₩50,000,000 = 단위당 변동원가×1,000개 + 총고정원가
₩70,000,000 = 단위당 변동원가×2,000개 + 총고정원가

따라서

$$단위당\ 변동원가 = \frac{₩70,000,000-50,000,000}{2,000개-1,000개} = ₩20,000/개$$

총고정원가 = ₩50,000,000 − ₩20,000/개×1,000개 = ₩30,000,000

1996년 총제조원가 = ₩20,000/개×(1 − 0.4)×3,000개 + ₩30,000,000×1.2
= ₩72,000,000

9. 고저점법(04. 세무사)

다음은 K회사의 조업도수준에 따른 자료이다.

	조업도수준	
	낮 음	높 음
생산수량	25,000단위	30,000단위
총제조원가	₩575,000	₩680,000
단위당 직접재료비	5	5
단위당 직접노무비	6	6

고저점법을 사용하여 제조간접비의 원가행태를 분석할 경우 다음 중에서 옳은 것은?

① 기간당 ₩50,000, 단위당 ₩10
② 기간당 ₩50,000, 단위당 ₩21
③ 기간당 ₩50,000, 단위당 ₩22
④ 기간당 ₩50,000, 단위당 ₩23
⑤ 기간당 ₩347,000, 단위당 ₩0.1

답 ①

$y=a+bx$ (a : 고정비, b : 단위당 변동비)

₩575,000 $=a+b\cdot$ 25,000 (조업도 25,000단위)

₩680,000 $=a+b\cdot$ 30,000 (조업도 30,000단위)

$b=$ ₩21, $a=$ ₩50,000

단위당 변동제조간접비

= 단위당 변동제조원가 − 단위당 직접재료비 − 단위당 직접노무비

= ₩21 − 5 − 6 = ₩10

10. 고저점법(08. 세무사)

지난 6개월간 전력비는 다음과 같다. 기계시간이 전력비에 대한 원가동인이라면 32,375기계시간이 예상되는 7월의 전력비는 고저점법에 의해 얼마로 추정되는가?

월 별	기계시간	전력비
1월	34,000	₩610,000
2월	31,000	586,000
3월	33,150	507,000
4월	32,000	598,000
5월	33,750	650,000
6월	31,250	575,000

① ₩259,000　② ₩338,000　③ ₩595,000
④ ₩597,000　⑤ ₩600,000

답 ④

$$단위당\ 변동원가 = \frac{₩610,000 - 586,000}{34,000 - 31,000} = ₩8$$

총고정원가＝₩610,000－34,000×₩8＝₩338,000

7월의 전력비＝32,375×₩8＋₩338,000＝₩597,000

11. 학습곡선(08. 감정평가사)

항공기제조회사인 (주)한라는 대형 항공기 생산에 착수하여 직접노동시간 800시간이 소요되어 시제품 1대를 완성하였다. 항공기 3대를 추가로 생산하는 데 소요되는 추가직접노동시간은 얼마인가? (단, 학습곡선상의 누적평균시간모형을 따르고 학습률은 85%로 가정한다)

① 1,512시간　② 1,734시간　③ 2,040시간
④ 2,312시간　⑤ 2,720시간

답 ①

누적생산량(X)	누적평균시간(Y)	총누적시간(XY)
1	800시간	800시간
2	800시간×85%	1,360시간
4	800시간×85%×85%	2,312시간

추가 직접노동시간 : 2,312시간－800시간＝1,512시간

12. 학습곡선(07. 감정평가사)

제품 B 800단위에 대한 계약의 입찰에 참여할 것을 고려하고 있다. 약 일주일 전에 제품 A를 생산하였으며 고정제조간접원가 ₩5,000은 제품 A에 전부 배분하여 보상받았다. 제품 B 800단위를 생산하여도 고정제조간접원가는 변동이 없다. 제품 B의 200단위 생산에 소요되는 변동제조원가는 다음과 같다.

직접재료원가	₩10,000
직접노무원가(1,000시간×₩30)	30,000
변동제조간접원가	8,000
기 타	6,000
합 계	₩54,000

변동제조간접원가는 직접노무원가에 비례하여 발생하고, 기타 원가는 일반관리비 및 이윤보상 목적으로 직접노무원가의 20%를 일정하게 설정한다.
제품 B의 생산과 관련하여 200단위 묶음으로 80%의 누적평균시간 학습곡선을 사용하고 있다. 총제조원가의 120%를 입찰가격으로 제시한다고 할 때, 800단위의 계약에 입찰하기 위해 제시할 예상금액은 얼마인가?

① ₩147,360 ② ₩152,640 ③ ₩159,264
④ ₩183,168 ⑤ ₩194,400

답 ④

누적생산량	묶음수(X)=누적생산량÷200단위	누적평균시간(Y)	총누적시간(XY)
200단위	1	1,000	1,000
400단위	2	1,000×80%=800	1,600
800단위	4	800×80%=640	2,560

800단위 생산시 예상금액

직접재료원가 : 10,000×₩4=₩40,000

직접노무원가 : 2,560×₩30=₩76,800

변동제조간접원가 : $₩76,800 \times \frac{₩8,000}{₩30,000} = ₩20,480$

기타 : ₩76,800×20%=₩15,360

입찰가격 : (₩40,000+76,800+20,480+15,360)×120%=₩183,168
(∵ 총제조원가의 120%를 입찰가격으로 제시)

13. 학습곡선 (94. 세무사)

학용품 전문생산업체인 B회사는 1994년초에 개발한 신제품을 최초로 10,000개 생산하는 데 다음과 같은 비용이 발생할 것으로 추정한다.

직접재료원가	₩900,000
직접노무원가(시간당 ₩10)	400,000
변동제조간접원가(직접노무시간에 비례하여 발생)	80,000
고정제조간접원가(배부액)	150,000

B회사의 제품생산이 80% 누적평균시간 학습곡선을 따른다고 가정하면 누적생산량이 80,000개인 주문에 대해 제안해야 할 최소한의 판매가격은?

① ₩1,040,000 ② ₩9,166,080 ③ ₩9,346,080
④ ₩10,396,080 ⑤ ₩11,190,000

답 ②

10,000개 생산에 직접노무원가가 ₩400,000 발생하고 시간당 임률이 ₩10이므로 단위당 평균시간이 4시간이다.

₩400,000/(₩10/시간×10,000개)=4시간/개

80% 누적평균시간 학습곡선을 적용하면 생산량이 2배씩 될 때마다의 누적평균시간과 총누적시간은 다음과 같다.

누적생산량	누적평균시간	총누적시간
10,000	4	
20,000	4×0.8	
40,000	4×0.8×0.8	
80,000	4×0.8×0.8×0.8	4×0.8×0.8×0.8×80,000=163,840

최소한의 총판매가격은 고정제조간접원가 배부액을 제외한 변동원가만을 고려한다.

직접재료원가	=(₩900,000/10,000개)×80,000	=	₩7,200,000
직접노무원가	=₩10/시간×163,840시간	=	1,638,400
변동제조간접원가	=₩1,638,400/5*	=	327,680
변동원가합계			₩9,166,080

* 변동제조간접원가 배부율=₩400,000/80,000=5

14. 학습곡선 (07. 세무사)

신제품을 개발하여 첫 25단위를 생산하였는데 이와 관련된 원가는 다음과 같이 발생하였다.

직접재료원가	₩1,000,000
직접노무원가(500시간 @₩5,000)	2,500,000
변동제조간접원가(직접노무원가의 20%)	500,000
고정제조간접원가	625,000
	₩4,625,000

직접노무시간이 90% 누적평균시간 학습곡선을 따른다고 가정하고 있다. 추가로 75단위를 생산하는 경우 제조원가는 얼마나 더 발생하겠는가? 단, 고정제조간접원가는 추가로 발생하지 않는 것으로 가정한다.

① ₩9,500,000 ② ₩9,720,000 ③ ₩10,345,000
④ ₩10,800,000 ⑤ ₩11,100,000

답 ②

90% 누적평균시간 학습곡선을 적용하는 경우 첫 25단위를 생산하는 데 발생한 원가를 기초로 하여 추가로 75단위를 생산하는 데 발생하는 제조원가는 다음과 같다.

직접재료원가	₩1,000,000×3 =		₩3,000,000
가공원가	(₩2,500,000 + 500,000*)×90%×90%×4 = ₩9,720,000		
	₩2,500,000 + 500,000 =	(3,000,000)	6,720,000
제조원가			₩9,720,000

* 고정제조간접원가는 추가로 발생하지 않는다.

15. 학습곡선(98. 세무사)

다음에 주어진 자료를 이용하여 물음에 답하라.

지난 5년간의 지속적인 연구결과 특수레이더장치 개발에 성공하였다. 19×8년 3월중 본격적인 생산에 착수하여 총 8대의 특수레이더장치를 생산하였으며, 이에 따른 원가자료는 아래와 같이 산출되었다.

(1) 제품 한 단위당 직접재료원가는 ₩1,600,000이다.

(2) 직접노무원가는 작업시간당 ₩20,000이다.

(3) 제품생산 결과 처음 두 단위의 총직접노무시간(누적노무시간)은 180시간이었으며, 8단위의 생산에 소요된 총직접노무시간은 583.2시간이었다.

(4) 제조간접원가는 직접노무시간당 ₩4,000과 직접재료원가의 20%를 배부한다.

19×8년 4월중 8대의 제품을 추가로 생산하였다. 3월중 생산한 8단위의 단위당 평균제조원가와 4월에 추가생산한 8단위의 평균제조원가를 비교하면?

① 4월제품의 단위당 평균제조원가가 3월제품보다 ₩669,920만큼 더 많다.
② 4월제품의 단위당 평균제조원가가 3월제품보다 ₩669,920만큼 더 적다.
③ 4월제품의 단위당 평균제조원가가 3월제품보다 ₩2,269,920만큼 더 적다.
④ 4월제품의 단위당 평균제조원가가 3월제품보다 ₩349,920만큼 더 적다.
⑤ 4월제품의 단위당 평균제조원가가 3월제품보다 ₩349,920만큼 더 많다.

답 ④

※ 평균제조원가를 비교하는 문제이므로 학습률에 의한 누적평균시간 학습모형을 사용한다.

학습률을 L이라 하면 다음의 관계가 있다.

누적생산량	총누적노무시간	누적평균노무시간
2	180	90
4		90L
8	583.2	$72.9 = 90L^2$
16	$72.9L \times 16$	72.9L

누적생산량 8단위의 평균시간＝72.9＝90L2

$\Rightarrow L = \sqrt{72.9/90} = \sqrt{0.81} = 0.9$

누적생산량 16단위의 총시간＝72.9×0.9×16＝1,049.76시간

추가 8단위의 증분시간＝1,049.76－583.2＝466.56시간

	처음 8단위		
직접재료원가	₩1,600,000/개×8개	=	₩12,800,000
직접노무원가	₩20,000/시간×583.2시간	=	11,664,000
제조간접원가	₩4,000/시간×583.2시간+₩12,800,000×0.2	=	4,892,800
총제조원가			₩29,356,800
단위당 제조원가			₩3,669,600

	추가 8단위		
직접재료원가	₩1,600,000/개×8개	=	₩12,800,000
직접노무원가	₩20,000/시간×466.56시간	=	9,331,200
제조간접원가	₩4,000/시간×466.56시간+₩12,800,000×0.2	=	4,426,240
총제조원가			₩26,557,440
단위당 제조원가			₩3,319,680

4월에 추가생산한 8단위의 단위당 제조원가는 3월에 생산한 처음 8단위의 단위당 제조원가보다 ₩349,920(=₩3,669,600−3,319,680)만큼 적다.

<별 해>
제조원가 차이는 노무시간에 비례하는 직접노무원가와 제조간접원가의 일부에 의해 나타나므로 추가 8단위의 직접노무시간, 466.56시간을 구한 후 다음과 같이 답을 구할 수 있다.

(직접노무임률+직접노무시간당 배부율)×(추가 8단위의 시간−처음 8단위의 시간) / 8단위
=(₩20,000+₩4,000)/시간×(466.56시간−583.2시간) / 8단위
=−₩349,920

제2장 원가-조업도-이익(CVP)분석

1. 원가-조업도-이익 분석의 목적 (재경관리사)

다음 중 CVP분석의 목적을 가장 잘 표현한 것은?

① 다양한 조업도수준에서 원가와 이익의 관계를 분석하는 기법이다.
② 손익분기점의 조업도수준만을 파악하는 데 필요한 기법이다.
③ 변동원가를 보상하는 데 필요한 매출액을 파악하는 데 유용하다.
④ 장기투자의사결정에 유용한 분석방법이다.

답 ①

② 손익분기점의 조업도수준만이 아니라 다양한 조업도수준에서의 원가와 이익의 관계를 분석하는 기법이다.
③ 변동원가가 아닌 고정원가를 보상하는 데 필요한 매출액을 파악하는 데 유용하다.
④ 1년 이내의 단기투자의사결정에 유용한 분석방법이다.

2. 원가-조업도-이익 분석 (재경관리사)

CVP분석과 관련한 다음 설명 중 옳지 않은 것은?

① 공헌이익률은 원가구조와 밀접한 관련이 있으며 변동원가 비중이 높으면 공헌이익률이 낮게 나타난다.
② 영업레버리지도가 3이라는 의미는 매출액이 1% 변화할 때 영업이익이 3% 변화한다는 것이다.
③ 법인세를 고려하건 고려하지 않건 간에 손익분기점은 영향을 받지 않는다.
④ 제약조건이 둘 이상인 경우에는 공헌이익을 극대화하기 위한 CVP분석이 불가능하다.

답 ④

제약조건이 둘 이상인 경우에도 선형계획모형 등을 사용하면 CVP분석이 가능하다.

3. 원가-조업도-이익 분석의 특징 (09. 세무사)

원가-조업도-이익 분석의 기본가정과 한계에 관한 설명으로 옳지 않은 것은?

① 단위당 판매가격은 수요·공급의 원리에 따라 판매량을 증가시키기 위해서는 낮추어야 한다는 것을 가정한다.
② 모든 원가는 고정비와 변동비로 나누어질 수 있으며, 고정비는 매출수량의 증가에 관계없이 관련범위 내에서 일정하고, 변동비는 매출수량의 증가에 정비례하는 것을 가정한다.
③ 의사결정이 이루어지는 관련범위 내에서 조업도만이 원가에 영향을 미치는 유일한 요인이라고 가정한다.
④ 원가요소, 능률, 생산성은 일정범위 내에서 변동하지 않으며, 생산·관리·판매의 효율성에도 변동이 없다고 가정한다.
⑤ 대부분의 원가요소는 기간이 매우 길 경우에는 변동비가 되며, 기간이 매우 짧은 경우에는 고정비가 될 것이므로 원가와 원가동인의 관계가 지속적으로 성립될 것으로 기대되는 예측가능한 범위를 정해야 한다.

답 ①

단위당 판매가격이 일정하여 총매출이 판매량에 비례적으로 변한다고 가정한다.

4. 순이익의 계산 (재경관리사)

2007년도 매출액은 ₩150,000, 손익분기점 매출액은 ₩100,000, 공헌이익률은 25%이다. 2007년도 순이익은 얼마인가?

① ₩11,000 ② ₩11,500
③ ₩12,000 ④ ₩12,500

답 ④

손익분기점매출액 = 고정원가/공헌이익률
고정원가 = 손익분기점매출액×공헌이익률 = ₩100,000×25% = ₩25,000
2007년 순이익 = 매출액×공헌이익률 - 고정원가
= ₩150,000×25% - ₩25,000 = ₩12,500

5. 손익분기점 (08. 9급 공채)

대학축제에서 솜사탕을 판매하려고 한다. 솜사탕 제조에는 고정원가와 변동원가가 발생하는데 고정원가는 ₩20,000이며, 손익분기점 매출액은 ₩100,000이다. 만일 솜사탕의 예상매출액이 ₩150,000이라면 솜사탕 판매로 얻게 될 이익은?

① ₩50,000　② ₩40,000
③ ₩30,000　④ ₩10,000

답 ④

매출액 1.5배 증가

변동원가＝(₩100,000－20,000)×1.5＝₩120,000

이익＝예상매출액－(변동원가＋고정원가)

＝₩150,000－(₩120,000＋20,000)＝₩10,000

6. 손익분기점 (07. 9급 공채)

다음은 생산 및 영업에 관련된 자료이다.

매출액	₩1,200
고정제조원가	160
고정판매비와 관리비	40
총변동원가	900
단위당 판매가격	8
단위당 변동제조원가	5
단위당 변동판매비	1

손익분기점 수량과 손익분기점 매출액은 각각 얼마인가? (단, 소수점 이하는 반올림한다)

	수량	매출액		수량	매출액
①	67단위	₩536	②	100단위	₩800
③	150단위	₩1,200	④	183단위	₩1,464

답 ②

손익분기점에서

공헌이익＝고정원가

＝고정제조원가＋고정판매관리비

= ₩160 + 40 =₩200

공헌이익=판매량×(단위당 판매가격－단위당 변동원가)=고정원가

=판매량×(₩8 － 5－1)=₩200

⇒ 판매량=100단위

손익분기점 매출액=100단위×₩8/단위=₩800

7. 손익분기점 (08. 세무사)

단위당 ₩50에 제품을 생산 · 판매한다. 단위당 변동비는 직접재료비 ₩14, 직접노무비 ₩5, 변동제조간접비 ₩3, 변동판매관리비 ₩2이다. 연간 총고정비는 고정제조간접비 ₩55,000, 고정판매관리비 ₩80,200이다. 단위당 판매가를 ₩50에서 ₩48으로 인하할 경우, 기존의 연간 손익분기점 판매량을 유지하려면 연간 총고정비를 얼마나 줄여야 하는가?

① ₩10,400 ② ₩13,200 ③ ₩15,300

④ ₩124,800 ⑤ ₩135,000

답 ①

<판매가가 ₩50일 경우 손익분기점 판매량>

단위당 공헌이익=₩50－(₩14+5+3+2)=₩26

손익분기점 판매량×₩26=₩55,000+80,200

손익분기점 판매량=5,200

<판매가가 ₩48일 경우 총고정비>

단위당 공헌이익=₩48－(₩14+5+3+2)=₩24

총고정비=5,200×₩24=₩124,800

연간 총고정비감소액=(₩55,000+80,200)－₩124,800=₩10,400

8. 고정원가변화와 CVP분석 (08. 세무사)

단위당 ₩250에 판매되는 램프를 생산 · 판매하고 있다. 이 제품과 관련된 변동비는 단위당 ₩150이고, 고정비는 매월 ₩35,000이 발생한다. 회사는 현재 단일제품으로 매월 평균 400단위를 생산 · 판매하고 있다. 판매담당 관리자는 매월 광고비를 ₩10,000만큼 증가시키면 매출액이 매월 ₩30,000만큼 증가할 것으로 기대하고 있다. 매월 광고비를 ₩10,000만큼 증가시킬 때 영업이익이 매월 얼마만큼 증감하게 될 것으로 예상되는가?

① 영업이익 ₩1,000 증가 ② 영업이익 ₩2,000 증가
③ 영업이익 ₩2,000 감소 ④ 영업이익 ₩3,000 증가
⑤ 영업이익 ₩3,000 감소

답 ②

$$공헌이익률=\frac{₩250-150}{₩250}=0.4$$

영업이익=(₩250×400)×0.4－₩35,000=₩5,000

광고비 ₩10,000 증가시

영업이익=(₩250×400＋₩30,000)×0.4－(₩35,000＋10,000)
=₩7,000

영업이익증가=₩7,000－5,000=₩2,000

9. 목표이익을 위한 목표판매액 (07. 9급 세무직 2회)

2007년 영업활동에 대한 자료는 다음과 같다.

손익분기점 매출액	₩2,000,000
단위당 판매가격	@₩100
단위당 변동비	@₩70

2007년도 영업이익이 ₩300,000일 경우, 당해 연도 매출액은 얼마인가?

① ₩2,300,000 ② ₩3,000,000
③ ₩3,600,000 ④ ₩4,500,000

답 ②

단위당 공헌이익=단위당 판매가격－단위당 변동원가

공헌이익률=단위당 공헌이익/단위당 판매가격
= (₩100－70) / ₩100 =30%

이익= 공헌이익 －고정비
=매출액×공헌이익률 －고정비

고정비=손익분기점의 공헌이익
=손익분기점 매출액 × 공헌이익률
= ₩2,000,000 × 30% =₩600,000

이익 =매출액 × 공헌이익률 － 고정비

₩300,000 =매출액 × 30% － ₩600,000

매출액=(₩300,000＋600,000)/30%=₩3,000,000

10. 목표이익을 위한 판매액(09. 공인회계사)

한 가지 제품만을 생산하며 매월 생산한 제품은 당해 월에 모두 판매한다. 법인세율은 40%의 단일세율이며, 2008년도 1월과 2월의 원가자료는 다음과 같다.

구 분	1월	2월
제품 단위당 판매가격	₩500	₩450
제품 단위당 변동비	300	270
총고정비	500,000	600,000

2008년 1월과 2월의 당기순이익이 각각 ₩60,000과 ₩72,000이라면, 1월과 2월의 제품 매출액은 각각 얼마인가?

	1월 제품 매출액	2월 제품 매출액
①	₩1,400,000	₩1,680,000
②	1,400,000	1,800,000
③	1,500,000	1,680,000
④	1,500,000	1,800,000
⑤	1,500,000	2,000,000

답 ④

(매출액×공헌이익률－총고정비)×(1－세율)＝이익

$$\left(1\text{월 제품 매출액}\times\frac{₩500-300}{₩500}-₩500{,}000\right)\times(1-0.4)=₩60{,}000$$

1월 제품 매출액＝₩1,500,000

$$\left(2\text{월 제품 매출액}\times\frac{₩450-270}{₩450}-₩600{,}000\right)\times(1-0.4)=₩72{,}000$$

2월 제품 매출액＝₩1,800,000

11. 계단원가와 원가－조업도－이익 분석(07. 감정평가사)

(주)한국은 판매량이 증가함에 따라 할인된 가격을 구간별로 달리 적용하는 판매정책을 채택하였다. 판매량에 따른 단위당 가격은 다음과 같다.

판매량 구간	단위당 가격
5,000단위 이내	₩50
5,001단위～10,000단위	40
10,001단위～20,000단위	30

(예) 판매량이 6,000단위인 경우 매출액은 ₩290,000(5,000단위×₩50＋1,000단위×₩40)이다.

단위당 변동비는 ₩20이며 고정비는 ₩240,000이다. 회사의 생산설비의 능력상 20,000단위 이상의 생산판매는 불가능하다. 손익분기판매량은 몇 단위인가?

① 4,500단위 ② 8,000단위 ③ 9,000단위
④ 9,500단위 ⑤ 11,000단위

답 ④

1) 0～5,000단위 범위 :
손익분기점 판매량(X) : (₩50－20)×X＝₩240,000
X＝8,000단위(부적합)

2) 5,001～10,000단위 범위 :
손익분기점 판매량 : 5,000＋4,500*＝9,500(적합)
* (₩50－20)×5,000＋(₩40－20)×X＝₩240,000
X＝4,500단위

3) 10,001～20,000단위 범위 :
손익분기점 판매량 : 5,000＋5,000－1,000*＝9,000(부적합)
* (₩50－20)×5,000＋(₩40－20)×5,000＋(₩30－20)×X＝₩240,000
X＝－1,000단위

12. 계단원가와 원가－조업도－이익 분석 (08. 세무사)

제품의 단위당 판매가격을 ₩400으로 설정하였다. 제품을 생산하여 판매하기까지 발생하는 제품 단위당 변동비는 단위당 판매가격의 70%이며, 총고정비는 판매수량이 50,000개까지는 ₩3,000,000, 50,000개를 초과하여 90,000개까지는 ₩4,500,000, 그리고 90,000개를 초과하여 최대생산가능량인 130,000개까지는 ₩6,000,000이다. ₩9,000,000의 이익을 얻으려면 제품을 몇 개나 생산·판매해야 하는가?

① 50,000개 ② 100,000개 ③ 112,500개
④ 125,000개 ⑤ 130,000개

답 ④

판매수량 0~50,000개 : ₩400×Q×(1−0.7)−₩3,000,000=₩9,000,000
Q=100,000개

판매수량 50,001~90,000개 : ₩400×Q×(1−0.7)−₩4,500,000=₩9,000,000
Q=112,500개

판매수량 90,001~130,000개 : ₩400×Q×(1−0.7)−₩6,000,000=₩9,000,000
Q=125,000개

∴ 판매수량조건을 충족하는 125,000개를 생산·판매해야 한다.

13. 세후목표이익을 위한 판매량 (07. 주택관리사)

제품단위당 변동비가 ₩1,600이며, 연간 고정비 발생액은 ₩3,600,000이다. 공헌이익률은 20%이며 법인세율이 20%인 경우, 법인세비용차감후순이익 ₩2,400,000을 달성하기 위해서 연간 몇 단위의 제품을 제조·판매해야 하는가?

① 14,000단위 ② 15,000단위 ③ 16,500단위
④ 18,750단위 ⑤ 19,000단위

답 ③

$$세전이익=\frac{세후이익}{1-세율}$$

$$=\frac{₩2,400,000}{1-0.2}=₩3,000,000$$

세전이익 =매출액×공헌이익률−고정비
₩3,000,000=매출액× 20% −₩3,600,000
⇒ 매출액=₩6,600,000/20%=₩33,000,000

공헌이익률=(단위당 판매가[x]−단위당 변동비)/단위당 판매가
20% =(x − ₩1,600)/ x
⇒ x=₩2,000

판매량= 매출액 /단위당 판매가
=₩33,000,000/ ₩2,000 =16,500

14. 세후목표이익을 위한 판매량(07. 7급 공채)

사무용 책상을 제조하여 판매하는 회사이다. 동 책상의 단위당 판매가격은 ₩200,000이며 원가계산 결과 책상의 단위당 변동비는 ₩150,000, 총고정비는 ₩3,000,000으로 나타났다. 법인세율이 20%라고 할 때, 이 회사가 2007년도 납세후 목표이익 ₩1,600,000을 달성하기 위하여 필요한 판매량은 얼마인가?

① 60개 ② 80개
③ 100개 ④ 120개

답 ③

$$세전이익 = \frac{세후이익}{1-세율} = \frac{₩1{,}600{,}000}{1-0.2} = ₩2{,}000{,}000$$

세전이익 = 판매량×단위당 공헌이익 −고정비

₩2,000,000 = 판매량×(₩200,000−150,000)−3,000,000

⇒ 판매량 = (₩2,000,000+3,000,000)/₩50,000 = 100개

15. 누진법인세후 목표이익을 위한 판매액(08. 감정평가사)

2010년초에 설립된 MP3제조회사의 제품판매가격은 ₩1,000이고, 단위당 변동원가는 ₩600이며, 연간 총고정원가는 ₩300,000이다. 회사가 2010년 법인세차감후순이익으로 ₩155,000을 얻기 위해서는 몇 단위의 제품을 판매해야 하는가? (단, 법인세율은 세전이익 ₩100,000까지는 20%이고, ₩100,000을 초과하는 부분에 대해서는 25%이다)

① 1,124단위 ② 1,160단위 ③ 1,250단위
④ 1,267단위 ⑤ 1,304단위

답 ③

법인세율이 세전이익의 범위에 따라 다르게 적용된다.

세후이익 = ₩100,000×(1−0.2)+(세전이익−₩100,000)×(1−0.25) = ₩155,000

⇒ 세전이익 = ₩200,000

$$판매량 = \frac{고정원가+세전이익}{단위당\ 공헌이익} = \frac{₩300{,}000+200{,}000}{₩1{,}000-600} = 1{,}250단위$$

16. 원가-조업도-이익 분석과 레버리지 효과(09. 세무사)

레버리지 분석에 관한 설명으로 옳지 않은 것은?

① 영업레버리지도가 높아지면 매출액의 변동에 따른 영업이익의 변동폭이 커진다는 것을 의미하기 때문에 영업레버리지도는 매출액의 변동에 대한 영업이익의 불확실성을 나타낸다.

② 재무레버리지도가 높아지면 영업이익의 변동에 따른 당기순이익의 변동폭이 커지므로 당기순이익의 불확실성 정도가 커진다.

③ 경기가 나빠질 것으로 예상됨에도 불구하고 자기자본의 조달 없이 차입금만으로 자금을 조달하면 재무레버리지도가 높아져 기업위험은 증가할 수 있다.

④ 기업의 부채비율이 높아진다고 하더라도 이자보상비율이 100% 이상이라면, 재무레버리지도에는 영향을 미치지 않는다.

⑤ 고정원가가 높고 단위당 변동원가가 낮은 구조를 갖는 기업은 영업레버리지도가 높게 나타나며, 단위당 판매가격이 일정할 때 영업레버리지도가 높은 기업은 공헌이익률도 높게 나타난다.

답 ④

$$\text{재무레버리지도} = \frac{\text{영업이익}}{\text{영업이익} - \text{이자비용}}, \quad \text{이자보상비율} = \frac{\text{영업이익}}{\text{이자비용}}$$

이자보상비율이 100% 이상이라면 영업이익이 이자비용보다 큰 상황이다. 그리고 부채비율이 높아진다면 이자비용도 높아진다. 그러므로 재무레버리지도의 분모가 감소하게 되고, 재무레버리지도는 높아지게 된다.

17. 원가-조업도-이익 분석과 레버리지 효과(07. 세무사)

한국회사와 대한회사는 동일한 제품을 생산 · 판매하고 있다. 전년도의 한국회사와 대한회사의 원가구조와 영업이익을 분석한 결과, 한국회사의 총변동비는 ₩900, 총고정비는 ₩200, 그리고 영업레버리지도는 5인 반면, 대한회사의 총변동비는 ₩800, 총고정비는 ₩280, 그리고 영업레버리지도는 8로 파악되었다. 금년 호경기로 인하여 한국회사와 대한회사의 매출수량 및 매출액이 각각 30% 늘어날 것으로 예상된다. 두 회사의 전년도 원가구조가 금년에도 적용된다는 가정하에 다음의 내용 중 옳지 않은 것은?

① 한국회사의 금년의 영업이익은 대한회사보다 높게 나타날 것으로 예상된다.
② 한국회사는 고정설비 등에 대한 투자가 대한회사에 비해 낮은 실정이다.
③ 대한회사의 경우 금년의 매출 증가에 따른 영업이익증가율이 한국회사보다 높을 것으로 예상된다.
④ 제품에 대한 시장수요가 증가한 금년의 상황에서 대한회사는 고정설비 투자에 따른 효과를 한국회사에 비해 더 높게 향유할 것으로 예상된다.
⑤ 앞으로 제품에 대한 시장수요가 계속 증가할 것으로 예상되면, 한국회사도 고정설비투자를 늘리고 변동비의 비중을 줄이는 것이 유리할 것이다.

답 ①

영업이익증가율＝영업레버리지도×매출액증가율
대한회사가 한국회사보다 영업레버리지도가 더 크다. 따라서 매출액증가율이 동일한 경우 대한회사가 한국회사보다 영업이익이 더 크게 증가할 것이다.

18. 매출배합이 일정할 경우에 복수제품의 손익분기점 (08. 공인회계사)

제품 A와 제품 B를 생산 · 판매한다. 변동원가계산방법을 사용하며 당기 예상 판매 및 예상원가 자료는 다음과 같다.

구 분	제품 A	제품 B	합 계
판매수량	300개	700개	1,000개
총매출액	₩30,000	₩42,000	₩72,000
총변동원가	₩15,000	₩21,000	₩36,000
총고정원가			₩21,600

매출배합이 일정하다고 가정하고 손익분기점을 달성하기 위한 두 제품의 판매수량은 각각 얼마인가?

	제품 A	제품 B		제품 A	제품 B
①	130개	504개	②	162개	378개
③	180개	420개	④	203개	473개
⑤	210개	490개			

답 ③

$$제품\ A의\ 단위당\ 공헌이익 = \frac{₩30{,}000 - 15{,}000}{300개} = ₩50$$

$$제품\ B의\ 단위당\ 공헌이익 = \frac{₩42{,}000 - 21{,}000}{700개} = ₩30$$

제품 A와 제품 B의 매출배합=300 : 700=3 : 7

$$복수제품의\ 손익분기점 = \frac{₩21{,}600}{₩50 \times 3 + ₩30 \times 7} = 60개$$

제품 A의 손익분기점 판매수량=60개×3=180개

제품 B의 손익분기점 판매수량=60개×7=420개

19. 손익분기점의 변화 (95. 세무사)

고정원가가 15% 증가하였다. 이때 다른 조건이 일정하다면 손익분기점 판매량은 어떻게 변화하는가?

① 15% 증가
② 15%보다 적게 증가
③ 15%보다 많게 증가
④ 15%보다 적게 또는 많게
⑤ 알 수 없다.

답 ①

손익분기 판매량 = 총고정원가 / 단위당 공헌이익이므로 다른 조건이 일정할 때 총고정원가가 15%만큼 증가하면 손익분기 판매량도 15%만큼 증가한다.

20. 원가-조업도-이익 분석과 레버리지 효과 (02. 공인회계사)

원가-조업도-이익(CVP) 분석에 대한 다음 설명 중에서 가장 타당하지 않은 것은?

① 고정원가가 ₩300,000이고, 변동원가율이 80%인 회사가 납세후 순이익(법인세율 20%) ₩112,000을 벌었다면, 매출액은 ₩2,200,000이었을 것이다.

② 장기적인 관점에서 비선형 원가-조업도-이익 그림에는 조업도 수준이 0인 점을 포함하여 손익분기점이 3군데 나타날 수 있다.

③ 원가함수를 조업도에 대한 1차함수로 추정하는 것은 관련범위 내에서

원가함수가 선형이라는 가정에 따른 것이다.

④ 이익규모가 비슷한 경우 고정비용의 비중이 큰 원가구조를 가지고 있는 기업일수록 레버리지 효과가 커져서 불경기에도 큰 타격을 입지 않을 것이다.

⑤ 이익-조업도 그림(profit-volume chart)에서 이익선의 기울기는 단위당 공헌이익에 의해서 결정된다.

답 ④

레버리지 효과가 클수록 불경기에 큰 타격을 입는다.

21. 목표이익을 위한 목표판매액 (94. 공인회계사)

변동원가가 매출액의 70%, 판매액이 S, 연간 총고정원가가 FC일 때 총판매액의 20%의 목표이익을 내려고 할 때 목표판매액은 얼마인가?

① $S=0.2/FC$　② $S=FC/0.2$　③ $S=FC/0.7$

④ $S=FC/0.1$　⑤ $S=0.8FC$

답 ④

목표이익 = 매출액 − 변동원가 − 고정원가

$0.2S = S - 0.7S - FC$

$\Rightarrow 0.1S = FC$

$\Rightarrow S = FC/0.1$

22. 손익분기점 (02. 공인회계사)

100실 규모의 호텔을 운영하는 B회사의 연간 고정원가는 ₩120,000,000이고, 객실의 1일 임대료는 ₩50,000, 임대객실 1실당 평균변동원가는 ₩10,000이다. 1년 365일 무휴인 B회사가 손익분기에 도달하기 위한 객실 임대율(점유율)은 얼마인가? 단, 객실임대는 1일 단위로 한다.

① 2.50%　② 8.21%

③ 12.16%　④ 67.75%

⑤ 현재의 원가구조로는 손익분기를 달성할 수 없음

답 ②

손익분기 연간점유 객실수	=고정원가 / 객실당 공헌이익
	= ₩120,000,000 / (₩50,000/실 − ₩10,000/실)
	= 3,000실
연간 임대가능한 총객실수	= 100실/일 × 365일 = 36,500실
점유율	= 3,000실 / 36,500실 = 8.21%

23. 목표이익을 위한 목표판매액 (99. 공인회계사)

D회사는 1998년에 목표이익을 매출액의 20%로 유지하는 정책을 쓰고 있었다. D회사의 1998년의 변동원가는 제품판매가격의 60%이고 고정원가는 ₩1,000,000이었다. 1999년에는 원가상승으로 고정원가가 ₩200,000 증가할 것으로 예상되며 변동원가도 제품판매가격의 70%로 증가할 것으로 예상된다. 이 결과 1999년의 목표이익도 매출액의 15%로 낮출 수밖에 없다. 이 회사가 목표이익을 달성하기 위해 매출액은 1999년중에 얼마 증가해야 하는가?

① ₩8,000,000　② ₩7,000,000　③ ₩5,000,000
④ ₩3,333,000　⑤ ₩3,000,000

답 ⑤

매출액을 S라 하면

98년의 이익	= 매출액 − 변동원가 − 고정원가
	= S − 0.6S − 1,000,000 = 0.2S
⇒ S	= ₩5,000,000
99년의 이익	= S − 0.7S − 1,200,000 = 0.15S
⇒ S	= ₩8,000,000
매출액 증가	= ₩8,000,000 − 5,000,000 = ₩3,000,000

24. 계단원가와 원가－조업도－이익 분석 (98. 공인회계사)

E회사는 극심한 경제불황과 원가구조의 취약성을 극복하기 위해 A제품의 생산계획과 이익목표를 세우려 한다. 다음은 판매가격과 원가구조에 대한 자료이다.

단위당 판매가격		₩5,000
고정원가	생산단위 10,000 미만	8,000,000
	생산단위 10,000 이상	10,000,000

이 회사제품 A의 공헌이익률이 20%일 때 순이익 ₩4,000,000을 달성하기 위한 판매단위는?

① 10,000단위 ② 12,000단위 ③ 14,000단위
④ 16,000단위 ⑤ 18,000단위

답 ③

목표이익 ₩4,000,000을 위한 판매량을 Q라 하자.

1) 생산단위가 10,000단위 미만일 경우

$$Q = \frac{\text{고정원가} + \text{목표이익}}{\text{단위당 공헌이익}} = \frac{₩8{,}000{,}000 + 4{,}000{,}000}{₩5{,}000 \times 0.2} = 12{,}000\text{단위}$$

10,000단위 미만이 아니므로 답이 아니다.

2) 생산단위가 10,000단위 이상일 경우

$$Q = \frac{₩10{,}000{,}000 + 4{,}000{,}000}{₩5{,}000 \times 0.2} = 14{,}000\text{단위}$$

10,000단위 이상이므로 답이다.

25. 손익분기점 계산(99. 세무사)

단일제품을 생산하는 F회사는 3월중 제품 6,000단위를 판매하여 ₩4,000,000의 이익을 보고하였는데, 이때의 손익분기점은 5,000단위이었다. 만약, 다른 조건은 모두 동일하고 4월중 판매가격을 단위당 ₩2,000씩 인하시키려 한다면, 4월중의 손익분기점은?

① 10,000단위 ② 8,667단위 ③ 8,000단위
④ 6,667단위 ⑤ 5,000단위

답 ①

원가－조업도－이익 식: 이익 = 단위당 공헌이익 × 판매량－고정원가

6,000단위 경우: ₩4,000,000 = 단위당 공헌이익 × 6,000단위－고정원가 식(1)

5,000단위 경우 : 0 = 단위당 공헌이익 × 5,000단위 － 고정원가 식(2)

식(1) － 식(2) : ₩4,000,000 = 단위당 공헌이익 × (6,000단위 － 5,000단위)

$$\Rightarrow \text{단위당 공헌이익} = \frac{₩4{,}000{,}000}{6{,}000\text{단위} - 5{,}000\text{단위}} = ₩4{,}000 / \text{단위}$$

$$\text{고정원가} = ₩4{,}000/\text{단위} \times 5{,}000\text{단위} = ₩20{,}000{,}000$$

$$\therefore \text{4월 손익분기점} = \frac{₩20{,}000{,}000}{₩4{,}000/\text{단위} - ₩2{,}000/\text{단위}} = 10{,}000\text{단위}$$

26. 세후 목표이익을 위한 판매량(94. 세무사)

다음은 단일제품을 생산하고 있는 G회사의 당월중 원가와 관련된 자료이다. 단, 생산설비는 충분히 크며 법인세율은 40%이다.

(1) 단위당 판매가격	₩200
(2) 단위당 직접재료원가	20
(3) 단위당 직접노무원가	40
(4) 단위당 변동제조간접원가	30
(5) 단위당 변동판매원가	50
(6) 월간 고정원가 총액	60,000

세금공제 후 목표이익 ₩61,200을 획득하기 위한 당월의 판매량은 얼마인가? (단, 생산량과 판매량이 일치됨을 가정할 것)

① 2,020단위 ② 2,700단위 ③ 2,915단위
④ 3,250단위 ⑤ 3,550단위

답 ②

세후 목표이익 = [(₩200 − 140) × 판매량 − ₩60,000] × (1 − 0.4)= ₩61,200
세전 목표이익 = (₩200 − 140) × 판매량 − ₩60,000 = ₩102,000

$$\Rightarrow \text{판매량} = \frac{₩162,000}{₩60/\text{개}} = 2,700\text{단위}$$

27. 공헌이익률과 원가-조업도-이익 분석(97. 공인회계사)

다음 자료는 H회사의 1996년도 영업활동에 관한 자료이다.

단위당 변동원가	₩360
공헌이익률	40%
손익분기매출액	₩120,000,000

H회사는 1997년도에는 올해보다 제품 50,000개를 더 많이 판매하려고 한다. 단위당 판매가격과 단위당 변동원가가 변하지 않는다고 가정하고, 1997년도에는 제품 50,000개에 해당하는 매출액의 15%만큼의 목표이익을 달성하고자 할 경우 고정원가를 추가로 얼마만큼 증가시킬 수 있는가?

① ₩5,500,000 ② ₩6,000,000 ③ ₩7,500,000
④ ₩8,000,000 ⑤ ₩9,500,000

답 ③

우선, 단위당 변동원가와 공헌이익률을 이용하여 판매가를 구한다.

공헌이익률 = (판매가 − 단위당 변동원가) / 판매가

= (판매가 − 360) / 판매가 = 40%

⇒0.6 판매가 = 360

⇒판매가 = ₩600 / 개

다음, 손익분기매출액과 공헌이익률을 이용하여 고정원가를 구한다.

손익분기매출액 = 고정원가 / 공헌이익률

= 고정원가 / 0.4 = ₩120,000,000

⇒고정원가 = 0.4 × 120,000,000 = ₩48,000,000

1996년에 손익분기를 달성하였으므로 1997년의 목표이익은 전년도 대비 이익증가액이다.

이익증가분= 판매량 증가분의 공헌이익 증가분 − 고정원가 증가분

50,000개 × ₩600 / 개 × 15%=(₩600/개 − ₩360/개) × 50,000개 − 고정원가 증가분

⇒고정원가 증가분 = ₩7,500,000

28. 목표이익을 위한 판매액(00. 세무사)

I회사는 단일제품을 생산 · 판매하고 있다. 제품단위당 판매가격은 ₩500이며, 2000년 5월의 요약 공헌이익계산서는 다음과 같다.

공헌이익계산서	
매 출 액(1,000단위)	₩500,000
변동원가	300,000
공헌이익	₩200,000
고정원가	150,000
순 이 익	₩50,000

상기 자료와 관련된 다음의 분석 중에서 옳지 않은 것은?

① 손익분기점 판매량은 750단위이다.

② 매출액이 1/2로 감소하면 순손실 ₩50,000이 발생한다.

③ 목표이익 ₩80,000을 얻기 위한 판매량은 1,150단위이다.

④ 20%의 목표이익률을 달성하기 위한 매출액은 ₩375,000이다.

⑤ 회사의 법인세율이 30%라고 가정하면, 세후목표이익 ₩70,000을 달성하기 위한 매출액은 ₩625,000이다.

답 ④

① 손익분기 판매량 = 고정원가 ÷ 단위당 공헌이익
= ₩150,000 ÷ (₩200,000 / 1,000개) = 750개

② 이익 = 매출액 × 공헌이익률 − 고정원가
= ₩500,000 / 2× 0.4 − ₩150,000 = −₩50,000

③ 목표판매량 = (고정원가 + 목표이익) / 단위당 공헌이익
= (₩150,000 + ₩80,000) / ₩200 = 1,150개

④ 목표매출액 = (고정원가 + 목표이익) / 공헌이익률
목표매출액을 S라고 하면,
S = (₩150,000 + 0.2S) / 0.4
⇒ 0.2 S = ₩150,000
⇒ S = ₩750,000

⑤ 세전목표이익 = 세후목표이익 / (1 − 법인세율) = ₩70,000 / 0.7
= ₩100,000
세전목표이익 = 매출액 × 공헌이익률 − 고정원가
₩100,000 = 매출액 × 0.4 − 150,000
매출액 = ₩250,000 / 0.4 = ₩625,000

29. 공헌이익률과 원가−조업도−이익 분석 (97. 세무사)

V회사는 1997년 5월중 백과사전을 구입하여 50세트를 판매하였으며 공헌이익률은 60%였다. 동 기간중 발행한 총변동원가는 ₩2,000,000, 총고정원가는 ₩1,500,000이었다. 총고정원가 중에는 판매원에 대한 월급 ₩500,000이 포함되어 있다. V회사는 판매원에게 월급을 지급하는 대신 백과사전 1세트 판매당 ₩12,000을 지급하는 성과급으로 변경할 것을 검토중이다. 만약 이와 같은 성과급으로 변경한다면 종전과 동일한 이익을 얻기 위하여 한달에 백과사전을 몇 세트 판매하여야 하는가?

① 약 42세트 ② 약 50세트 ③ 약 52세트
④ 약 60세트 ⑤ 약 62세트

답 ③

우선, 공헌이익률과 총변동원가를 이용하여 판매가를 구한다.

공헌이익률 = (판매가 − 단위당 변동원가) / 판매가
= (판매가 − ₩2,000,000 / 50세트) / 판매가 = 60%

$\Rightarrow$ 0.4 판매가 = ₩40,000 / 세트

$\Rightarrow$ 판매가 = ₩100,000 / 세트

변경전 순이익 = ₩100,000 / 세트 × 50세트 − ₩2,000,000 − ₩1,500,000

= ₩1,500,000

변경후 순이익 = ₩100,000 / 세트 × Q − ₩(40,000 + 12,000) / 세트 × Q

− ₩(1,500,000 − 500,000)

= ₩1,500,000

$\Rightarrow$ ₩48,000 / 세트 × Q = ₩2,500,000 　　 Q = 52.08세트

[주의] 성과급 지급후 판매수량이 변동하므로 문제에서 주어진 50세트를 판매했을 때의 총변동원가 ₩2,000,000 대신 40,000 Q를 사용하여야 한다.

30. 원가－조업도－이익 분석과 영업레버리지 (98. 세무사)

매출액은 ₩200,000, 변동원가율은 60%, 고정원가는 ₩60,000, 법인세율이 20%일 때 다음 중 틀린 것은?

① 손익분기점 매출액은 ₩150,000이다.

② 안전여유율(M/S비율)은 25%이다.

③ 영업레버리지도는 5이다.

④ 세후 당기순이익은 ₩16,000이다.

⑤ 매출액을 10% 증가시키면 당기순이익은 ₩6,400 증가한다.

답 ③

① 손익분기점 매출액 = ₩60,000 / (1 − 0.6)

= ₩150,000

② 안전여유율 = (매출액 − 손익분기매출액) / 매출액

= (₩200,000 − 150,000) / ₩200,000

= 0.25

③ 영업레버리지도 = 공헌이익 / 영업이익

= ₩200,000(1 − 0.6) / [₩200,000(1 − 0.6) − ₩60,000]

= ₩80,000 / ₩20,000

= 4

④ 세후이익 = (1 − 0.2) × ₩20,000 = ₩16,000

⑤ 매출증가시 세후이익 = (1 − 0.2) × [₩200,000 × 1.1 × (1 − 0.6) − ₩60,000]

= ₩22,400

이익증가액 = ₩22,400 − 16,000

= ₩6,400

<별 해>

이익증가율 = 매출액 증가율 × 영업레버리지도 = 10% × 4 = 40%

이익증가액 = 이익증가율 × 증가전 이익

= 40% × ₩16,000 = ₩6,400

제3장 관련원가와 의사결정

1. 의사결정 유형 (05. 경영지도사)

다음은 기업의 의사결정을 분류한 것이다. 틀린 것은?

① 단기의사결정－판매계획수립
② 특수의사결정－관련원가분석
③ 단기의사결정－원가－조업도－이익(CVP) 분석
④ 장기의사결정－자본예산
⑤ 장기의사결정－종합예산편성

답 ⑤
종합예산편성 중 영업예산은 단기적인 결정사항이다.

2. 의사결정 유형 (05. 경영지도사)

다음은 기업경영시 단기적으로 특별(특수)의사결정문제가 발생되는 유형들이다. 틀린 것은?

① 특별주문의 수락 또는 거절
② 부품의 자가제조 또는 외부구입
③ 제품라인의 유지 또는 폐쇄
④ 과거에 발생한 고정제조간접비의 회계처리
⑤ 제한된 (경영)자원의 사용

답 ④
단기적인 의사결정으로 볼 수 없다.

3. 의사결정 유형 (06. 경영지도사)

다음 중 특수의사결정 문제와 관계없는 것은?

① 정상적인 판매가격 이하의 낮은 가격으로 특별주문을 받은 경우, 그 특별주문을 받아들일 것인가에 관한 결정
② 유휴설비가 있을 경우 부품을 외부로부터 구입할 것인가 아니면 자가제조할 것인가에 관한 결정
③ 제품품목의 일부를 폐기할 것인가 혹은 추가할 것인가에 관한 결정

④ 결합제품을 생산할 경우 제품을 분리점에서 즉시 판매할 것인가 혹은 추가가공하여 판매할 것인가에 관한 결정
⑤ 특수한 기계설비를 취득하여 소요된 원가의 전부 또는 일부를 새로운 기계구입의사결정에 고려할 것인가에 관한 결정

답 ⑤
특수한 기계설비를 취득하여 소요된 원가의 전부 또는 일부는 기발생원가이므로 새로운 기계구입의사결정에 고려하지 말아야 한다.

4. 외부구입 의사결정 (08. 주택관리사)

(주)한강은 부품 A를 자가제조하고 있다. 연간 5,000단위의 부품 A를 자가제조시 단위당 제조원가는 다음과 같다.

직접재료원가	₩120
직접노무원가	150
변동제조간접원가	80
고정제조간접원가	250
계	₩600

(주)금강은 (주)한강에게 부품 A를 단위당 ₩550에 연간 5,000단위를 납품하겠다고 제의하였다. (주)한강이 이를 수락할 경우 유휴시설을 임대하여 연간 ₩600,000의 임대수익을 얻을 수 있으며, 부품 A에 배부된 고정제조간접원가는 단위당 ₩100만큼 회피가능하다. 다음 중 옳은 것은?

① 자가제조시 연간 ₩75,000만큼 이익 증가
② 외부구입시 연간 ₩100,000만큼 이익 증가
③ 자가제조시 연간 ₩100,000만큼 이익 증가
④ 외부구입시 연간 ₩125,000만큼 이익 증가
⑤ 자가제조시 연간 ₩125,000만큼 이익 증가

답 ②
<외부구입시>

증분수익			₩600,000
증분비용	₩550×5,000＝	₩2,750,000	
	(₩120＋150＋80＋100)×5,000＝	(2,250,000)	500,000
증분이익			₩100,000

∴ 외부구입시 연간 ₩100,000만큼 이익이 증가한다.

5. 외부구입 의사결정 (05. 감정평가사)

완제품을 생산하는 데 총 20,000개의 부품을 필요로 한다. 현재는 이 부품을 자체제조하여 사용하고 있는데 생산원가는 다음과 같다.

<부품의 단위당 제조원가(20,000개 생산시)>

직접재료원가	₩12
직접노무원가	26
고정제조간접원가	10

이 부품은 단위당 ₩44에 외부에서 구입할 수 있는데, 외부에서 구입하기로 한다면 고정제조간접원가의 40%는 회피할 수 있으며 제조설비는 유휴설비로 그대로 남게 된다. 이 회사는 부품을 자체제조할 것인지 외부구입할 것인지의 의사결정에서 어떤 대안이 유리한가?

① 자체제조 ₩80,000 유리　② 외부구입 ₩80,000 유리
③ 자체제조 ₩60,000 유리　④ 외부구입 ₩40,000 유리
⑤ 자체제조 ₩40,000 유리

답 ⑤

자체제조시 부품의 단위당 제조원가 : ₩12＋26＋10＝₩48
외부구입시 부품의 단위당 제조원가 : ₩44＋₩10×(1－40%)＝₩50
∴ 자체제조시 부품의 단위당 제조원가가 ₩2 유리
20,000개 생산시 20,000×₩2＝₩40,000(유리)

6. 외부구입 의사결정 (08. 공인회계사)

(주)한국완구는 매년 완구생산에 필요한 부품인 모터 3,000개 중 일부를 자체생산하고, 나머지 부족한 부분은 외주로 충당하고 있다. 자체생산은 모터부서에서 담당하며 연간 총 2,000개의 모터를 생산한다. 모터 1개당 변동제조원가는 ₩55이며, 모터부서의 총고정원가는 연간 ₩150,000이다. 자체생산시 발생하는 모터부서의 총고정원가 중 80%만이 모터부서 폐지시 회피가능한 원가이다. 외주로 조달하는 모터는 연간 총 1,000개이다.
당기초 외주업체는 전격적으로 모터의 판매가격을 모터 1개당 ₩120에서 ₩100으로 인하하였다. 이에 따라 (주)한국완구는 기업내 모터부서를 폐지하고, 모터 3,000개를 전량 외주업체에서 구매할 것을 검토하기 시작하였다. 이에 모터부서는 부서 폐지를 막기 위한 자구방안으로 단위당 변동제조원가 ₩10과 회피가능고정원가 ₩10,000을 동시에 절감하였다.

만약 (주)한국완구가 외주업체로부터 모터 3,000개 전량을 구입할 경우 (주)한국완구의 순이익에 미치는 영향은 얼마인가? 단, 모터부서의 최대생산능력은 자구방안과 관계없이 항상 2,000개이다.

① ₩0 ② ₩10,000 증가 ③ ₩30,000 증가
④ ₩40,000 증가 ⑤ ₩40,000 감소

답 ①

원가감소액			
변동원가감소	2,000×(₩55－10)	₩90,000	
회피가능고정비	₩150,000×0.8－₩10,000	110,000	₩200,000
원가증가액			
구입원가	2,000×₩100		200,000
증분이익			₩0

7. 외부구입 의사결정(08. 세무사)

대한직업소개소는 현재 연간 6,000건의 직업을 소개해주고 있다. 1건의 직업소개에 소요되는 변동비는 ₩2,000이고 연간 총고정비는 ₩3,000,000으로 추정된다. 그런데 국세직업소개소에서 연간 6,000건 전부에 대한 직업소개를 대행해 주겠다고 제의를 해왔다. 이와 같이 국세직업소개소의 제의를 수락할 경우에 기존의 연간 총고정비 중 ₩1,400,000이 감소할 것으로 예상된다. 국세직업소개소는 대행수수료로서 연간 ₩13,000,000을 요구해왔다. 이와 같은 국세직업소개소의 제의를 수락하는 것이 대한직업소개소의 영업이익에 미치는 영향으로 옳은 것은?

① ₩1,000,000 증가 ② ₩1,000,000 감소 ③ ₩600,000 증가
④ ₩600,000 감소 ⑤ ₩400,000 증가

답 ⑤

특별주문의 증분수익		
변동비	6,000건×₩2,000＝	₩12,000,000
총고정비		1,400,000
특별주문의 증분원가		13,000,000
특별주문의 증분이익		₩400,000

8. 특별주문 의사결정 (06. 감정평가사)

철물점상회는 지금까지 일요일에는 영업을 하지 않았는데 경기불황으로 일요일에도 가게를 여는 대안을 고려하고 있다. 만일 일요일에 가게를 연다면 추가로 소요되는 판매원 수당과 전기료를 비롯한 영업비용이 하루 ₩1,000 발생한다. 일요일 하루 매출액은 ₩10,000으로 기대되며, 철물점은 구입원가에 20%의 이익을 가산하여 판매가격을 결정한다. 만일 일요일 하루 판매액 중 62.5%가 이전의 주중 고객이 일요일로 구매날짜를 변경함으로써 발생한다면 이 철물점은 일요일에 영업을 함으로써 일주일 이익이 얼마나 증감하는가? (단, 주중 고객이 구매날짜를 일요일로 변경하더라도 판매원 수당과 전기료 등 주중 영업비용은 변동이 없다)

① ₩9,000 증가　② ₩3,750 증가　③ ₩3,125 감소
④ ₩2,750 증가　⑤ ₩375 감소

답 ⑤

증분수익 ₩10,000×(1－0.625)＝₩3,750
증분비용 ₩1,000＋₩10,000÷1.2×(1－0.625)＝₩4,125
증분이익 ₩3,750－4,125＝(₩375)

9. 특별주문 의사결정 (07. 9급 세무직 2회)

한국회사의 연간 최대생산능력은 20,000단위이다. 2006년말에 추정한 2007년도 예상손익에 관한 자료는 다음과 같다.

매 출 액(12,000단위×@₩500)	₩6,000,000
변동원가(12,000단위×@₩210)	(2,520,000)
공헌이익	₩3,480,000
고정원가	(1,100,000)
영업이익	₩2,380,000

2007년초 한 구매업자로부터 단위당 ₩400에 제품 9,000단위를 구입하겠다는 신규 제안을 받았다. 한국회사가 이 제안을 수락한다면, 생산능력의 제약으로 인해 기존 고객에 대한 판매를 일정부분 포기해야 한다. 한국회사의 단위당 변동원가와 총고정원가는 불변이라고 가정한다. 이 제안을 수락할 경우 한국회사의 차액이익(차액수익에서 차액원가를 차감한 것)은 얼마인가?

① ₩320,000　② ₩1,420,000
③ ₩1,710,000　④ ₩3,100,000

답 ②

증분수익			
증가	9,000×₩400＝	₩3,600,000	
감소	1,000×₩500＝	(500,000)	₩3,100,000
증분비용			
증가	9,000×₩210＝	(₩1,890,000)	
감소	1,000×₩210＝	210,000	(1,680,000)
증분이익			₩1,420,000

10. 특별주문 의사결정 (09. 공인회계사)

연간 최대생산량이 10,000단위인 생산설비를 보유하고 있으며, 당기에 제품 단위당 ₩500의 판매가격에 8,000단위의 제품을 판매할 수 있을 것으로 예상하고 있다. 현재의 생산설비에 의한 제품 단위당 변동제조원가는 ₩300이다. 당기에 예상판매량을 1,000단위 줄이고 제품 3,000단위를 판매할 수 있는 특별주문을 고려한다면, 이러한 특별주문 제품의 단위당 최저판매가격은 얼마인가? (단, 판매하는 모든 제품의 변동판매관리비는 단위당 ₩80이다)

① ₩500　　② ₩420　　③ ₩400
④ ₩380　　⑤ ₩300

답 ②

특별주문수락시의 증분이익과 증분원가가 같을 때의 가격이 최저판매가격이 될 것이다.

3,000단위×(P－₩300－80)＝1,000단위×(₩500－300－80)

∴ 최저판매가격＝₩420

11. 제약자원과 의사결정 (06. 감정평가사)

(주)서울은 두 가지 제품 A, B를 생산 · 판매하고 있다. A, B 제품의 단위당 판매가격은 각각 ₩600, ₩700이며, 단위당 변동원가는 각각 ₩400씩이다. 한편 이 제품들을 생산하기 위해서는 갑기계와 을기계를 이용해야 한다. A제품 한 단위를 생산하기 위해서는 갑기계와 을기계를 각각 1시간씩 가동해야 한다. 또한 B제품을 한 단위 생산하기 위해서는 갑기계를 4시간, 을기계를 1시간 가동해야 한다. 갑, 을 기계의 매월 가동가능시간은 각각 640시간,

400시간이며, 매월 감가상각비는 갑기계가 ₩40,000, 을기계가 ₩50,000이다. 이익(손실)을 최대화(최소화)하려면 제품 A와 B를 각각 매월 얼마나 생산 · 판매해야 하는가? (단, 생산된 제품은 모두 판매되며, 기계에 대한 감가상각비는 회피불능원가이다)

	A	B		A	B
①	0개	0개	②	0개	160개
③	0개	400개	④	320개	80개
⑤	400개	160개			

답 ④

	단위당 공헌이익	갑기계시간	갑기계시간당 공헌이익	생산순위
제품 A	₩600－400＝₩200	÷1	＝₩200	1
제품 B	₩700－400＝₩300	÷4	＝₩75	2

[1안] 제품 A 400개 생산시 갑기계 240시간 유휴시간 발생
₩200×400－₩40,000－50,000＝－₩10,000 손실발생

[2안] 제품 A 320개 생산, B제품 80개 생산, 유휴기계시간 없음
₩200×320＋₩300×80－₩40,000－50,000＝－₩2,000 손실발생

∴ 손실의 최소화 관점에서 [2안] 택함

12. 제약자원과 의사결정 (08. 공인회계사)

청소기와 공기청정기의 제품생산과 관련된 정보는 다음과 같다.

구 분	청소기	공기청정기
최대판매가능수량	6,000개	9,000개
단위당 공헌이익	₩50	₩60
단위당 소요기계시간	2시간	3시간

생산에 투입가능한 최대기계시간이 33,000시간이라고 할 때, 추가적인 설비투자 없이 최적생산량을 생산한다면 달성할 수 있는 최대공헌이익은 얼마인가?

① ₩369,600 ② ₩690,000 ③ ₩720,000
④ ₩780,000 ⑤ ₩840,000

답 ③

	청소기	공기청정기
단위당 공헌이익	₩50	₩60
기계시간	÷2시간	÷3시간
기계시간당 공헌이익	₩25	₩20

기계시간당 공헌이익이 큰 청소기부터 생산한다.

청소기 생산량 : 6,000개

공기청정기 생산량 : $\frac{33{,}000\text{시간}-(6{,}000\times2)}{3\text{시간}}=7{,}000$

∴ 최대공헌이익＝6,000×₩50＋7,000×₩60＝₩720,000

13. 제약자원과 의사결정 (09. 세무사)

A, B, C 3가지 제품을 동일한 생산라인에서 기계작업을 통하여 생산 · 판매하고 있다. 생산 · 판매와 관련된 자료는 다음과 같다.

	A제품	B제품	C제품
단위당 판매가격	₩500	₩350	₩500
단위당 변동원가	200	100	100
단위당 기계소요시간	2시간	1시간	2시간
월간 시장수요	150개	270개	40개

월간 최대기계가동시간은 450시간이며 월 ₩40,000의 고정원가가 발생한다. 현재 기계를 가장 효율적으로 가동하고 있으며, 새로운 D제품을 생산라인에 추가할지를 고려하고 있다. D제품의 단위당 변동원가는 ₩300이며 단위당 기계소요시간은 4시간이다. 생산한 제품은 모두 판매할 수 있으며, D제품을 추가하여도 판매가격과 원가의 변동은 없다. D제품을 생산라인에 추가하여서 영업이익을 증가시키고자 한다면, D제품의 단위당 판매가격은 최소한 얼마를 초과해야 하는가?

① ₩700 ② ₩800 ③ ₩900
④ ₩1,000 ⑤ ₩1,100

답 ③

	A제품	B제품	C제품
단위당 공헌이익	₩300	₩250	₩400
단위당 기계소요시간	2시간	1시간	2시간
단위시간당 공헌이익	₩150	₩250	₩200
생산우선순위	3	1	2
생산현황	50개	270개	40개

A제품의 단위시간당 공헌이익을 초과하면 된다.

D제품의 최소 단위당 판매가격 : ₩150×4＋₩300＝₩900

√다음은 14와 15에 관한 자료이다.

(주)스피드는 사무용복합기 A모델과 B모델을 생산하여 판매하고 있으며 두 모델의 단위당 자료는 다음과 같다.

	A모델	B모델
직접재료원가	₩240,000	₩320,000
직접노무원가	100,000	160,000
변동제조간접원가 (기계시간당 ₩10,000)	40,000	80,000
고정제조간접원가	40,000	40,000
단위당 제조원가	₩420,000	₩600,000
판매가격	₩520,000	₩800,000

(주)스피드의 최대조업도는 월 6,000기계시간이며, 현재 시장의 월간수요량은 A모델 800개, B모델 500개이다.

14. 제약자원과 의사결정 (06. 공인회계사)

이상의 자료에 근거할 때 (주)스피드가 영업이익을 극대화할 수 있는 제품배합은 무엇인가?

	A모델	B모델		A모델	B모델
①	800개	350개	②	0개	750개
③	400개	550개	④	1,000개	250개
⑤	500개	500개			

답 ①

구 분		A모델		B모델
단위당 판매가격		₩520,000		₩800,000
단위당 변동원가	₩420,000 − 40,000 =	380,000	₩600,000 − 40,000 =	560,000
단위당 공헌이익		₩140,000		₩240,000
단위당 기계시간	₩40,000/₩10,000 =	4시간	₩80,000/₩10,000 =	8시간
기계시간당 공헌이익		₩35,000		₩30,000
생산우선순위		1순위		2순위
최적배합 생산량		800개	(6,000시간 − 800개×4시간)/8시간 =	350개

15. 제약자원과 의사결정 (06. 공인회계사)

새로운 거래처로부터 A모델 200개를 단위당 ₩480,000에 구매하겠다는 일회성 특별주문을 받았다. (주)스피드가 16에서의 극대화된 영업이익 수준을 유지하면서 특별주문을 수락할 수 있는 최저판매가격은 얼마인가? (단, 특별주문과 관련하여 생산설비의 증설은 없다)

① ₩380,000 ② ₩420,000 ③ ₩480,000
④ ₩500,000 ⑤ ₩600,000

답 ④

특별주문 수락시 A모델의 추가생산에 따른 영향 :

B모델 생산시간 감소 = 200개×4시간 = 800시간

B모델 공헌이익 감소 = 800시간×₩30,000 = ₩24,000,000

특별주문 수락시 A모델의 최저판매가격을 P라고 하면, 극대화된 영업이익을 유지하기 위해서는 특별주문 수락에 의한 증분 공헌이익이 최소한 B모델의 생산량 감소에 따른 공헌이익감소분과 같아야 하므로,

(P − ₩380,000)×200개 = ₩24,000,000

→ ∵ P = ₩500,000/개

16. 제약자원과 의사결정(05. 세무사)

S회사는 A, B, C 쥬스를 생산한다. 각 제품의 상자당 자료는 다음과 같다.

	A	B	C
판매가	₩2,600	₩2,200	₩2,500
변동비	1,400	1,200	1,420
재료사용량	3kg	2kg	2.4kg

재료 총공급량이 18,000kg으로 제한되어 있고 각 제품의 최대판매량은 3,000상자이다. 이익을 최대화하기 위해 각 제품을 몇 상자씩 판매해야 하는가?

	A	B	C
①	3,000	650	3,000
②	3,000	3,000	1,250
③	3,000	3,000	1,450
④	2,000	3,000	3,000
⑤	1,600	3,000	3,000

답 ⑤

	A	B	C	계
상자당 공헌이익	₩1,200	₩1,000	₩1,080	
상자당 재료사용량	3kg	2kg	2.4kg	
재료단위당 공헌이익	₩400	₩500	₩450	
생산순위	3순위	1순위	2순위	
필요한 재료수량	9,000kg (3,000×3kg)	6,000kg (3,000×2kg)	7,200kg (3,000×2.4kg)	22,200kg
재료투입량	4,800kg	6,000kg	7,200kg	18,000kg
최적제품배합	1,600단위 (4,800kg/3kg)	3,000단위	3,000단위	

17. 제약자원과 의사결정(07. 세무사)

대한회사는 세 가지 제품 X, Y, Z를 생산 · 판매하고 있다. 매월 이용가능한 기계시간은 총 20,000시간으로 제한되어 있다. 대한회사의 2007년 4월중 예상되는 각 제품의 단위당 판매가격, 단위당 변동원가, 단위당 소요되는 기계시간 및 최대시장수요량은 다음과 같다.

	X	Y	Z
단위당 판매가격	₩20	₩30	₩40
단위당 변동원가	14	18	32
단위당 기계시간	3시간	4시간	2시간
최대시장수요량	7,000단위	5,400단위	4,000단위

대한회사가 2007년 4월에 예상할 수 있는 최대공헌이익은 얼마인가?

① ₩60,000 ② ₩64,600 ③ ₩67,000
④ ₩68,000 ⑤ ₩69,500

답 ④

(1) 생산우선순위결정

	X	Y	Z
단위당 판매가격	₩20	₩30	₩40
단위당 변동원가	14	18	32
단위당 공헌이익	₩6	₩12	₩8
단위당 기계시간	3시간	4시간	2시간
기계시간당 공헌이익	₩2	₩3	₩4
생산우선순위	3순위	2순위	1순위

(2) 최대공헌이익

우선순위	제품	생산량		기계시간	시간당 공헌이익	공헌이익
1	Z	4,000개	(최대)	8,000시간	4	₩32,000
2	Y	4,000개		12,000시간	3	36,000
3	X				2	0
	계			20,000시간		₩68,000

18. 부문폐쇄 의사결정 (04. 세무사)

A회사의 11월 약식손익계산서가 다음과 같다.

	합 계	갑 부문	을 부문
매 출 액	₩200,000	₩80,000	₩120,000
변 동 비	116,000	32,000	84,000
공 헌 이 익	84,000	48,000	36,000
추적가능고정비	60,000	20,000	40,000
부 문 이 익	24,000	28,000	(4,000)
공통고정비	10,000	4,000	6,000
영 업 이 익	₩14,000	₩24,000	(₩10,000)

각 부문이 폐쇄된다면 각 부문의 추적가능고정비용의 3/4은 회피가능하다. 이 회사는 공통고정비를 각 부문의 매출액에 비례하여 배분하고 있다. 이 회사는 을 부문을 폐쇄할 경우 갑 부문의 매출이 10% 감소할 것으로 예측하고 있으나 을 부문을 폐쇄할 경우 을 부문의 매출에는 영향이 없을 것으로 예측하고 있다. 이 회사가 을 부문을 폐쇄하기로 결정한다면 회사 전체의 영업이익은 얼마가 되는가?

① ₩18,000　② ₩13,200　③ ₩10,000
④ ₩8,000　⑤ ₩3,200

답 ⑤

을 부문 폐쇄시 갑 부문 매출이 10% 감소한다. 을 부문 폐쇄시 추적가능고정비의 3/4이 감소하고 공통고정비는 감소하지 않는다.

	을 부문 폐쇄후
매 출 액	₩72,000*
변 동 비	(28,800)**
공 헌 이 익	₩43,200
추적가능고정비	(30,000)***
부 문 이 익	₩13,200
공통고정비	(10,000)
영 업 이 익	₩3,200

* ₩80,000×0.9 = ₩72,000
** ₩32,000×0.9 = ₩28,800
*** ₩20,000(갑 부문) + ₩40,000(을 부문)×1/4 = ₩30,000

19. 특별주문수락 의사결정시 관련원가(98. 공인회계사)

A회사는 생산시설의 여유로 추가특별주문요청이 증가하고 있다. 이 회사의 특별추가생산의사결정과 관련하여 관계없는 항목은?

① 이상공손원가 ② 직접재료원가 ③ 고정제조간접원가
④ 직접노무원가 ⑤ 변동제조간접원가

답 ③

고정제조간접원가는 추가특별주문을 위해 생산하여도 변하지 않는 의사결정과 관련이 없는 원가이다.

20. 제약자원이 존재하는 경우 의사결정(99. 공인회계사)

B회사는 5가지의 제품을 생산하고 있다. 이 회사는 다른 자원은 충분한데 기계의 가동시간(M)은 한정되어 제약조건이 되고 있다. 각 제품 1단위당 기계소요시간을 Mi 라고 하고, 각 제품의 판매가격은 Pi이고 변동비는 Vi 라고 하자. 이 회사의 최적 생산량을 결정하기 위해서는 다음 중 어느 것이 높은 제품을 먼저 생산할 것인가?

① $Pi - Vi$ (제품단위당 공헌이익)

② $\frac{Pi - Vi}{Pi}$ (제품단위당 공헌이익률)

③ $\frac{Pi - Vi}{Mi}$ (제품의 기계시간당 공헌이익)

④ $\frac{(Pi - Vi)/Pi}{Mi}$ (제품의 기계시간당 공헌이익률)

⑤ $\frac{Mi}{Pi - Vi}$ (제품의 공헌이익당 기계시간)

답 ③

기계가동시간이 제약자원이므로 이익최대화를 위한 최적생산은 기계시간당 공헌이익이 가장 높은 제품을 가장 먼저 생산한다.

21. 외부구입 의사결정시 최대구입가격 (재경관리사)

(주)장원의 부품제조에 대한 원가자료는 다음과 같다.

부품단위당 직접재료원가	₩150
부품단위당 직접노무원가	70
부품단위당 변동제조간접원가	80
고정제조간접원가	400,000
생산량	5,000단위

외부의 제조업자가 이 부품을 전량 납품하겠다고 제의하였으며, 부품을 외부에서 구입할 경우 고정제조간접원가의 25%를 회피할 수 있다면 (주)장원이 최대한 허용할 수 있는 부품의 단위당 구입가격은 얼마인가?

① ₩290　　② ₩300
③ ₩310　　④ ₩320

답 ④

부품의 단위당 구입가격을 P라고 하면, 외부구입하는 경우

증분수익		0
증분원가		5,000P－1,600,000
외부구입원가	₩5,000×P	
변동원가감소(－)	5,000×(₩150＋₩70＋₩80)	
고정비감소(－)	₩400,000×25%	
증분이익		(－)₩5,000P＋₩1,600,000

따라서, P < ₩320

22. 외부구입 의사결정시 관련원가 (재경관리사)

제품 제조에 사용되는 부품 10,000단위를 자체 생산하여 왔다. 10,000단위 생산수준에서 부품을 제조하는 데 소요되는 단위당 원가는 다음과 같다.

직접재료원가	₩100
직접노무원가	50
변동제조간접원가	30
고정제조간접원가	20
	₩200

외부의 회사가 부품 10,000단위를 ₩170에 공급하겠다고 제안하였다. 부품이 외부에서 구입되더라도 고정제조간접원가의 50%는 계속해서 발생할 것이다. 위 제의를 받아들일 것인지 아닌지를 결정하기 위한 관련원가는 얼마인가?

① ₩150 ② ₩180
③ ₩190 ④ ₩200

답 ③

직접재료원가 + 직접노무원가 + 변동제조간접원가 + 고정제조간접원가×50%
= 100 + 50 + 30 + 20 ×50%
= ₩190

23. 사업부폐지 의사결정 (재경관리사)

(주)삼일의 사업부 갑의 공헌이익은 ₩60,000이고 고정원가는 ₩80,000이다. 고정원가 중 ₩50,000은 사업부 갑을 폐지하더라도 계속하여 발생하는 것이다. 다른 조건은 동일하다는 가정하에 회사가 사업부 갑을 폐지할 경우 회사의 순이익은 단기적으로 어떻게 변화하는가?

① ₩30,000 감소 ② ₩20,000 증가
③ ₩60,000 감소 ④ ₩90,000 감소

답 ①

사업부 갑을 폐지할 경우 공헌이익은 ₩60,000 감소하는 반면, 고정원가는 ₩30,000만 감소하므로 이익은 ₩30,000 감소한다.

24. 외부구입 의사결정 (99. 세무사)

단기적 의사결정에서는 그 대안의 선택으로 인한 증분효익과 증분비용을 비교하여 증분효익이 더 큰 경우 해당 대안을 선택한다. 부품을 자가제조하고 있는 어떤 기업이 외부에서 부품을 구입하는 대안을 고려하고 있다고 가정할 경우 부적절한 의사결정은? 단, 고정원가는 당해 부품생산설비의 감가상각비만 존재한다고 가정한다.

① 금액적인 증분효익과 증분비용 이외에도 외부공급액의 지속적 확보 여부, 품질의 동질성 등 질적 요인을 고려할 수 있는 경우에는 이들 또한 증분효익의 계산에 포함시켜야 한다.

② 유휴설비를 1년간 임대해주고 임대료를 받을 수 있는 경우에는 변동제조간접원가 절감액과 임대수입의 합계에서 외부부품구입대금을 차감한 금액이 0보다 큰 경우 외부구입대안을 선택한다.

③ 유휴설비의 다른 용도가 없는 경우에는 변동제조원가 절감액에서 외부부품구입대금을 차감한 금액이 0보다 큰 경우 외부구입대안을 선택한다.

④ 유휴설비를 처분할 수 있는 경우에는 변동제조원가 절감액과 유휴설비처분액의 합계액에서 외부부품구입대금을 차감한 금액이 0보다 큰 경우 외부구입대안을 선택한다.

⑤ 유휴설비를 다른 제품의 생산에 이용할 수 있는 경우에는 변동제조간접원가 절감액과 다른 제품의 공헌이익의 합계액에서 외부부품구입대금을 차감한 금액이 0보다 큰 경우 외부구입대안을 선택한다.

답 ①

부품을 외부에서 조달할 때, 외부공급액의 지속적 확보 여부, 품질의 동질성 등 질적 요인은 증분효익이 아니고 증분원가이다.

25. 특별주문수락시 영업이익의 변화 (99. 세무사)

D회사의 1999년 예산내역을 요약하면 다음과 같다.

매출액(25,000단위 ₩100)	₩2,500,000
변동제조원가와 판매비	1,500,000
공헌이익	₩1,000,000
고정원가	600,000
영업이익	₩400,000

회사의 연간 최대조업능력은 35,000단위이다. 그런데, 외국판매상이 1999년초에 단위당 ₩80에 15,000단위를 사겠다고 제의하여 왔다. D회사가 만약, 이 제의를 수락하고 설비능력을 초과하지 않는 범위내에서 단골고객으로부터 기존의 거래를 감소시키면, 1999년 총영업이익은 예산보다 얼마나 변화하겠는가?

① ₩300,000 증가　② ₩100,000 증가　③ ₩200,000 증가
④ ₩100,000 감소　⑤ ₩200,000 감소

답 ②

단위당 변동원가 = ₩1,500,000 / 25,000단위 = ₩60/단위

특별주문의 증분수익	₩80/단위×15,000단위 =	₩1,200,000
특별주문의 증분원가		
변동원가	₩60/단위×15,000단위 =	900,000
기회원가*	(₩100－60)/단위×5,000단위 =	200,000
특별주문의 증분이익		₩100,000

* 감소된 정상판매분의 공헌이익

감소된 정상판매분 = 특별주문전 정상판매분 － 특별주문후 정상판매분

= 25,000 － (35,000 － 15,000)

= 5,000단위

26. 특별주문수락 의사결정시 관련원가 (01. 공인회계사)

매월 9,000단위의 제품을 생산하는 E회사의 단위당 변동원가는 ₩120이고, 고정원가는 월 ₩360,000이며, 단위당 판매가격은 ₩180이다. 단위당 ₩160에 1,000개의 특별주문에 대한 의사결정을 함에 있어서 관련항목은 다음 중 어느 것인가? 단, 특별주문을 소화하기 위한 유휴설비능력은 충분하고, 이 특별주문건의 경우 ₩2,000의 주문처리를 위한 거래비용(예 : 원재료 추가구입을 위한 구매부대비용, 주문처리를 위한 사무비용 등)이 발생한다.

① 특별주문 수락 전의 단위당 고정원가, ₩40
② 특별주문 수락 후의 단위당 고정원가, ₩36
③ 추가의 거래비용, ₩2,000
④ 특별주문가－단위당 변동원가－단위당 거래처리비용, ₩38
⑤ 특별주문가－특별주문 수락 후의 단위당 원가, ₩4

답 ④

①, ② 단위당 고정원가가 특별주문 수락여부에 따라 변하는 것은 총생산량의 변화 때문이고 총고정원가는 변하지 않으므로 관련항목이 아니다.

③ 추가거래비용은 관련항목이다.

④ 모든 관련항목을 다 포함하였다. ₩160 － ₩120 － ₩2,000 / 1,000개 = ₩38

⑤ 비관련원가인 고정원가를 포함하고 있다.

※ ③의 추가거래비용이 관련항목이나 그 외의 관련항목을 모두 고려한 ④가 더 정답에 가깝다.

27. 연산품의 추가가공 의사결정(02. 세무사)

G회사는 부문 1에서 원재료 A를 가공하여 2개의 결합제품 B와 C를 생산하는데, 5월중에 원재료 A 50,000개에 대하여 ₩200,000을 투입하여 B제품 20,000개와 C제품 30,000개를 생산하였다. B제품을 완성하는 데는 추가로 ₩40,000의 개별원가가 발생하였으며 B제품의 단위당 판매가격은 ₩3이었다. 회사는 5월중에 C제품을 그대로 판매할 수도 있으며, 부문 2에서 C제품 30,000개에 추가로 ₩27,000을 투입하여 D제품 15,000개, E제품 5,000개, F제품 10,000개를 생산할 수도 있다. 한편, 제품 D, E, F를 완성하는 데 추가로 소요되는 개별원가와 각 제품의 단위당 판매가격은 다음과 같다.

제 품	개별원가	단위당 판매가격
D	₩5,000	₩8
E	1,000	2
F	2,000	6
C	−	4

이 경우 회사가 제품 C를 그대로 판매하는 것과 제품 D, E, F의 형태로 판매하는 것 중 올바른 의사결정은?

① 제품 D, E, F의 형태로 판매가 ₩35,000 유리하다.
② 제품 D, E, F의 형태로 판매가 ₩35,000 불리하다.
③ 제품 D, E, F의 형태로 판매가 ₩62,000 유리하다.
④ 제품 D, E, F의 형태로 판매가 ₩62,000 불리하다.
⑤ 제품 D, E, F의 형태로 판매가 ₩25,000 불리하다.

답 ①

C제품 추가가공 없이 판매시 수익 = 30,000개 × ₩4/개 = ₩120,000

C제품 추가가공한 후 판매시 순수익(순실현가치)

	= 수익		− 추가원가	=	
C :			− ₩27,000	=	(−)₩27,000
D :	15,000개	× ₩8	− ₩5,000	=	115,000
E :	5,000	× 2	− 1,000	=	9,000
F :	10,000	× 6	− 2,000	=	58,000
					₩155,000

증분이익 = ₩155,000 − 120,000 = ₩35,000

28. 특별주문 수락시 영업손익 (94. 세무사)

유리제품을 제조판매하는 H회사는 시설의 50%만을 가동하고 있다. 어느 외국거래처로부터 단위당 ₩900씩 1,000개의 제품을 구입하겠다는 제안을 받았다. 1,000개의 제품생산과 관련된 자료는 다음과 같다.

직접재료원가	₩520,000
직접노무원가	160,000
제조간접원가(60% 변동비)	320,000
판매비(30% 변동비)	240,000
관리비(10% 변동비)	200,000
	₩1,440,000

위 주문을 수락한다 해도 시설용량이나 고정비에는 영향을 미치지 않으며 또한 상기 변동판매비의 60%를 감소시킬 수 있다면 위 제안을 수락했을 경우 영업손익에 미치는 영향은?

① ₩20,800 이익증가
② ₩34,800 손실발생
③ ₩20,800 손실발생
④ ₩34,800 이익증가
⑤ ₩28,000 이익증가

답 ③

증분수익 :	매출증가액	₩900/개×1,000개＝		₩900,000
증분원가 :	직접재료원가		₩520,000	
	직접노무원가		160,000	
	제조간접원가	₩320,000×0.6＝	192,000	
	변동판매비	₩240,000×0.3×(1－0.6)*＝	28,800	
	일반관리비	₩200,000×0.1＝	20,000	₩920,800
증분이익(손실)				(₩20,800)

* 특별주문의 변동판매비는 60% 감소된다.

29. 외부구입 의사결정 (94. 공인회계사)

K회사는 부품 R을 자가제조하고 있다. 10,000개 자가제조시 단위당 원가는 다음과 같다.

직접재료원가	₩ 480
직접노무원가	700
변동제조간접원가	320
고정제조간접원가	1,000
총원가	₩2,500

P회사는 K회사에게 부품R을 단위당 ₩2,300에 연간 10,000개를 납품하겠다고 제의하였다. K회사가 이 제안을 수락하는 경우 시설임대료로 인하여 연 ₩5,000,000의 수입임대료가 가능하고, R제품에 배부된 고정제조간접비는 ₩600이 외부구입으로 회피가능할 때 다음 중 맞는 것은?

① 외부구입 ₩3,000,000 유리
② 외부구입 ₩7,000,000 유리
③ 자가제조 ₩2,000,000 유리
④ 자가제조 ₩3,000,000 유리
⑤ 외부구입 ₩2,000,000 유리

답 ①

자가제조시 단위당 관련원가

변동제조원가	₩480+₩700+₩320 =	₩1,500
회피가능 고정제조간접원가		600
기회원가(수입임대료) ₩5,000,000 / 10,000개 =		500
		₩2,600

외부구입가격이 ₩2,300이므로 외부구입시 단위당 ₩300씩 더 싸고 총 ₩3,000,000(=₩300/개×10,000개) 유리하다.

30. 특별주문수락시 증분손익 (95. 공인회계사)

J회사는 제품 10,000개를 판매하였다. 제품단위당 판매가격은 ₩160, 변동제조원가는 ₩80, 변동 판매비와 관리비는 ₩20이다. J회사는 D사로부터 5,000개의 제품을 ₩110에 판매하라는 특별주문을 받았다. 이때 소요되는 판매비와 관리비는 ₩26,000이다. 회사의 최대생산능력은 14,000개이므로 이 특별주문을 받아들일 경우 정상 생산품 중 1,000개의 판매가 감소하게 된다. 이 특별주문을 수락하는 경우 손익에 미치는 영향은?

① ₩36,000 감소
② ₩26,000 감소
③ ₩64,000 증가
④ ₩90,000 증가
⑤ ₩24,000 증가

답 ③

증분수익	₩110/개×5,000개＝	₩550,000
증분원가		
변동제조원가	₩80/개×5,000개＝	400,000
판매비와 관리비		26,000
기회원가	(₩160－80－20)/개×1,000개＝	60,000
증분이익		₩64,000

31. 특별주문수락 의사결정시 최소판매가격(00. 세무사)

K사는 계산기를 제조하여 개당 ₩2,000에 판매하고 있다. K사의 생산능력은 매기 12,000개이며, 이때 개당 생산원가는 직접재료원가 ₩750, 직접노무비 ₩550, 제조간접원가(변동원가 75%, 회피불능고정원가 25%) ₩480이다. 해외바이어가 방문하여 2,500개의 계산기를 특별주문하였다. 이 특별주문에 따른 유일한 판매비용은 운송료로 개당 ₩100이 소요된다. 현재 K사는 7,200개를 생산·판매하여 정상적인 판매경로를 통하여 판매하고 있다. K사가 이 특별주문과 관련하여 받아야 하는 최소금액은 얼마인가?

① ₩1,760 ② ₩2,000 ③ ₩1,660
④ ₩1,780 ⑤ ₩1,820

답 ①

※ 특별주문의 최소 판매가격은 특별주문의 단위당 증분원가이다. 현재 여유생산능력이 4,800개(＝12,000 － 7,200)가 특별주문량 2,500개보다 크므로 기회원가는 발생하지 않는다.

단위당 직접재료원가	₩750
단위당 직접노무원가	550
단위당 변동제조간접원가(480 × 75%)	360
단위당 운송료	100
단위당 증분원가	₩1,760

32. 특별주문수락시 영업이익의 변화(98. 세무사)

L사는 프린터를 제조하는 회사로서 특별주문을 받기 전의 추정손익계산서는 다음과 같다.

(조업도 200,000단위)

	금 액	단위당 금액
매 출	₩2,000,0000	₩10.00
매 출 원 가	1,600,000	8.00
매 출 총 이 익	400,000	2.00
판매비와관리비	300,000	1.50
영 업 이 익	100,000	0.50

위의 추정손익계산서의 매출원가 중에서 ₩600,000, 판매비 · 관리비 중에서 ₩100,000은 고정원가이다. L사는 한 고객으로부터 50,000개의 프린터를 개당 ₩7에 매입하겠다는 특별주문을 받았다.
이러한 특별주문은 변동판매관리비를 발생시키지 않으며 회사는 50,000개의 프린터를 추가로 제조할 충분한 유휴생산 설비를 보유하고 있다. 만약 회사가 특별주문을 수락하면 영업이익은 어떻게 변할 것인가?

① 영업이익 ₩50,000 감소
② 영업이익 ₩50,000 증가
③ 영업이익 ₩10,000 감소
④ 영업이익 ₩100,000 증가
⑤ 영업이익 ₩150,000 증가

답 ④

증분수익	₩7/개 × 50,000개 =	₩350,000
증분원가		
변동제조원가	₩5/개* × 50,000개 =	250,000
증분이익		₩100,000

* 단위당 변동제조원가 = (₩1,600,000 − 600,000) ÷ 200,000개 = ₩5/개

33. 외부구입시 이익에 미치는 영향(98. 세무사)

M사는 완제품 생산에 필요한 부품을 자가제조하고 있다. 연간 부품 1,000개를 제조하는 데 소요되는 원가는 다음과 같다.

	총 액	단위당 원가
직접재료원가	₩80,000	₩80
직접노무원가	50,000	50
변동제조간접원가	50,000	50
설비감가상각비	20,000	20
고정제조간접원가배부액	70,000	70
총 계	₩270,000	₩270

S사에서 1,000개의 부품을 개당 ₩200에 공급하겠다는 제의를 하였다. M사가 S사에서 부품을 공급받더라도 설비감가상각비와 고정제조간접원가는 계속 발생한다.
M사가 부품을 외부에서 구입하는 경우에 연간 ₩50,000에 설비를 임대해 줄 수 있다고 한다. M사가 S사의 제의를 받아들이는 것이 이익에 미치는 영향은 얼마인가?

① 이익 ₩20,000 감소　② 이익 ₩20,000 증가
③ 이익 ₩30,000 증가　④ 이익 ₩10,000 증가
⑤ 이익 ₩30,000 감소

답 ③

자체생산시 관련원가

변동제조원가 (1,000×₩180)	₩180,000
기회원가	50,000
합 계	₩230,000

외부주문시 관련원가

구입원가 (1,000×₩200)	₩200,000

⇒ 외부구입시 ₩30,000 원가절감, 이익증가 된다.

34. 제품생산중단 의사결정 (96. 공인회계사)

N사는 현재 A, B, C 세 가지 제품을 생산판매한다. 이 제품의 금년 예상 매출 관련수치는 아래와 같다.

(단위 : 만원)

	A	B	C	합계
매 출 액	₩4,000	₩2,000	₩3,000	₩9,000
매 출 원 가				
직접재료원가	1,000	400	400	1,800
직접노무원가	1,200	300	200	1,700
제조간접원가	2,000	900	2,000	4,900
매출총이익	(₩200)	₩400	₩400	₩600

제조간접원가는 세 제품에 매출액 기준으로 배부된 고정제조간접원가 ₩3,600을 포함한다. 이 공통원가 ₩3,600은 한 가지 제품만 생산한다 하더라도 필요한 고정원가이다. 나머지는 모두 변동제조간접원가이다. 이 기업은 A제품의 매출총이익이 적자이므로 이 제품의 생산을 중단하려고 한다. A제품 생산을 중단할 때, A제품 관련 시설과 공간의 대체적 이용가치는 없다. A제품 생산을 중단하면 기업전체 매출총이익은 어떻게 바뀌는가?

① ₩200 증가 ② ₩1,400 감소 ③ ₩1,800 감소
④ ₩1,000 감소 ⑤ ₩1,200 증가

답 ②

A제품 생산중단시 변화액(회피가능액) (단위 : 만원)

수익 감소액			₩4,000
원가 감소액	직접재료원가	₩1,000	
	직접노무원가	1,200	
	변동제조간접원가	400*	
	고정제조간접원가	0	
	합 계		2,600
매출총이익 감소액			₩1,400

* A에 배부된 고정제조간접원가 = 3,600만원 × (4,000만원/9,000만원)
= 1,600만원

A의 변동제조간접원가 = 2,000만원 − 1,600만원
= 400만원

35. 외부구입 의사결정시 관련원가(97. 세무사)

P사는 자체제조공정에 사용되는 부품 G를 20,000단위 제조하고 있다. 부품 G의 단위당 원가는 다음과 같다.

직접재료원가	₩6
직접노무원가	30
변동제조간접원가	12
고정제조간접원가	16
	₩64

S사는 P사에 이 부품을 단위당 ₩60에 20,000단위를 판매하겠다는 제의를 했다. P사는 ₩25,000의 절약을 가져올 수 있다면 이 부품을 구입하기로 했다. P사는 S사의 제의를 수락하면 단위당 ₩9의 고정제조간접원가가 절약될 것이다. 더욱이 P사는 이 제의를 받아들임으로써 생기는 여유설비는 부품 H의 제조에 사용되어 관련 원가의 절약이 기대된다. 전체적으로 ₩25,000을 절약하기 위해서는 부품 H의 제조에 여유설비를 사용함에 따라 절약되어야 할 관련원가는 얼마인가?

① ₩80,000 ② ₩125,000 ③ ₩85,000
④ ₩140,000 ⑤ ₩145,000

답 ③

자가생산시 관련원가

변동제조원가 (₩6+30+12)×20,000=	₩960,000
고정제조원가 ₩ 9 ×20,000=	180,000
기회원가 : 부품 H 제조원가 감소액	C
합 계	₩1,140,000+C

외부주문시 관련원가

외부구입원가 ₩60×20,000=	₩1,200,000

⇒ 외부구입시 원가절감액 = ₩1,140,000 + C − 1,200,000 = ₩25,000
∵ C = ₩85,000

36. 보조부문 폐쇄와 외부주문 의사결정(97. 세무사)

Q사는 두 개의 보조부문 A와 B, 그리고 생산부문 X와 Y를 갖고 있다. 다음 표는 보조부문 A와 B, 그리고 생산부문 X와 Y와의 관계를 나타낸 것이다.

	보조부문		생산부문		총단위
	A	B	X	Y	
A	0	20	50	30	100
B	40	0	10	50	100

또한 보조부문 A 자체에서는 모두 변동원가로서 ₩20,000이 쓰여지고, 보조부문 B에서도 모두 변동원가로서 ₩10,000이 지출된다. 외부에서 보조부문 B를 폐쇄하는 조건으로 단위당 ₩130에 공급하겠다는 제의가 왔을 때 Q사가 이 제의를 받아들여야 하는지 또는 거절하여야 하는지를 다음 중에서 고르시오.

① 단위당 ₩130이 B에서 공급하는 ₩100보다 크기 때문에 거절한다.
② 보조부문 B를 폐쇄함으로써 생기는 절약분은 ₩14,000인데 단위당 ₩130에 사오면 ₩11,960의 지출이 발생하므로 보조부문 B를 폐쇄한다.
③ 보조부문 B를 폐쇄함으로써 생기는 절약분은 ₩11,960인데 외부에서 공급하면 ₩14,000의 지출이 발생하므로 보조부문 B를 유지한다.
④ 보조부문 B를 폐쇄함으로써 생기는 절약분은 ₩12,320인데 외부에서 공급하면 ₩10,000의 지출이 발생하므로 보조부문 B를 폐쇄한다.
⑤ 보조부문 B를 폐쇄함으로써 생기는 절약분은 ₩10,000인데 외부에서 공급하면 ₩12,320의 지출이 발생하므로 보조부문 B를 유지한다.

답 ②

B부문 유지의 관련원가

B부문 자체원가		₩10,000
A부문의 B부문 지원원가	₩20,000×20%* =	4,000
합 계		₩14,000

* A부문이 총서비스 제공량의 20%를 B부문에 제공하고 있다.

외부공급의 관련원가

외부구입량	100 − (100×0.4×0.2)** =	92단위
× 외부구입원가		₩130/단위
합 계		₩11,960

** A부문을 통한 B부문의 간접소비분이다.

37. 제약자원하의 의사결정(00. 세무사)

K회사는 다음과 같은 두 가지 제품을 생산하고 있다.

	갑 제품	을 제품
제품단위당 :		
직접재료원가	₩60	₩120
직접노무원가	40	90
제조간접원가(기계시간당 ₩40)	160	320
외부구입가격	240	460
연간 외부주문량	3,000단위	5,000단위

고정제조간접원가 배부율은 기계시간당 ₩15이다. 회사는 주문이 들어오면 외부에서 구입하여 제공하더라도 주문을 모두 수락하는 정책을 가지고 있다. 기계시간이 총 32,000시간으로 제한되어 있고 회사는 이익극대화를 목표로 한다고 할 때, 다음의 기술 중에서 옳지 않은 것은?

① 변동제조간접원가의 기계시간당 배부율은 ₩25이다.

② 갑 제품의 단위당 변동제조원가는 ₩200이다.

③ 변동제조원가에 비하여 외부구입가격이 상대적으로 큰 제품은 을이기 때문에, 기계시간당 원가절감효과도 갑 제품에 비하여 을 제품이 크게 나타난다.

④ 갑 제품은 외부주문수량의 전량을 자가생산하여야 한다.

⑤ 을 제품은 외부주문수량의 1/2을 자가생산하고 나머지 1/2은 외부구입하여야 한다.

답 ③

① 변동제조간접원가의 기계시간당 배부율
= 제조간접원가 총배부율 − 고정제조간접원가 배부율
= ₩40 − 15 = ₩25

② 갑 제품의 단위당 변동제조원가 = ₩60 + 40 + 25 × (160 / 40) = ₩200

③ 자가생산시 기계시간당 원가절감액
= (단위당 외부구입가 − 단위당 자가생산 관련원가) ÷ 단위당 기계시간
갑 제품 : (₩240 − 200)/개 ÷ (₩160/개 ÷ ₩40/시간) = ₩10/시간
을 제품 : (₩460 − 410)/개 ÷ (₩320/개 ÷ ₩40/시간) = ₩6.25/시간
* 을 제품의 단위당 변동제조원가 = ₩120 + 90 + 25 × (320 / 40) = ₩410
갑 제품의 기계시간당 원가절감액이 을 제품보다 크다.

④ 제약조건인 기계시간당 원가절감액이 큰 갑 제품을 전량 생산한다.

⑤ 최적 제품배합

갑 제품 3,000단위 전량을 생산하는 데 12,000시간(= 3,000개 × 4시간/개)이 든다. 나머지 20,000시간(= 32,000 − 12,000)으로 을 제품을 2,500단위(= 20,000시간 ÷ 8시간/개) 생산하고 나머지 2,500개는 외부에서 구입한다.

38. 특별주문 수락여부 의사결정 (01. 세무사)

R복사집의 복사능력은 시간당 1,800부이다. 준비시간 및 용지 재공급시간으로 인해 하루 실가동시간은 7시간이다. 대학주변에는 난립되어 있는 복사집들간의 경쟁이 극심한 편이다. 따라서 고객이 원하는 시간 준수는 필수사항이다. 이 복사집의 1일 복사수요량은 10,000부이다. 가격은 1부당 ₩40이고, 총변동원가는 ₩16이다.

그런데 한 고객이 하루의 업무시작시점에 찾아와서 5,000부의 복사물을 업무마감시간까지 1부당 ₩32에 복사해달라고 요구하였다. 이 특별주문의 수락 또는 기각여부와 관련하여 예상되는 순이익의 효과는 얼마인가?

① 기각하는 경우와 수락하는 경우에 순이익의 차이는 없다.
② 기각하는 경우가 ₩62,400의 순이익이 작다.
③ 기각하는 경우가 ₩62,400의 순이익이 크다.
④ 수락하는 경우가 ₩22,400의 순이익이 작다.
⑤ 수락하는 경우가 ₩22,400의 순이익이 크다.

답 ⑤

특별주문 수락시

증분수익 :	특별주문 수익	5,000부×₩32/부=	₩160,000
증분원가 :	변동원가	5,000부×₩16/부=	80,000
	기회원가 (정상주문 공헌이익의 감소)	2,400부* ×(₩40−16)/부=	57,600
증분이익			₩22,400

* 특별주문에 의한 정상주문의 포기량

최대생산능력	1,800부/시간×7시간=	12,600부
정상주문 수요		10,000부
유휴생산능력		2,600부
특별주문		5,000부
정상주문의 포기량		2,400부

39. 제약자원하의 특별주문수락시 이익의 변화 (03. 공인회계사)

H회사는 단일 기계설비를 이용하여 두 종류의 제품 H와 L을 생산판매하고 있다. 월간생산능력은 H제품만 생산할 경우 400개이다. H제품 1개 생산에 소요되는 시간은 L제품의 2배이다. 설비능력 및 시장수요를 감안한 3월 계획은 H제품 300개와 L제품 200개를 생산판매하는 (즉, 기계설비를 100% 가동하는) 것이다. 최근 L제품 100개를 정규가격 이하인 단위당 ₩50에 3월중 납품해 달라는 특별주문을 받았다. 단위당 원가 및 가격자료는 다음과 같다.

	H제품	L제품
정규 판매가격	₩100	₩60
직접재료원가	₩40	₩20
직접노무원가(변동원가)	20	15
변동제조간접원가	10	5
고정제조간접원가	20	10
합 계	₩90	₩50

특별주문을 받아들일 경우 이익은 당초 계획에 비해 어떻게 달라지겠는가?

① 이익에 변화 없음
② ₩1,000 이익감소
③ ₩500 이익감소
④ ₩2,000 이익감소
⑤ ₩1,500 이익감소

답 ③

(1) 기계작업시간당 공헌이익

	H제품		L제품	
정규판매가격		₩100		₩60
직접재료원가	₩40		₩20	
직접노무원가(변동원가)	20		15	
변동제조간접원가	10		5	
변동원가합계		₩70		₩40
단위당 공헌이익		₩30		₩20
기계시간		$\div 2x$		$\div x$
기계시간당 공헌이익		₩15/x		₩20/x

(2) 특별주문에 따른 생산배합

L제품의 기계시간당 공헌이익이 H제품보다 크기 때문에 특별주문을

수락하기 위해서 포기해야 할 기계시간투입은 H제품의 정규 생산분이다. 즉, L제품을 100단위를 특별주문받기 위해서 L제품의 정규 생산분을 포기하기보다는 H제품의 50단위 생산을 감소시키고 기계시간을 L제품 100단위 추가 생산하는 것이 바람직하다.

(3) 특별주문에 따른 증분이익

Ⅰ. 증분수익				
증 가	특별주문 매출	100단위×₩50＝	₩5,000	
감 소	H제품 정규매출	50단위×₩100＝	(5,000)	0
Ⅱ. 증분비용				
증 가	특별주문품 변동비	100단위×₩40＝	₩4,000	
감 소	H제품 정규 변동비	50단위×₩70＝	(3,500)	500
Ⅲ. 증분이익				(₩500)

40. 의사결정분석 (05. 경영지도사)

경영자가 의사결정을 내리는 데 도움을 주기 위한 분야로 관리회계 영역이 최근에 더욱 확장되고 있다. 이 관리회계의 특성을 설명한 내용 중 틀린 것은?

① 주로 미래지향적 정보를 제공한다.
② 객관성 있고 검증가능한 정보를 제공한다.
③ 기업별 고유양식의 특정보고서에 의한다.
④ 공통적인 작성기준이 없다.
⑤ 보고주기가 없으므로 수시보고이다.

답 ②

41. 활동기준원가계산과 의사결정

(주)민국카드의 고객센터에는 50명의 직원들이 신규고객유치와 불만처리 업무를 수행하고 있다. 통상적으로 신규고객 유치는 건당 6분, 불만처리 업무에는 건당 15분이 소요된다. 직원들의 정규근무시간은 1주일에 5일, 주당 40시간이며, 총근무시간은 업무수요에 따라 조설이 가능하다. 주당 정규급여는 1인당 ₩320,000이고 초과근무수당은 시간당 ₩12,000이다. 향후 1주일 동안 예상되는 1일 평균 업무수요가 다음과 같을 경우, 노무비를 최소화하기 위해 신규로 채용해야 할 직원은 몇 명인가?

구 분	1일 평균 업무수요
신규고객유치	1,450건
불만처리	1,200건

① 3명 ② 4명 ③ 5명
④ 6명 ⑤ 7명

답 ③

주당처리시간=(1,450×6+1,200×15)×5/60=2,225

직원수=2,225/40=55.625명

55명인 경우 주당원가=55×320,000+(2,225−55×40)×12,000=17,900,000

56명인 경우 주당원가=55×320,000=17,920,000

⇒ 55명이 최적인원이므로 5명(=55명−50명)을 신규채용한다.

42. 전략적 원가관리 개념 (08. 공인회계사)

다음의 전략적 원가관리기법에 관한 설명 중 타당한 것은?

① 적시생산시스템(JIT)은 짧아진 제품수명 및 제품의 다양성에 따라 증가하는 재고관리비용 등을 감소시키는 방안으로 유용하며, 초변동원가계산법(throughput costing)을 사용하여 제품원가를 계산해야 한다.

② 전사적 품질관리(TQM)의 도입 후 내부실패원가와 외부실패원가의 상충관계(trade-off)에 입각하여 품질원가를 분석하고, 적정한 불량률은 허용해야 하는 것으로 인식이 변화하였다.

③ 제약이론(theory of constraint)은 병목공정(bottleneck)에 의하여 전체 공정의 처리량이 제한되는 현상에 주목한 이론으로, 비효율적 재고 및 대기시간의 절감을 위하여 모든 공정을 병목공정의 처리량에 맞추어 진행할 것을 장기적인 개선책으로 제안한다.

④ 제품수명주기원가(product life-cycle cost)는 제품의 기획 및 개발・설계에서 고객서비스와 제품폐기까지의 모든 단계에서 발생하는 원가를 의미하며, 제품수명주기원가의 상당 부분은 제품의 기획에서 설계까지 이르는 과정에서 확정된다.

⑤ 목표원가(target cost)는 시장상황의 검토를 통하여 예상되는 제품의 목표가격을 확인한 후 기업이 필요로 하는 목표이익을 차감하여 결정되며, 기존 생산공정을 유지하며 발생하는 제조원가를 고려하여 생산개시 후 결정된다.

답 ④

① 적시생산시스템(JIT)은 역류원가계산(backflush costing)을 사용한다.

② 전사적 품질관리는 불량률을 허용하지 않는다.

③ 단기적인 개선책으로 제안한다.

⑤ 목표원가는 생산개시 전 결정된다.

43. 전략적 원가관리 개념 (03. 공인회계사)

다음은 전략적 관리회계 토픽들과 관련된 문장들이다.

---

(1) 균형성과표(BSC : Balanced Scorecard)는 일반적으로 기업들이 수립된 전략의 커뮤니케이션과 실행보다는 전략의 질에 문제가 있음을 강조한다.

(2) BSC의 균형(Balance)이란 용어는 단기와 장기, 내부와 외부, 재무와 비재무적 관점 그리고 선행 및 후행 지표를 동시에 활용할 것을 강조하는 개념이다.

(3) 활동기준원가계산(ABC)에서는 전통적인 고정원가, 변동원가의 2분류체계에 비해 단위기준, 배치기준, 제품기준, 시설기준 4원가분류체계를 이용하는 것이 일반적이다.

(4) 타깃코스팅(Target Costing)은 제조(양산)단계에서의 지속적이고 증분적인 소규모 개선활동을 의미한다.

(5) 병목자원의 관리를 중요시하는 TOC(제약이론)는 효율성보다는 효과성을 강조한다.

위의 문장들 중 올바르거나 타당한 문장들만을 모은 것은?

① (1), (2), (3)　② (1), (2), (3), (5)　③ (2), (5)

④ (2), (3), (5)　⑤ (3), (4), (5)

답 ④

(1) 균형성과표(BSC : Balanced Scorecard)는 일반적으로 전략의 질보다는 기업들이 수립된 전략의 커뮤니케이션과 실행에 문제가 있음을 강조한다.

(4) 원가개선(카이젠 원가)은 제조(양산)단계에서의 지속적이고 증분적인 소규모 개선활동을 의미한다.

(5) 효율성은 생산성, 효과성은 수익성을 의미하므로 옳은 표현이다. 제약이론은 개별공정만의 생산성(효율성)보다는 병목공정의 개선으로 전사적인 수익성을 높이고자 한다.

44. 전략적 원가관리 개념(04. 공인회계사)

다음은 최신 관리회계기법에 관해 설명한 것이다. 이 중에서 적절하지 않은 표현은 어떤 것인가?

① 원가기획(Target Costing)은 제품의 수명주기 중에서 연구개발 및 설계단계에 초점을 맞추는 원가관리기법이다.

② 제약자원이론에서는 직접재료원가만을 진정한 변동원가로 본다.

③ 개선원가계산(Kaizen Costing)은 제조단계에서의 원가절감에 초점을 맞추고 있다.

④ 품질원가계산에서 낭비, 재가공, 폐품원가 등은 외부실패원가에 해당한다.

⑤ 균형성과표(Balanced Scorecard)는 조직의 전략과 성과평가시스템을 연계시키는 것이 강조된다.

답 ④

낭비, 재가공, 폐품원가 등은 내부실패원가에 해당한다.

45. 전략적 원가관리 개념(05. 공인회계사)

다음 중 다양한 원가계산방법에 대한 설명으로 올바른 것은?

① 목표원가계산(Target Costing)은 표준원가계산과 동일하게 제조단계의 원가절감을 강조한다.

② 개선원가계산(Kaizen Costing)은 점진적이고 지속적인 원가절감보다는 내부프로세스의 혁신적인 변화를 추구한다.

③ 가치사슬원가계산(Supply Chain Costing)은 생산 전 활동과 관련된 원가와 생산 후 활동과 관련된 원가를 구분할 수 있다.

④ 활동기준원가계산(Activity Based Costing)은 비부가가치원가를 계산할 수 없다.

⑤ 제품수명주기원가계산(Life Cycle Costing)은 장기적 의사결정보다는 단기적 의사결정에 더욱 유용하다.

답 ③

① 목표원가계산은 제조원가이전단계, 특히 제품설계단계의 원가절감을 도모한다.

② 개선원가는 지속적이고 점진적으로 원가절감을 추구한다.

④ ABC는 비부가가치원가를 구분 · 계산할 수 있다.
⑤ 제품수명주기원가는 장기적인 의사결정에 보다 유용하다.

46. 전략적 원가관리 개념 (08. 세무사)

원가관리기법과 관련한 새로운 접근방법들에 대한 설명으로서 옳은 것은?

① 카이젠원가계산은 제품제조 이전단계에서의 지속적인 원가절감에 초점을 둔다.
② 목표원가계산기법은 기존의 표준원가계산과 마찬가지로 제품제조단계에서의 원가절감을 강조한다.
③ 제품수명주기원가계산은 제품제조단계에서의 원가절감을 강조한다.
④ 가치사슬원가계산에 있어서는 제품생산 이전에 발생된 활동과 관련된 원가는 물론 제품생산 이후에 발생된 활동과 관련된 원가도 분석한다.
⑤ 품질원가분석에 있어서 제품보증수리비용은 내부실패원가에 해당한다.

답 ④

① 제품제조이전단계 → 제품제조단계
② 목표원가계산은 생산이전단계에서의 원가절감을 강조한다.
③ 제조이전단계 및 제조이후단계의 원가절감을 포함한다.
⑤ 내부실패원가 → 외부실패원가

47. 품질원가 (07. 세무사)

품질원가에 대한 설명으로 옳지 않은 것은?

① 품질원가의 바람직한 분포는 일반적으로 "예방원가 > 평가원가 > 내부실패원가 > 외부실패원가"이다.
② 예방원가와 평가원가를 포함하는 통제원가는 불량품의 발생률과 역의 관계를 갖는다.
③ 제조물책임법에 의한 소송비용, 제품보증수리비용, 불량품으로 인한 회사 이미지 실추에 따른 판매기회상실로 인한 기회비용 등은 외부실패원가에 해당한다.
④ 불량품으로 인한 기계가동중단손실, 재작업원가 등은 내부실패원가에 해당한다.
⑤ 품질관리계획수립원가, 품질관리기술개발원가, 품질개선을 위한 토의원가

등은 평가원가에 해당한다.

답 ⑤
예방원가에 대한 설명이다.

48. 제약이론 (09. 공인회계사)

제약이론에 대한 다음의 설명 중 가장 타당하지 않은 것은?

① 제약이론에서는 기업의 생산활동과 관련된 내부적 제약요인을 집중적으로 관리하고 개선하여 생산활동을 최적화하고자 한다.
② 제약이론의 생산최적화과정은 제약요인을 찾아 개선한 후에 또 다른 제약요인을 찾아 지속적으로 개선하는 과정을 밟는다.
③ 제약이론을 원가관리에 적용한 재료처리량공헌이익(throughput contribution)은 매출액에서 직접재료비와 직접노무비를 차감하여 계산한다.
④ 제약이론은 재료처리량공헌이익을 증가시키고, 투자 및 운영원가를 감소시키는 것을 목적으로 한다.
⑤ 제약이론에서는 운영원가를 단기적으로 변화시킬 수 없는 고정비로 본다.

답 ③
재료처리량공헌이익(throughput contribution)은 매출액에서 직접재료비만 차감한다.

√다음은 49와 50에 관한 자료이다. (49와 50은 서로 독립된 문제임)
W회사는 기계공정과 마무리공정에서 사무용 의자를 만들고 있다. 이에 관련된 자료는 다음과 같다.

	기계공정	마무리공정
연간처리능력	1,000단위	800단위
연간생산수량	800단위	800단위
고정운영원가(직접재료원가 제외)	₩8,000,000	₩4,800,000
단위당 고정운영원가	₩10,000	₩6,000

의자는 단위당 ₩90,000에 판매되고 기계공정 초기에 ₩40,000의 직접재료원가가 투입된다. 이외에 다른 변동원가가 없다. 또한 생산된 완제품은 모두 판매할 수 있다.

49. 제약이론 (04. 공인회계사)

마무리공정의 처리능력을 100단위 증가시킬 수 있는 최신설비를 마무리공정에 설치할 것을 고려하고 있다. 이 최신설비의 연간원가는 ₩4,000,000이다. 이 설비를 설치한다면 얼마의 순이익이 추가로 발생하는가?

① ₩0　② ₩1,000,000　③ (₩4,000,000)
④ ₩4,000,000　⑤ ₩8,000,000

답 ②

제약공정인 마무리공정의 처리능력 단위당 재료처리량 공헌이익은 ₩50,000(₩90,000－40,000)이므로 최신설비 설치에 따른 증분이익은 다음과 같다.

Ⅰ. 증분수익	
재료처리량공헌이익 증가 : ₩50,000×100단위＝	₩5,000,000
Ⅱ. 증분비용	
설비원가	4,000,000
Ⅲ. 증분이익	₩1,000,000

50. 제약이론 (04. 공인회계사)

현재 마무리공정에서 200단위의 불량품을 생산했다. 이 불량품으로 인해 발생하는 총손실은 얼마인가?

① ₩0　② ₩4,800,000　③ ₩8,000,000
④ ₩10,000,000　⑤ ₩18,000,000

답 ⑤

제약공정인 마무리공정에서 불량품이 발생했으므로 ₩90,000×200단위＝₩18,000,000의 총손실이 발생한다.

51. 목표원가계산 (07. 세무사)

목표원가계산에 대한 설명으로 옳지 않은 것은?

① 목표원가는 기업이 내부적으로 기술진이나 생산담당자들의 분석평가에 의하여 설정하는 부가가치표준과는 상이할 수 있다.

② 목표원가는 외부시장환경과 경쟁업체의 대응 정도 등을 고려하여 기업이 목표로 설정한 시장점유율의 유지 또는 목표로 하는 이익을 달성하기 위하여 전략적인 차원에서 책정하는 원가이다.
③ 목표원가는 목표가격에서 목표이익을 차감하여 결정한다.
④ 목표원가계산기법은 원가우위(cost leadership) 전략과 연계하여 실시할 수 있다.
⑤ 목표원가계산은 표준원가계산과 마찬가지로 제조단계에서의 원가절감을 강조한다.

답 ⑤

목표원가계산은 제조이전단계에서의 원가절감에 초점을 둔다.

52. 비부가가치 활동 (01. 공인회계사)

제품이 생산되어 고객에게 발송되기 이전까지의 과정은 다음과 같이 시간의 개념으로 표현될 수 있다.

공정시간(processing time) : 제품의 가공에 소요되는 시간
저장시간(storage time) : 원재료나 제품의 재고로 저장되어 있는 시간
대기시간(queue time) : 다음 작업으로 이동하기 전에 대기하는 시간
이동시간(moving time) : 다음 작업장으로 이동하는 시간
검사시간(inspection time) : 검사에 소요되는 시간

적시재고관리(Just - In - Time)시스템에서 제거하거나 최소화하고자 의도하는 것의 조합은?

① 공정, 저장, 대기, 이동시간
② 저장, 대기, 이동, 검사시간
③ 공정, 대기, 이동, 검사시간
④ 검사, 공정, 저장, 대기시간
⑤ 공정, 저장, 이동, 검사시간

답 ②

공정시간을 제외하고는 모두 비부가가치 활동이므로 JIT시스템에서는 이를 제거하거나 최소화하려 한다.

53. 품질원가의 분류(01. 공인회계사)

A사는 품질원가의 측정을 위해 품질관련 활동원가를 계산하고 있다. 다음 나열된 품질관련 활동원가 중 예방원가(prevention cost of quality)에 포함되어야 할 금액은?

활 동	활동원가 (또는 비용)	활 동	활동원가 (또는 비용)
품질방침기획 및 선포활동	₩10	제품품질검사 및 시험활동	₩60
선적 전에 발견된 부적합품 재작업활동	20	원부자재 공급사 평가활동	70
반품 재작업활동	30	반품 재검사활동	80
예방적 설비보수 및 유지활동	40	품질교육 및 훈련활동	90
미래 판매기회상실에 따른 기회비용	50		

① ₩50　② ₩80　③ ₩140
④ ₩160　⑤ ₩210

답 ⑤

₩10 + 40 + 70 + 90 = ₩210

예 방 원 가 : 품질방침기획 및 선포활동, 예방적 설비보수 및 유지활동, 원부자재 공급사 평가활동, 품질교육 및 훈련활동

평 가 원 가 : 제품품질검사 및 시험활동

내부실패원가 : 선적 전에 발견된 부적합품 재작업활동

외부실패원가 : 반품 재작업활동, 미래 판매기회상실에 따른 기회비용, 반품 재검사활동

54. 원가기획의 목표원가(01. 공인회계사)

목표가격(target price)에 대한 설명 중 가장 적절한 것은?

① 생산요소의 원가가격과 목표이익률을 고려해 결정되는 가격이다.
② 변동원가의 회수에 초점을 둔, 기업의 생존을 도모하기 위한 가격이다.
③ 목표원가에 목표영업이익을 가산하여 책정되는 가격이다.
④ 제품디자인에서부터, 공급자가격, 제조공정 등에 이르는 모든 단계에서 원가절감요인을 도출해 최소의 원가를 달성하여 목표가격을 설정한다.

⑤ 설정된 목표가격을 달성할 수 있는 원가를 가치공학 등의 수행을 통해 달성하는 것이 중요한 절차이다.

답 ⑤

원가기획에서는 원가가 가격을 결정하지 않고, 목표가격을 달성하기 위해 목표원가를 달성하여야 한다.

55. 여러 원가관리기법의 특징 (02. 공인회계사)

제2차 세계대전 이후 반세기에 걸쳐서 변화되어 온 세계경제의 시대적 배경과 기업환경에 따라서 여러 가지 원가관리기법들이 개발되어 왔다. 각각의 원가관리기법들에 대한 다음 설명 중 가장 타당하지 않은 것은?

① 표준원가계산은 자원이 부족하던 시기에 기업들이 조직내부적 효율성을 증대시키기 위한 것으로서, 간접원가보다 상대적으로 비중이 큰 직접원가의 관리에 초점을 두고 있다.

② 변동원가계산은 세계경제의 구매력 향상에 따른 대량생산체제하에서 조업도의 확대를 통한 규모의 경제를 달성하기 위한 원가분석방법으로서, 고정제조간접원가를 제품원가에 포함시키지 않는 방법이다.

③ 현금창출률 회계(throughput accounting)는 제약자원이론(theory of constraints)과 관련하여 대두된 것으로서, 재료원가를 제외한 운영비용의 절감에 일차적 초점을 두며 재고관리를 강조하고 있다.

④ 활동기준 원가계산은 다품종소량생산체제, 설비투자로 인한 간접원가의 증가 등과 같은 기업환경하에서 직접원가보다는 간접원가의 정확한 배분에 일차적 초점을 두고 있다.

⑤ 목표원가계산(target costing)은 컴퓨터, 자동차 등 조립형 산업에서 주로 활용되는 것으로서, 시장중심의 목표원가와 생산중심의 표준원가와의 차이를 줄이려는 노력을 원가절감의 일차적 대상으로 삼고 기술개발과 디자인 등에 주력한다.

답 ③

제약이론에 근거한 초변동원가계산(현금창출률 회계)에서는 직접재료원가 이외의 운영비용을 고정원가로 단순하게 가정하고, 매출액에서 직접재료원가를 차감한 재료처리량 공헌이익(Throughput contribution)을 최대화하여 이익을 높이고자 한다.

제4장 자본예산

1. 자본예산기법 (03. 세무사)

다음 중 자본예산기법에 대한 설명으로 적절하지 않은 것은?

① 순현재가치법에서 순현재가치란 투자안으로부터 생기는 현금수입의 현재가치에서 현금지출의 현재가치를 차감한 잔액이다.

② 내부수익률법에서 내부수익률이란 현금수입과 현금지출을 현재가치로 환산할 때 동일한 금액이 되게 하는 수익률을 의미한다.

③ 회수기간이란 투자안으로부터 유입되는 현금이 최초의 투자지출액을 회수하는 데 소요되는 시간을 의미하는데 이 기법은 주로 위험이 적고 안정적인 투자안을 평가하는 데 사용되는 것이 바람직하다.

④ 회계이익률법에서 회계이익률이란 손익계산서에서 계산된 이익과 투자액의 비율이다.

⑤ 회수기간의 역수는 투자안의 연간 순현금유입액을 최초투자액으로 나눈 것으로, 투자안으로부터의 연간 현금유입액이 일정하게 발생하고 투자안의 내용연수가 최소한 회수기간의 2배 이상인 상황에서 내부수익률의 근사한 추정치로 사용할 수 있다.

답 ③

회수기간법은 투자기간의 후반부 예상현금흐름이 매우 불확실한 경우에 적용하기 좋은 투자안 경제성 분석방법이다.

2. 순현재가치법 (재경관리사)

다음 중 순현재가치(NPV)법에 대한 설명으로 적절하지 않은 것은?

① 순현재가치는 현금유입액의 현재가치에서 현금유출액의 현재가치를 차감하여 계산된다.

② 독립적 투자안에 대한 의사결정시 NPV가 0보다 크면 투자안을 채택한다.

③ 상호 독립적인 투자안의 경우에는 가치가산의 원칙이 성립한다.

④ 투자기간 동안의 현금흐름을 내부수익률로 재투자한다고 가정한다.

답 ④

투자기간 동안의 현금흐름을 자본비용으로 재투자한다고 가정한다.

3. 현재가치의 계산(재경관리사)

내용연수가 3년인 기계장치에 투자하려고 하고 있다. 기계장치를 구입하면, 처음 2년 동안은 ₩1,000,000을, 그리고 3년째에는 ₩2,000,000의 운용비를 줄일 것으로 판단하고 있다. 이자율 14%에, ₩1당 연금의 현재가치는 1년은 0.88, 2년은 1.65, 3년은 2.32이다. 회사의 최저필수수익률은 14%라고 할 때 기계장치를 구입하면, 줄일 수 있는 운용비절감액의 현재가치는 얼마인가?

① ₩1,650,000 ② ₩2,990,000
③ ₩3,000,000 ④ ₩4,000,000

답 ②

₩1,000,000×1.65+₩2,000,000×(2.32−1.65)=₩2,990,000

4. 자본예산 내부수익률(04. 공인회계사)

자동화설비를 ₩50,000에 구입하려고 한다. 이 회사의 원가담당자는 설비를 도입함으로써 다음과 같은 현금운영비가 절감할 것으로 예상하고 있다. 이때 내부수익률은 얼마인가?

연 도	금 액
1차년도	₩20,000
2차년도	20,000
3차년도	20,000

〈연금의 현가표〉 (n=3)

8%	9%	10%	11%
2.577	2.531	2.487	2.444

① 9.17% ② 9.50% ③ 9.70%
④ 10.17% ⑤ 10.83%

답 ③

- 신규투자안의 연금현가계수

$$=\frac{₩50,000}{₩20,000}=2.5$$

- 연금현가계수 2.5가 9%(2.531)와 10%(2.487) 사이에 존재
- 보간법을 이용한 내부수익률 계산

(+x: 9%에서 IRR까지의 구간)

할인율	9%	IRR	10%
현 가	2.531	2.5	2.487

$$x=\frac{2.531-2.5}{2.531-2.487}=0.7$$

IRR＝9%＋0.7%＝9.7%

5. 순현재가치법과 내부수익률법 (05. 세무사)

자본예산을 위해 사용되는 순현재가치(NPV)법과 내부수익률(IRR)법에 대한 다음 설명 중 옳은 것은 어느 것인가?

① 내부수익률법은 복리계산을 하지 않으므로 순현재가치법보다 열등하다.
② 특정 투자안의 수락타당성에 대해 두 방법은 거의 항상 다른 결론을 제공한다.
③ 내부수익률법은 현금이 할인율이 아닌, 내부수익률에 의해 재투자된다고 가정한다.
④ 내부수익률법은 순현재가치법과 달리, 여러 가지 수준의 요구수익률을 사용하여 분석할 수 있으므로 더 우수하다.
⑤ 순현재가치법은 분석시점에 초기투자액이 없는 경우에는 사용할 수 없다.

답 ③

내부수익률법은 내부수익률을 재투자수익률로 가정한다.

6. 현금흐름추정의 기본원칙 (재경관리사)

장기의사결정을 위하여 원가정보를 활용하기 위해서는 현금흐름을 추정하는 것이 중요하다. 다음 중 현금흐름추정의 기본원칙이 아닌 것은?

① 증분기준에 의한 현금흐름을 측정하여야 한다.
② 감가상각비는 현금흐름을 추정할 때 고려하지 않는다.
③ 법인세는 회사가 통제할 수 없기 때문에 현금흐름은 세전기준으로 추정한다.
④ 이자비용은 할인율을 통해 반영되므로 현금흐름 산정시 이자비용은 반영하지 않는다.

답 ③

세금납부는 명백한 현금유출에 해당하므로 현금흐름은 반드시 세후기준으로 추정해야 한다.

제5장 종합예산

1. 종합예산의 편성순서 (05. 경영지도사)

다음은 종합예산의 편성순서이다. 순서대로 옳게 배열한 것은?

㉠ 예산재무상태표 ㉡ 판매관리비예산 ㉢ 판매예산
㉣ 매출원가예산 ㉤ 제조예산

① ㉠-㉢-㉣-㉤-㉡
② ㉢-㉤-㉣-㉡-㉠
③ ㉡-㉢-㉣-㉤-㉠
④ ㉣-㉢-㉡-㉠-㉤
⑤ ㉤-㉢-㉣-㉡-㉠

답 ②

판매예산 → 제조예산 → 제조원가예산 → 직접재료원가예산 → 매출원가예산 → 판매관리비예산 → 예산손익계산서의 작성 → 현금예산편성 → 예산재무상태표의 작성

2. 예산의 종류와 특징 (09. 세무사)

다음 중 예산과 관련된 설명으로 옳지 않은 것은?

① 영업예산은 다음 예산연도의 운영계획을 나타내며, 예산재무상태표에 총괄된다.
② 종합예산편성의 첫 단계는 판매량 예측이다.
③ 계속예산제도는 예산기간말에 근시안직으로 판단하는 것을 방지하는 효과가 있다.
④ 참여예산제도를 운영하는 경우에는 예산수립 참여자의 악용가능성에 대비해야 한다.
⑤ 영기준예산제도를 운영하는 경우에는 예산편성을 위한 노력이 많이 든다.

답 ①

영업예산(Operating Budget)은 매출, 생산, 재료와 인력조달 및 사용에 대한 계획에 기초한 매출예산, 생산예산, 제조원가예산, 매출원가예산 등이다. 영업예산은 예산손익계산서의 영업이익까지 추정하는 것으로 요약된다.

3. 판매예산과 생산예산(04. 세무사)

2/4분기 매출수량과 생산수량에 대한 예산자료가 다음과 같다.

	4월	5월	6월
매출수량	100,000단위	120,000단위	?
생산수량	104,000단위	128,000단위	156,000단위

4월 1일 현재 제품의 재고량은 20,000단위이다. 회사의 정책에 따르면 매월 말 제품의 재고로 다음 달 판매수량의 20%를 반드시 보유해야 한다. 7월의 매출은 140,000단위가 될 것으로 예상하고 있다. 6월의 예상 판매수량은 얼마인가?

① 128,000단위 ② 160,000단위 ③ 180,000단위
④ 184,000단위 ⑤ 188,000단위

답 ②

제품(4월)

20,000 (기초)	100,000 (판매)
104,000 (생산)	24,000 * (기말)

제품(5월)

24,000 (기초)	120,000 (판매)
128,000 (생산)	$0.2x$ (기말)

제품(6월)

$0.2x$ (기초)	x (판매)
156,000 (생산)	28,000 ** (기말)

제품(7월)

	140,000

* 120,000×0.2＝24,000

** 140,000×0.2＝28,000

$0.2x+156,000=x+28,000$ ∴ $x=160,000$단위

4. 재료구입예산(05. 세무사)

제품단위당 4g의 재료를 사용한다. 재료 1g당 ₩0.8이며, 다음 분기 재료사용량의 25%를 분기말 재고로 유지한다. 분기별 생산량은 다음과 같다. 1분기의 재료구입액은 얼마인가?

	1분기	2분기
생산량	24,000	35,000

① ₩84,500 ② ₩85,600 ③ ₩86,400
④ ₩87,200 ⑤ ₩88,800

답 ②

(1) 1분기의 재료구입량

재료(1분기)

1분기초	24,000	사용량	96,000
	(24,000단위×4g×0.25)		(24,000단위×4g)
구입량	107,000	1분기말	35,000
			(35,000단위×4g×0.25)
	131,000		131,000

(2) 1분기의 재료구입액 : 107,000g×₩0.8＝₩85,600

5. 재료구입예산 (07. 세무사)

주요 원재료 A를 사용하여 제품 P를 생산하고 있다. 제품 P 한 단위를 생산하기 위해서는 원재료 A가 3kg 소요된다. 2006년말의 재고자산 종류별 실제재고수량과 2007년도의 분기별 예상판매량은 다음과 같다.

2006년 12월 31일 현재 재고수량		2007년 분기별 예상판매량	
재고자산	수 량	분 기	판매량
원재료 A	4,000kg	1/4	8,000단위
재공품	없음	2/4	9,000단위
제품 P	2,500단위	3/4	7,000단위
		4/4	9,000단위
			33,000단위

재고정책에 의하면, 각 분기말 제품재고수량은 다음 분기 예상판매량의 30% 수준으로 유지한다. 또한 각 분기말 원재료재고수량은 일정하게 4,000kg씩 유지하며 재공품재고는 없다. 2007년 2/4분기중에 구입해야 할 원재료 A의 물량은 얼마인가?

① 22,800kg ② 24,600kg ③ 25,200kg
④ 26,800kg ⑤ 28,600kg

답 ③

(1) 2/4분기의 제품 P 생산량

제품 P (2/4분기)

4. 1	9,000단위×0.3=	2,700	판매		9,000
생산		8,400	6.30	7,000단위×0.3=	2,100
		11,100			11,100

(2) 재료구입수량=8,400단위×3kg=25,200kg

6. 상품매입예산 (08. 세무사)

2009년 1월부터 3월까지의 예상상품매출액은 다음과 같다.

월 별	예상매출액
1월	₩3,500,000
2월	4,100,000
3월	3,800,000

매월 기말재고액은 다음 달 예상매출원가의 25%이며, 상품의 매출총이익률은 30%이다. 2월의 예상상품매입액은 얼마인가?

① ₩2,467,500 ② ₩2,625,000 ③ ₩2,817,500
④ ₩3,010,000 ⑤ ₩4,672,500

답 ③

재고자산－1월

기초	×××	매출원가	×××
매입액	×××	기말	717,500*

* ₩4,100,000×(1－0.3)×0.25=₩717,500

재고자산－2월

기초	717,500	매출원가	2,870,000*
매입액	?	기말	665,000**

* ₩4,100,000×(1－0.3)=₩2,870,000

** ₩3,800,000×(1－0.3)×0.25=₩665,000

∴ 2월의 예상상품매입액=₩2,870,000+665,000－717,500=₩2,817,500

7. 재료구입예산(06. 감정평가사)

재료 A를 사용하여 제품 B를 생산하고 있다. 제품 B를 한 단위 생산하기 위해서는 재료 A가 2kg 소요된다. 2007년 1/4분기와 2/4분기의 제품 B의 예상판매량은 각각 4,000단위, 5,000단위이다. 한편 2007년도 기초에 보유하고 있던 재료 A의 재고수량은 1,200kg이며, 제품 B의 재고수량은 800단위이다. 그리고 이 회사의 재고정책에 의하면 1/4분기말 제품 B의 희망재고수준은 2/4분기 판매량의 20%이며, 재료 A의 희망재고수준은 600kg이다. 기초재공품과 기말재공품은 없도록 한다. 2007년 1/4분기에 구입해야 할 재료 A의 수량은 얼마인가?

① 7,800kg ② 8,000kg ③ 8,400kg
④ 9,000kg ⑤ 9,600kg

답 ①

재료 A

기초	사용량
1,200kg	4,200×2=8,400kg
구입량	희망 기말재고
X	600kg

제품 B(1/4분기)

기초	예상 판매
800단위	4,000단위
예상 생산량	희망 기말재고
4,200단위	5,000×20%=1,000단위

∴ 구입량 X : 8,400+600−1,200=7,800kg

8. 현금예산(08. 감정평가사)

2007년 1/4분기의 월별 매출계획은 다음과 같다.

	1월	2월	3월
판매량	1,000개	2,000개	1,500개

판매가격은 단위당 ₩10이다. 매출액 중 40%는 현금으로, 나머지는 외상판매될 것이다. 또한 외상판매대금 중 50%는 당월에, 나머지 50%는 익월에

회수될 것이다. 2007년 2월의 현금회수추정액은 얼마인가?

① ₩9,000 ② ₩11,000 ③ ₩14,000
④ ₩17,000 ⑤ ₩18,000

답 ④

현금매출	: 2,000개×₩10×0.4 =	₩8,000
외상매출 당월회수분	: 2,000개×₩10×0.6×0.5=	6,000
외상매출 전월회수분	: 1,000개×₩10×0.6×0.5=	3,000
계		₩17,000

9. 현금예산(03. 공인회계사)

금년초에 설립된 A사는 상품구매원가의 120%로 상품가격을 책정하고 있다. A사는 매월 구매상품 40%는 현금구입하고 나머지 60%는 외상구입한다. 외상구입 대금은 구입한 달의 다음 달에 지급한다. A사는 매월 기말재고로 그 다음 달 예상판매량의 30%를 보유하는 정책을 실시하고 있다. 1, 2, 3월의 예상매출액은 다음과 같다. 단, 3개월 동안의 판매가격 및 구매단가는 불변이다.

	1월	2월	3월
예상매출액	₩9,600	₩12,000	₩15,600

구입대금 지급으로 인한 A사의 2월중 예상현금지출액은 얼마인가?

① ₩8,760 ② ₩9,160 ③ ₩10,512
④ ₩10,960 ⑤ ₩13,152

답 ④

	1월	2월	3월
(1) 매출액	₩9,600	₩12,000	₩15,600
(2) 매출원가=매출액/1.2	8,000	10,000	13,000
(3) 기말재고=다음 달 매출원가×0.3	3,000	3,900	
(4) 기초재고=지난 달의 기말재고	0*	3,000	3,900
(5) 상품구입액=(2)+(3)−(4)	11,000	10,900	
(6) 이번 달 구입액 대금지급=(5)×0.4		4,360	
(7) 지난 달 구입액 대금지급=지난 달(5)×0.6		6,600	
대금지급 합계=(6)+(7)		₩10,960	

* 금년초에 설립되었으므로 기초재고액은 ₩0이다.

10. 현금예산 (05. 공인회계사)

2005년 1월 매출액은 ₩500,000이고, 2월과 3월 매출은 직전월에 비하여 각각 10%와 20%씩 증가할 것으로 예상된다. 매출은 현금매출 70%와 외상매출 30%로 구성되며, 외상매출은 판매된 달에 60%, 그 다음 달에 40%가 회수된다. 이에 따라 현금예산표상 2005년 3월의 현금유입액을 계산하면 얼마인가?

① ₩440,000　② ₩484,000　③ ₩544,000
④ ₩580,800　⑤ ₩646,800

답 ⑤

현금매출	: ₩660,000×0.7＝	₩462,000
외상매출 당월회수분	: ₩660,000×0.3×0.6＝	118,800
외상매출 전월회수분	: ₩550,000×0.3×0.4＝	66,000
계		₩646,800

11. 현금예산 (04. 감정평가사)

다음 자료를 활용하였을 때, 외상매출금으로부터 6월중에 회수가능한 현금추정액은 얼마인가?

6월의 추정외상매출금	₩100,000
5월의 실제외상매출금	₩75,000
6월의 외상매출금 중 6월에 회수가능한 비율	50%
5월의 외상매출금 중 6월에 회수가능한 비율	70%
5월 이전의 외상매출금 중 6월에 회수가능한 금액	₩6,000

① ₩101,000　② ₩104,500　③ ₩105,000
④ ₩106,000　⑤ ₩108,500

답 ⑤

6월의 외상매출금 중 6월에 회수가능한 금액＝₩100,000×50%
5월의 외상매출금 중 6월에 회수가능한 금액＝₩75,000×70%
5월 이전의 외상매출금 중 6월에 회수가능한 금액＝₩6,000
∴ ₩100,000×50%＋₩75,000×70%＋₩6,000＝₩108,500

제6장 책임회계와 성과평가

1. 직접재료원가차이 (08. 주택관리사)

2007년 8월중에 직접재료 1,500kg을 kg당 ₩50에 구입하였다. 8월의 예정생산량은 300단위이며, 실제생산량은 350단위이다. 직접재료의 가격표준은 kg당 ₩45이다. 수량차이가 ₩11,250(유리)일 때 직접재료의 수량표준은? (단, 2007년 8월 직접재료의 월초재고와 월말재고는 없음)

① 3.6kg　　② 4.0kg　　③ 4.9kg
④ 5.0kg　　⑤ 5.4kg

답 ④

AQ×AP	AQ×SP	SQ×SP
1,500×₩50	1,500×₩45=₩67,500	350×X×₩45
	₩11,250 유리 (AQ×SP − SQ×SP)	

직접재료 수량표준(X)=5.0kg

2. 직접재료원가차이 (07. 9급 세무직 1회)

제품 1,000개를 생산하기 위해 실제투입된 직접재료비는 ₩120,000(실제투입량 : 10,000kg, 실제투입단가 : kg당 ₩12)이고, 이에 대한 제품단위당 표준직접재료원가는 ₩117(표준투입량 : 1개당 9kg, 표준투입단가 : kg당 ₩13)이다. 직접재료비의 가격차이와 능률차이(혹은 수량차이)를 옳게 나타낸 것은?

	가격차이	능률차이(혹은 수량차이)
①	₩9,000 불리	₩14,000 불리
②	₩10,000 유리	₩13,000 불리
③	₩9,000 유리	₩14,000 유리
④	₩10,000 불리	₩13,000 유리

답 ②

AQ×AP	AQ×SP	SQ×SP
₩120,000	10,000×₩13＝₩130,000	1,000×9×₩13＝₩117,000

₩10,000 유리 가격차이 (AQ×AP − AQ×SP)

₩13,000 불리 능률차이 (AQ×SP − SQ×SP)

3. 직접재료원가차이 (08. 전산세무 1급 35회)

2008년 8월중 재료비에 대한 원가자료는 다음과 같다.

예상생산량	7,000단위	실제생산량	8,500단위
실제단가	₩750/kg		
표준수량	20kg/단위	표준단가	₩720/kg

재료비 가격차이가 ₩4,800,000 불리한 것으로 계산되었다면 재료비 수량(능률)차이는 얼마인가?

① ₩5,600,000(유리)
② ₩6,200,000(불리)
③ ₩7,200,000(유리)
④ ₩7,500,000(불리)

답 ③

가격차이 ₩4,800,000＝실제수량×(₩750－720)

실제수량＝160,000kg

수량차이＝(160,000－8,500×20)×₩720

＝－₩7,200,000

∴ ₩7,200,000(유리)

4. 직접재료원가차이 (08. 공인회계사)

다음은 표준원가 및 생산활동 자료이다.

완제품 실제생산량	1,000개
직접재료 표준구매가격	₩64/kg
직접재료 표준사용량	21kg/완성품 1개
직접재료 실제발생원가	₩1,400,000
직접재료수량차이	₩64,000 유리

직접재료가격차이는 얼마인가? 단, 직접재료와 재공품, 제품의 기초 및 기말 재고는 없는 것으로 가정한다.

① ₩0 ② ₩120,000 불리 ③ ₩120,000 유리
④ ₩130,000 불리 ⑤ ₩130,000 유리

답 ②

AQ×AP	AQ×SP	SQ×SP
₩1,400,000	₩1,280,000*	1,000×21×₩64＝₩1,344,000

₩120,000 불리 가격차이　　₩64,000 유리 수량차이

* ₩1,344,000－64,000＝₩1,280,000

5. 직접노무원가차이 (07. 감정평가사)

제품단위당 표준직접노무비는 다음과 같다.

직접노무비(@₩10, 5시간)	₩50

7월의 실제자료는 다음과 같다.

제품생산량	800개
실제직접노무비(@₩12, 5,000시간)	₩60,000

위 자료로부터 직접노무비 가격차이와 능률차이를 구하면 다음 중 어떤 것인가?

	직접노무비 가격차이	직접노무비 능률차이
①	₩10,000 유리	₩10,000 유리
②	₩10,000 유리	₩10,000 불리
③	₩10,000 불리	₩10,000 유리
④	₩10,000 불리	₩10,000 불리
⑤	정답 없음	

답 ④

실제원가	AQ×SP	SQ×SP
₩60,000	5,000시간×₩10=₩50,000	800개×5시간×₩10=₩40,000

₩10,000 불리 가격차이 / ₩10,000 불리 능률차이

6. 직접노무원가차이 (07. 9급 세무직 2회)

직접노무비 관련 자료는 다음과 같다.

표준임률	직접작업시간당 @₩6,000
실제임률	직접작업시간당 @₩6,100
표준직접작업시간	1,500시간
능률차이(불리)	₩600,000

실제직접작업시간으로 옳은 것은?

① 1,400시간 ② 1,402시간

③ 1,598시간 ④ 1,600시간

답 ④

AQ×AP	AQ×SP	SQ×SP
	X×₩6,000=₩9,600,000	1,500×₩6,000=₩9,000,000

₩600,000 불리

실제직접작업시간(X)=1,600시간

7. 직접노무원가차이 (08. 전산세무 1급 34회)

제품 10,000개를 생산하였을 경우 총직접노동시간은 50,000시간으로 추정하고 있으며 표준임률은 시간당 ₩1,000이다. 당기실제제품생산량은 12,000개였고, 실제작업시간은 55,000시간이었나. 당기에 ₩2,750,000만큼 불리한 임률차이가 발생하였다면 실제임률은 얼마이겠는가?

① ₩950 ② ₩1,050

③ ₩1,100 ④ ₩1,150

답 ②

AQ×AP	AQ×SP
55,000×X	55,000×₩1,000=₩55,000,000

₩2,750,000 불리

$$실제임률(X)=\frac{₩55,000,000-2,750,000}{55,000}=₩1,050$$

8. 직접재료원가와 직접노무원가의 차이분석 (09. 세무사)

다음은 제품 단위당 원가요소별 표준원가 자료이다.

직접재료비	₩100	직접노무비	₩200
변동제조간접비	₩ 50	고정제조간접비	₩100

제조간접비 배부기준은 직접노무시간이다. 2008년 6월에 기초재고는 없고, 총 500개의 제품을 생산하였다. 직접재료비 가격차이는 ₩1,000(불리), 수량차이는 ₩2,000(유리)이고, 직접노무비 임률차이는 ₩500(유리), 능률차이는 ₩1,500(불리)이었다. 6월중 직접재료비 실제발생액과 직접노무비 실제발생액은 각각 얼마인가?

	직접재료비	직접노무비		직접재료비	직접노무비
①	₩46,000	₩99,000	②	₩48,000	₩101,000
③	48,000	101,500	④	49,000	101,000
⑤	49,000	101,500			

답 ④

직접재료비 실제발생액=₩49,000

AQ×AP	AQ×SP	SQ×SP
₩49,000	₩48,000	500×₩100=₩50,000

₩1,000 불리 (가격차이)　　₩2,000 유리 (수량차이)

직접노무비 실제발생액=₩101,000

AQ×AP　　　　　　AQ×SP　　　　　　SQ×SP

₩101,000　　　　₩101,500　　　　500×₩200=₩100,000

₩500 유리　　　　₩1,500 불리

임률차이　　　　　능률차이

9. 제조간접원가차이 (08. 감정평가사)

제품의 원가관리를 위하여 표준원가시스템을 적용하고 있다. 기준조업도는 월 1,000단위이고, 이를 기초로 계산된 단위당 제조간접원가 표준배부율은 ₩3,000이다. 1월중 제품생산량은 1,100단위이고, 이를 근거로 계산된 1월의 제조간접원가차이는 다음과 같다.

2분법 : 제조간접원가	예산차이 : ₩150,000(유리)
	조업도차이 : ₩200,000(유리)

2월중 제품생산량은 900단위이고, 실제 발생한 제조간접원가는 1월보다 ₩180,000이 적었다. 2월중 제조간접원가 예산차이(유리)는 얼마인가?

① ₩70,000　② ₩90,000　③ ₩110,000

④ ₩130,000　⑤ ₩170,000

답 ④

<1월>

조업도차이 : −₩200,000=(1,000×SP)−(1,100×SP)

∴ SP =₩2,000/개

예산차이 : −₩150,000=실세세조간접원가

-[(1,100×₩1,000)*+(1,000×₩2,000)]

* ₩3,000−2,000=₩1,000

실제제조간접원가=₩2,950,000

<2월>

실제제조간접원가=₩2,950,000−180,000=₩2,770,000

예산차이 : ₩2,770,000−[(900×₩1,000)+(1,000×₩2,000)]=−₩130,000

∴ ₩130,000 유리

10. 변동제조간접원가차이 (07. 9급 공채)

생산활동과 원가에 관한 다음 자료를 이용하여 변동제조간접원가의 소비차이와 능률차이를 계산하면 각각 얼마인가?

변동제조간접원가 실제발생액	₩5,100
변동제조간접원가 표준배부율	₩110(작업시간당)
실제작업시간	44시간
실제생산량에 허용된 표준작업시간	40시간

	소비차이	능률차이		소비차이	능률차이
①	₩260불리	₩440불리	②	₩700불리	₩440불리
③	260불리	440유리	④	700불리	440유리

답 ①

AQ×AP	AQ×SP	SQ×SP
₩5,100	44×₩110＝₩4,840	40×₩110＝₩4,400

₩260 불리 소비차이 (AQ×AP − AQ×SP)

₩440 불리 능률차이 (AQ×SP − SQ×SP)

11. 고정제조간접원가차이 (08. 전산세무 1급 36회)

표준원가계산제도를 사용하여 제품원가를 계산할 경우 다음 자료를 이용하여 실제발생 고정제조간접원가는 얼마인가?

정상조업도 : 300단위	예산생산량 : 220단위
실제생산량 : 250단위	예산차이 : ₩2,500 유리
조업도차이 : ₩1,500 불리	
제품 단위당 고정제조간접비 배부율 : ₩30	

① ₩6,500　② ₩7,500
③ ₩9,000　④ ₩10,500

답 ①

실제발생액 예산액 배부액

X 300단위×₩30=₩9,000 250단위×₩30=₩7,500

₩2,500 유리 예산차이 ₩1,500 불리 조업도차이

실제발생액(X)=₩9,000−2,500=₩6,500

12. 고정제조간접원가차이 (07. 전산세무 1급 30회)

다음 자료에 의하여 2007년 5월의 고정제조간접비 예산차이를 계산하면 얼마인가?

- 5월 고정제조간접비 예산 : ₩3,400,000
- 5월 실제 발생한 제조간접비
  - −기계장치 감가상각비(전액 고정비) : ₩3,260,000
  - −감독조장 급여(준변동비) : ₩293,000
  - −기타 제조간접비(전액 변동비) : ₩670,000
- 4월에 실제 발생한 감독조장 급여(준변동비)는 ₩285,000이었고, 이는 기준조업도인 원료 290,000단위를 생산하는 데 발생한 원가이다.
- 5월의 원료생산량은 300,000단위이며 모든 원가함수는 선형이라고 가정한다.

---

① ₩79,000(유리) ② ₩82,300(불리)

③ ₩83,290(불리) ④ ₩87,000(유리)

답 ④

준변동비에서 고정비 분리

단위당 변동원가 : $\frac{₩293,000-285,000}{300,000-290,000}=₩0.8$

고정비 : ₩293,000−300,000×₩0.8=₩53,000

고정제조간접비 예산차이=실제발생액−예산

=(₩3,260,000+53,000)−₩3,400,000

=(−)₩87,000(유리)

13. 고정제조간접원가차이 (08. 세무사)

표준원가계산제도를 채택하고 있으며 2008년 2월과 3월에 동일한 표준을 적용하고 있다. 2008년 2월중 실제로 생산된 제품수량은 1,000단위였으며, 고정제조간접원가의 조업도차이는 ₩750만큼 불리하며, 소비차이(예산차이)도 ₩400만큼 불리한 것으로 나타났다. 2008년 3월중 실제로 생산된 제품수량은 1,250단위였으며, 고정제조간접원가의 조업도차이는 ₩500만큼 유리하며, 소비차이(예산차이)도 ₩300만큼 유리한 것으로 나타났다. 2008년 3월중 실제로 발생한 고정제조간접원가는 얼마인가?

① ₩5,350 ② ₩5,450 ③ ₩6,050
④ ₩6,150 ⑤ ₩6,250

답 ②

단위당 표준고정제조간접비 배부액을 x, 고정제조간접비예산을 y 라고 한다.

<2008년 2월>

실제발생액	고정제조간접비예산	표준배부액
?	y	$1,000 \times x$
₩400 불리 소비차이		₩750 불리 조업도차이

<2008년 3월>

실제발생액	고정제조간접비예산	표준배부액
?	y	$1,250 \times x$
₩300 유리 소비차이		₩500 유리 조업도차이

$y = 1,000 \times x + ₩750$

$y = 1,250 \times x - ₩500$

$\therefore\ x = ₩5,\ y = ₩5,750$

2008년 3월중 실제로 발생한 고정제조간접원가는 ₩5,450(=₩5,750−300)이다.

14. 원가차이조정 (07. 전산세무 1급 32회)

표준원가계산제도하에서 표준원가와 실제원가 간의 차이를 매출원가에서만 조정할 경우 다음 자료를 이용하여 기말제품재고액을 계산하면 얼마인가?

구 분	실제발생원가	투입량기준 변동예산	표준배부액 (산출량기준 변동예산)
직접재료비	₩1,000,000	₩900,000	₩1,100,000
노무비	1,000,000	1,100,000	900,000
변동제조간접비	1,000,000	1,200,000	1,000,000
고정제조간접비	1,000,000	900,000	1,200,000
당기 완성된 제품은 100개이며 90개는 판매되었고 기초재고자산은 없다.			

① ₩400,000　② ₩420,000
③ ₩440,000　④ ₩460,000

답 ②

차이금액이 매출원가에 배부되고 기말재고자산에는 원가차이금액이 영향을 미치지 않는다.

$$\text{기말제품재고액} : (₩1,100,000+900,000+1,000,000+1,200,000)\times\frac{100-90}{100}$$

$$=₩420,000$$

15. 매출조업도차이 (08. 주택관리사)

11월 예산자료는 다음과 같다.

	예 산
매　　출	₩240,000
변동원가	142,500

11월중 기대판매수량은 1,500개이며, 실제판매수량은 1,800개이다. 동 기간중 예산과 실제단위당 공헌이익은 동일하다. 또한 고정제조원가와 고정판매비의 예산과 실제발생액도 동일하다. 11월의 실제영업이익은 기대영업이익보다 얼마나 증가하는가?

① ₩4,500　② ₩12,500　③ ₩19,500
④ ₩28,500　⑤ ₩29,500

답 ③

11월 예산 단위당 공헌이익 : (₩2,400,000－142,500)÷1,500＝₩65

11월 실제영업이익과 기대영업이익의 차이＝(1,800－1,500)×₩65＝₩19,500

16. 책임회계(재경관리사)

책임회계에 근거한 성과보고서에 대한 설명 중 올바른 것은?

① 통제가능원가의 실제발생액과 예산의 차이를 하부 경영자에게 비밀로 하는 것이 바람직하다.

② 공통원가의 배분을 피하고 각 부문의 직접원가만을 포함시키는 것이 중요하다.

③ 회사의 비공식적인 조직상의 권한과 책임에 따라 보고서를 작성하는 것이 바람직하다.

④ 통제가능원가와 통제불능원가를 반드시 구분할 필요는 없다.

답 ②

책임회계의 성과평가를 할 때에는 통제가능한 원가만을 포함하는 것이 바람직하다.

17. 책임회계(07. 공인회계사)

책임중심점의 설계 및 성과평가방법에 대한 다음 내용 중 가장 옳은 것은?

① 서비스 지원부서와 같은 비용중심점(expense center)에서는 서비스를 소비하는 부서로부터 그 사용대가를 징수하지 않는 것이 서비스의 과소비를 줄이는 데 효과적이다.

② 어떤 부서의 원가함수에 관한 지식을 본부가 알 수 없을 때에는 그 부서를 원가중심점으로 설정하는 것이 그 부서를 통제하는 데 효과적이다.

③ 투자수익률과 같은 비율척도로 투자중심점의 성과를 평가할 경우 회사 전체의 이익극대화와 상충될 수 있다.

④ 책임중심점의 성과를 평가할 때 원칙적으로 통제가능 여부에 관계없이 관련된 모든 업무에 대해 책임을 물어야 한다.

⑤ 투자중심점의 성과평가척도의 하나로 사용되는 경제적 부가가치는 세후영업이익에서 부채에 대한 이자비용을 차감한 금액이다.

답 ③

투자수익률은 투자이익의 총액을 고려하지 않으므로 이익극대화와 상충될 수 있다.

18. 투자수익률 (재경관리사)

사업부제에서 각 사업부의 성과를 투자수익률을 이용하여 평가할 때의 문제점은 무엇인가?

① 투자중심점의 성과비교가 힘들다.
② 각 사업부 경영자의 성과평가기준으로 부적합하다.
③ 현재 달성하고 있는 투자수익률보다 낮은 투자수익률이 기대되는 사업에 대한 투자를 부당하게 기피할 수 있다.
④ 회사가 정한 자본비용보다 높은 이익이 기대되는 사업에 대한 투자를 하게 한다.

답 ③

투자중심점의 투자수익률 극대화 노력이 기업전체적 입장에서는 이익의 감소를 초래하는 준최적화 현상을 발생시킬 수 있다.

19. 투자수익률 (07. 감정평가사)

투자중심점인 A사업부는 당기에 ₩100,000의 영업자산을 투자하여 ₩10,000의 영업이익을 획득하였다. 한편 투자안의 채택여부를 결정할 때 이용하는 회사의 최저필수수익률은 28%이며 사업부 경영자의 업적은 투자수익률에 의해 평가되고 있다. A사업부는 새로 ₩20,000을 투자하면 ₩5,000의 이익을 얻을 수 있는 새로운 투자기회를 검토하고 있다. 회사전체의 관점에서는 새로운 투자안을 채택하는 것이 유리한가? 당신이 A사업부의 경영자라면 새로운 투자안을 채택할 것인가?

	회사전체	A사업부
①	채택	채택
②	채택	채택하지 않음
③	채택하지 않음	채택
④	채택하지 않음	채택하지 않음
⑤	정답 없음	

답 ③

$$\text{투자수익률} = \frac{\text{영업이익}}{\text{투자액}}$$

$$\text{기존 A사업부 투자수익률} = \frac{₩10,000}{₩100,000} = 10\%$$

$$< \text{A사업부 신규 투자수익률} = \frac{₩5,000}{₩20,000} = 25\%$$

⇒ A사업부 입장에서는 채택한다.

A사업부 신규 투자수익률 25% < 회사필수수익률 28%
⇒ 회사전체 관점에서는 채택하지 않는다.

20. 투자수익률 (06. 감정평가사)

당신은 남산회사의 투자중심점의 최고경영자로 일하고 있으며, 현재 투자중심점의 총투자액은 ₩1,000,000이고 회계이익은 연간 ₩150,000이다. 당신은 다음의 투자안을 고려하고 있다.

투자안	투자요구액	투자로부터의 연간이익
A	₩200,000	₩40,000
B	300,000	42,000
C	400,000	50,000

회사의 요구수익률은 13%이며, 투자에 필요한 자금은 본사에서 조달해 준다. 당신의 경영성과가 투자수익률에 의해 결정되는 경우 회사에 유리한 투자안과 당신에게 유리한 투자안을 각각 옳게 지적한 것은?

	회사에 유리한 투자안	당신에게 유리한 투자안
①	모든 투자안(A, B, C)	투자안 A
②	투자안 A와 B	투자안 A와 B
③	투자안 A	투자안 A
④	투자안 A와 B	투자안 A
⑤	투자안 A	투자안 A와 B

답 ④

$$투자수익률 = \frac{영업이익}{투자액}$$

$$투자중심점\ 현재\ 투자수익률 = \frac{₩150,000}{₩1,000,000} = 15\% > 요구수익률\ 13\%$$

$$투자안\ A의\ 투자수익률 = \frac{₩40,000}{₩200,000} = 20\%$$

$$투자안\ B의\ 투자수익률 = \frac{₩42,000}{₩300,000} = 14\%$$

$$투자안\ C의\ 투자수익률 = \frac{₩50,000}{₩400,000} = 12.5\%$$

∴ 회사에 유리한 투자안은 회사의 요구수익률보다 큰 투자안 A, B이다.
당신에게 유리한 투자안은 현재 투자수익률보다 큰 투자안 A이다.

21. 투자수익률 (07. 세무사)

대한전자의 제1사업부는 에어컨을 생산·판매하고 있다. 대한전자의 제1사업부는 투자중심점으로 운영되며, 사업부장의 성과는 투자수익률(ROI)에 근거하여 평가한다. 제1사업부의 목표 투자수익률은 15%이다. 1년 동안 대한전자의 제1사업부와 에어컨의 생산·판매에 관한 예상자료는 다음과 같다.

제1사업부 연간 총고정비	₩2,000,000,000
에어컨 단위당 변동비	₩300,000
에어컨 연간 판매대수	5,000대
제1사업부 평균 총자산	₩3,000,000,000

제1사업부의 사업부장이 목표 투자수익률을 달성하기 위한 에어컨의 단위당 최소판매가격은 얼마인가?

① ₩700,000　② ₩720,000　③ ₩750,000
④ ₩790,000　⑤ ₩820,000

답 ④

단위당 판매가격을 P라 하면,

$(P - ₩300,000) \times 5,000대 - ₩2,000,000,000 \geq ₩3,000,000,000 \times 0.15$

$P \geq ₩790,000$

22. 투자수익률과 잔여이익 (08. 감정평가사)

(주)계룡에는 A와 B 두 개의 사업부가 있는데 다음은 성과평가와 관련된 자료이다.

구 분	A사업부	B사업부
투자액	2,000억원	4,000억원
영업이익	400억원	720억원

(주)계룡의 자본비용은 10%이며, 각 사업부에 대한 요구수익률도 10%이다. (주)계룡이 투자수익률과 잔여이익으로 사업부를 평가하는 경우 나타나는 결과로 가장 옳은 것은?

① 두 평가방법 모두 A사업부가 더 우수하다.
② 두 평가방법 모두 B사업부가 더 우수하다.
③ 두 평가방법 모두 A와 B사업부 간의 성과에는 차이가 없다.
④ 투자수익률로 평가하는 경우에는 B사업부, 잔여이익으로 평가하는 경우에는 A사업부가 더 우수하다.
⑤ 투자수익률로 평가하는 경우에는 A사업부, 잔여이익으로 평가하는 경우에는 B사업부가 더 우수하다.

답 ⑤

$$투자수익률 = \frac{영업이익}{투자액}$$

잔여이익＝영업이익－투자액×최저요구수익률

	A사업부	B사업부	
투자수익률	$\frac{₩400억}{₩2,000억}=20\%$	$\frac{₩720억}{₩4,000억}=18\%$	A사업부 우수
잔여이익	₩400억－10%×₩2,000억 ＝₩200억	₩720억－10%×₩4,000억 ＝₩320억	B사업부 우수

23. 투자수익률 (재경관리사)

다음 중 잔여이익에 대한 설명으로 틀린 것은?

① 투자수익률법에 의하여 부당하게 거부되는 투자안이 잔여이익법에서 수락될 수도 있다.
② 투자자본에 자본비용을 곱한 금액을 순이익에서 차감하여 계산한다.

③ 잔여이익에 의해서 채택되는 투자안은 투자수익률법에 의해서도 채택된다.
④ 잔여이익을 증대시키는 방안은 이익을 증대시키고 비수익성자산을 정리하는 것이다.

답 ③
투자수익률법은 회사전체의 최저필수수익률을 상회하는 좋은 투자안이 개별투자중심점의 투자수익률보다 낮기 때문에 투자가 포기되는 현상인 준최적화 문제가 발생할 수 있는데 이를 해결할 수 있는 방법이 잔여이익법이다. 잔여이익법에 의해서 채택되는 투자안 중 투자수익률법에 의해서는 채택되지 않는 투자안이 있을 수 있다.

24. 잔여이익 (07. 감정평가사)

잔여이익이란 투자중심점이 사용하는 영업자산으로부터 획득해야 하는 최소한의 이익을 초과하는 영업이익을 말한다. 따라서 잔여이익은 투자중심점의 이익에서 투자중심점이 사용하는 자산에 대한 암묵적 이자를 차감하여 계산한다. 예를 들어, 영업자산에 최저필수수익률을 곱한 금액만큼을 암묵적 이자로 생각할 수 있다. 이러한 잔여이익 개념을 이용하여 경영자의 성과를 평가하고자 할 때의 유용성으로 적절하지 않은 것은?

① 투자수익률만을 이용하는 경우에 발생할 수 있는 준최적화의 문제를 개선할 수 있다.
② 위험이 높은 산업에 속한 투자중심점에 대해서는 영업자산에 대한 최저필수수익률을 높여서 위험수준을 고려할 수 있다.
③ 투자규모가 서로 다른 투자중심점을 서로 비교할 수 있고, 기간별로 비교하는 것도 용이하다.
④ 투자수익률의 제고와 적극적인 투자를 통하여 기업가치를 제고할 수 있다는 함의를 제공한다.
⑤ 체계적이고 지속적인 기업정보의 투명성을 향상시켜 기업과 주주 간 정보의 불균형을 완화한다면 잔여이익이 증가되어 기업가치를 제고할 수 있다.

답 ③
잔여이익은 투자규모가 서로 다를 경우 사업부간 비교가 곤란하다.

25. 잔여이익 (04. 세무사)

K회사의 갑 사업부의 작년도 투자수익률은 15%이었다. 갑 사업부의 최저필수수익률은 10%이다. 만약 작년도 갑 사업부의 평균영업용자산이 ₩450,000이었다면 잔여이익은 얼마이었겠는가?

① ₩22,500　② ₩35,000　③ ₩37,500
④ ₩45,000　⑤ ₩67,500

답 ①

RI＝평균영업용자산×(ROI－최저필수수익률)
＝₩450,000×(15%－10%)
＝₩22,500

26. 잔여이익 (07. 9급 세무직 1회)

(주)수원은 세 개의 사업부 (가), (나), (다)를 운영하고 있다. 각 사업부에 관한 영업자료와 요구되는 최저필수(요구)수익률은 다음과 같다. (단, 무위험수익률은 6%이고 최저필수(요구)수익률은 10%이다)

구 분	(가)사업부	(나)사업부	(다)사업부
영업자산	₩1,000	₩5,000	₩30,000
영업이익	400	1,000	7,000

(주)수원 각 사업부의 잔여이익은 각각 얼마인가?

	(가)사업부	(나)사업부	(다)사업부
①	₩340	₩700	₩5,200
②	300	500	4,000
③	400	1,000	7,000
④	500	1,500	10,000

답 ②

잔여이익＝영업이익－투자액(영업자산)×최저요구수익률

(가)사업부　₩400－10%× ₩1,000＝₩300
(나)사업부　₩1,000－10%× ₩5,000＝₩500
(다)사업부　₩7,000－10%×₩30,000＝₩4,000

27. 경제적 부가가치 (06. 경영지도사)

경제적 부가가치(EVA)에 관한 설명으로 적합하지 않은 것은?

① 기회비용 성격인 자기자본비용도 고려하고 있다.
② 세후순영업이익에서 총자본비용을 차감하여 구한다.
③ 이익 위주의 성과평가방법의 한계를 극복하기 위한 기법이다.
④ 미래예측치를 활용하여 계산되며 비재무적 정보도 포함한다.
⑤ 경제적 부가가치가 높은 기업은 영업활동을 통한 수익력이 뛰어남을 의미한다.

답 ④

경제적 부가가치는 실제 발생수치로 측정하는 것이 일반적이며, 비재무적 정보도 포함한다고 할 수는 없다.

28. 경제적 부가가치 (05. 감정평가사)

다음 자료에 의해 계산된 경제적 부가가치(EVA)는 얼마인가?

세전영업이익	₩1,500,000
법인세율	35%
가중평균자본비용	12%
총자산(비영업자산 제외)	₩6,600,000
유동부채(이자발생부채는 없음)	₩600,000
최소요구투자수익률	15%

① ₩75,000　② ₩183,000　③ ₩255,000
④ ₩510,000　⑤ ₩708,000

답 ③

EVA ＝세후영업이익－투자자본×가중평균자본비용
＝₩1,500,000×(1－35%)－(₩6,600,000－600,000)×12%
＝₩255,000

29. 경제적 부가가치(07. 감정평가사)

최근 한 연구에 의하면 국내기업들은 ① 경영자의 성과평가, ② 성과급 및 보너스 산정, 그리고 ③ 투자재원의 효율적 배분과 ④ 작업효율의 개선을 위하여 경제적 부가가치(Economic Value Added, EVA) 개념을 실무에 도입하는 것으로 나타났다. 이와 관련하여 EVA의 유용성이라고 볼 수 없는 것은?

① EVA는 기업회계상 대체적인 회계처리방법이 인정되므로 회계처리방법에 따라 세후영업이익을 다르게 나타낼 수 있다.

② EVA는 투자자의 기대수익까지 반영하여 기업의 실질적인 부의 창출을 직접 측정하는 지표로서 투자안의 경제성 평가기준으로 사용될 수 있다.

③ 저수익창출부문을 파악하여 치유하거나 처분하고 고수익부문에 대한 투자를 유도하는 데 중요한 잣대로 활용함으로써 기업가치창출에 기여할 수 있다.

④ 자원의 무분별한 사용이 방지되므로 투자자의 경영활동에 대한 효과적인 감시가 가능하게 된다.

⑤ EVA를 경영자의 성과평가 및 보상체계와 연계시키면 경영자와 주주의 이해관계가 일치하게 되어 조직의 효율성을 제고할 수 있다.

답 ①

EVA의 경우 현금흐름을 강조하여 회계수치를 그대로 사용하지 않고, 적절히 조정하는 과정을 거친다. 이는 기업회계상 대체적인 회계처리방법을 인정하는 것과는 다른 개념이다.

30. 경제적 부가가치(06. 공인회계사)

다음은 (주)누리의 남부사업부와 중부사업부의 재무상태표와 손익계산서 자료의 일부이다.

	남부사업부	중부사업부
총자산	₩2,000,000	₩10,000,000
유동부채	500,000	3,000,000
세전영업이익	250,000	2,000,000

(주)누리의 가중평균자본비용계산에 관련된 자료는 다음과 같다.

장기부채 :	시장가치 ₩7,000,000	이자율 10%
자기자본 :	시장가치 ₩7,000,000	자본비용 14%

법인세율은 40%이다. 남부사업부와 중부사업부의 경제적 부가가치(EVA)는 얼마인가? (단, 각 사업부에는 동일한 가중평균자본비용을 적용한다)

	남부사업부	중부사업부		남부사업부	중부사업부
①	₩100,000	₩130,000	②	50,000	130,000
③	0	500,000	④	50,000	200,000
⑤	100,000	200,000			

답 ③

가중평균자본비용 $= 10\% \times (1-0.4) \times ₩7,000,000/₩14,000,000$
$+ 14\% \times ₩7,000,000/₩14,000,000$
$= 10\%$

EVA(남부사업부) $= ₩250,000 \times (1-0.4) - (₩2,000,000 - 500,000) \times 0.1 = ₩0$

EVA(중부사업부) $= ₩2,000,000 \times (1-0.4) - (₩10,000,000 - 3,000,000) \times 0.1$
$= ₩500,000$

31. 투자성과평가 (07. 세무사)

투자수익률(ROI), 잔여이익(RI) 및 경제적 부가가치(EVA)에 대한 설명으로 옳지 않은 것은?

① ROI를 전문경영자의 보상평가기준으로 사용한다면 대리인비용이 절감되고 투자안의 경제성 평가기준으로 사용될 수 있다.
② EVA는 타인자본비용뿐만 아니라 자기자본비용도 고려하여 산출한다.
③ EVA는 주주의 입장에서 바라보는 이익개념으로 기업고유의 영업활동에서 창출된 순가치의 증가분을 의미한다.
④ ROI는 회사전체적으로 채택하는 것이 유리한 투자안을 부당하게 기각할 가능성이 있지만, RI와 EVA는 그럴 가능성이 없다.
⑤ RI는 ROI의 난점인 준최적화 현상을 보완하기 위하여 개발되었다.

답 ①

투자수익률에 의해 성과평가를 하는 경우 회사전체의 입장에서 유리한 투자안이라고 하더라도 투자중심점의 경영자는 성과평가를 잘 받기 위해서 투자안을 기각하는 준최적화 현상이 발생할 수 있어 대리인비용이 절감된다고 볼 수 없다.

32. 투자성과평가 (09. 공인회계사)

투자중심점(investment center)의 투자성과 평가지표에 관한 다음의 설명 중 가장 타당하지 않은 것은?

① 투자수익률(ROI)은 투하자본에 대한 투자이익의 비율을 나타내는 수익성 지표이며, 매출이익률에 자산회전율을 곱하여 계산할 수 있다.
② 투자수익률은 기업의 여러 투자중심점의 성과를 비교하는 데 유용할 수 있지만, 투자수익률의 수준이 투자중심점 경영자의 성과평가기준으로 사용될 경우에는 목표불일치 문제를 야기할 수 있다.
③ 잔여이익에 의한 투자중심점 성과평가는 투자수익률에 의한 준최적화 문제를 해결할 수 있으며, 각기 다른 투자규모의 투자중심점들의 성과를 잔여이익에 의하여 직접적으로 비교평가할 수 있는 장점이 있다.
④ 경제적 부가가치(EVA)는 세후영업이익에서 투하자본에 대한 자본비용을 차감하여 계산할 수 있다.
⑤ 경제적 부가가치의 관점에서는 영업이익이 당기순이익보다 기업의 경영성과를 평가하는 데 유용한 지표라고 본다.

답 ③

각기 다른 투자규모의 투자중심점들의 성과를 잔여이익에 의하여 직접적으로 비교할 수 없다. 왜냐하면 잔여이익은 자본비용을 차감한 후의 초과이익의 절대규모를 나타내므로, 투자효율성 지표인 투자수익률과 투자규모의 복합적인 결과이다. 따라서 잔여이익 같은 수익률에서 규모가 큰 부문의 평가를 유리하게 만들기 때문이다.

33. 균형성과표 (05. 세무사)

다음의 균형성과표(BSC)에 대한 설명 중 옳지 않은 것은 무엇인가?

① 비영리단체에서도 재무적 관점, 고객 관점, 내부 프로세스 관점, 학습과 성장 관점을 사용할 수 있다.
② 전략과 연계된 주요 평가지표(KPI)를 사용한다.
③ 관점 사이의 인과관계를 전략체계도(strategy map)로 나타낸다.
④ 미국에서 시작된 기법이다.
⑤ 균형성과표는 전략의 구체화와 의사소통보다 성과보상에 초점이 맞추어진 제도이다.

답 ⑤
균형성과표는 전략의 구체화와 의사소통에 초점이 맞추어진 제도이다.

34. 균형성과표(06. 세무사)

균형성과표(제도)에 관련된 설명으로 가장 옳지 않은 것은?

① 균형성과표는 기업의 가치를 향상시키기 위해 전통적인 재무적 지표 이외에 다양한 관점의 성과지표가 측정되어야 한다는 것을 강조하고 있다.
② 고객의 관점은 고객만족에 대한 성과를 측정하는데 고객만족도 조사, 고객확보율, 고객유지율, 반복구매정도 등의 지표가 사용된다.
③ 내부 프로세스의 관점은 원가를 낮은 수준에서 유지하여 제품을 저렴한 가격으로 고객에게 제공할 수 있도록 기업내부의 업무가 효율적으로 수행되는 정도를 의미하는데 불량률, 작업폐물, 재작업률, 수율, 납기, 생산처리시간 등의 지표가 사용된다.
④ 학습과 성장의 관점은 기존의 프로세스와 제품에 만족하지 않고 기술 및 제품의 혁신적인 발전을 추구하는 정도를 의미하는데 종업원만족도, 전략적 직무충족도 등의 지표가 이용된다.
⑤ 재무적 성과는 수익을 제공하는 고객으로부터 달성될 수 있으므로 고객관점지표가 재무적 지표의 동인이 될 수 있으나, 내부 프로세스의 효율성 향상과 재무적 성과에 따라 학습과 성장의 지표가 달성되므로 결국 학습과 성장의 지표가 최종적인 결과물이 된다.

답 ⑤
기업은 궁극적으로 재무적 목표인 기업가치 극대화를 추구하므로 모든 관점의 측정치들은 재무적 성과와 항상 연결되어야 한다.

35. 균형성과표(09. 공인회계사)

균형성과표(BSC)에 관한 다음의 설명 중 가장 타당하지 않은 것은?

① 균형성과표는 재무적인 성과지표를 중심으로 하는 전통적인 성과측정제도의 문제점을 보완할 수 있는 성과측정시스템으로 인식되고 있다.
② 균형성과표는 조직의 비전과 전략을 성과지표로 구체화함으로써 조직

의 전략수행을 지원한다.

③ 균형성과표의 다양한 성과지표간의 인과관계를 통하여 조직의 전략목표 달성과정을 제시하는 성과지표의 체계를 전략지도(strategy map)라고 한다.

④ 균형성과표는 일반적으로 재무 관점, 고객 관점, 내부 프로세스 관점, 학습과 성장 관점의 다양한 성과지표에 의하여 조직의 성과를 측정하고자 한다.

⑤ 균형성과표는 조직의 수익성을 최종적인 목표로 설정하기 때문에 4가지 관점의 성과지표 중에서 학습과 성장 관점의 성과지표를 가장 중시한다.

답 ⑤

재무적 성과지표를 가장 중시한다.

제7장 불확실성하의 의사결정 및 기타

1. 불확실성에서의 원가－조업도－이익 분석 (02. 세무사)

제품 A를 현재의 생산라인에 추가하려고 한다. 제품 A의 판매가격은 ₩10으로 예측되며, 이 제품을 제조하는 데 연간 총고정제조원가 ₩900,000이 들고, 단위당 변동제조원가는 ₩7이 들 것으로 추정된다. 과거 경험을 기초로 제품 A에 대한 수요와 그 확률분포는 다음과 같이 예측된다.

수요(수량)	제품 A의 확률
100,000 이상 200,000 미만	0.1
200,000 이상 300,000 미만	0.2
300,000 이상 400,000 미만	0.4
400,000 이상 500,000 미만	0.2
500,000 이상	0.1

만일 제품 A를 추가하는 경우 제품 A로부터 손익분기점 이상의 매출을 달성할 확률은 얼마인가?

① 0.1 ② 0.3 ③ 0.4
④ 0.7 ⑤ 0.9

답 ④

손익분기점 ＝₩900,000/(₩10－7)＝300,000개
300,000개 이상의 매출을 달성할 확률 ＝0.4＋0.2＋0.1＝0.7

2. 불확실성에서의 원가－조업도－이익 분석 (02. 세무사)

C사는 기념품을 생산하여 판매하는 유망 중소업체이다. 기념품의 판매가격은 단위당 ₩100이며 회사의 현재 설비의 최대생산능력은 150,000단위이다. 100,000개를 생산하는 경우 기념품의 단위당 원가구조는 다음과 같다.

직접재료원가	₩20
직접노무원가	30
변동제조간접원가	10
고정제조간접원가	15

C사는 위의 원가구조가 미래에도 동일할 것으로 보며 올해의 판매량도 100,000개일 것으로 예측하고 있다. 최근에 미국의 한 기업이 기념품을 개당 ₩70에 구입할 수 있는지를 문의해왔다. C사의 예측에 따르면 미국회사가 50,000개를 구입할 확률은 20%이고 40,000개를 구입할 확률이 40%이고 30,000개를 구입할 확률은 40%이다. 미국에 대한 수출은 신규판매로서 기존의 국내시장에는 영향이 없을 것으로 기대된다. 만일 C사가 미국회사의 제의를 거절하면 유휴설비를 이용하여 ₩350,000의 이익을 올릴 수 있다. C사가 미국회사의 제의를 받아들이는 경우 기대이익의 증감은 얼마인가?

① ₩30,000 증가 ② ₩50,000 감소 ③ ₩300,000 증가
④ ₩500,000 감소 ⑤ 증감 없음

답 ①

※ 불확실한 판매량에 대해 이익이 선형관계를 가지므로(이익=단위당 공헌이익×판매량−고정원가), 기대이익을 계산할 때 기대판매량의 이익을 구하는 것이 편리하다. 만약 불확실한 변수에 대해 이익이 비선형관계를 가지면 각 경우의 이익을 구한 후 확률을 적용하여 기대이익을 구해야 한다.

기대이익 = 단위당 공헌이익 × 기대판매량
= (₩70−20−30−10)/개 × 38,000개* =₩380,000

* 기대판매량=50,000개×20%+40,000개×40%+30,000개×40%
=38,000개

기대이익 증가=₩380,000−350,000=₩30,000

3. 불확실성에서의 원가−조업도−이익 분석 (06. 세무사)

김밥 도시락을 단위당 판매가격 ₩1,000에 판매하려 한다. 단위당 변동원가는 ₩500이며, 월간 고정원가는 ₩750,000이다. 도시락의 수요량은 불확실하지만 정규분포를 이룰 것으로 보이며 월간 기대판매량은 2,100개, 표준편차는 400개로 예상한다. 도시락 판매로 인해 이익이 발생할 확률은? (단, 아래의 표준정규분포표를 이용하여 계산하시오)

Z	$p(Z<)$	Z	$p(Z<)$	Z	$p(Z<)$
0.5	0.69	1.0	0.84	1.5	0.93
2.0	0.98	2.5	0.994	3.0	0.999

① 7% ② 69% ③ 84%
④ 93% ⑤ 98%

답 ④

BEP Q＝₩750,000/(₩1,000－500)＝1,500단위

$$Z = \frac{\text{손익분기점 수량} - \text{기대판매량}}{\text{표준편차}}$$

P(Q＞BEP Q)＝P(Q＞1,500)＝P(Z＞((1,500－2,100)/400))
＝P(Z＞－1.5)＝P(Z＜1.5)＝93%

4. 불확실성에서의 원가－조업도－이익 분석 (09. 세무사)

다음은 매출관련 예상 자료이다.

매출액	₩240,000
총변동비	135,000
총고정비	40,000
판매량	3,000단위

추가판촉행사에 ₩10,000을 투입한다면, 예상판매량이 400단위 증가할 확률이 60%, 200단위 증가할 확률이 40%이다. 이 판촉행사를 실시하면 영업이익의 기대치가 어떻게 변하는가?

① ₩1,000 감소 ② ₩1,200 감소 ③ ₩1,200 증가
④ ₩1,500 감소 ⑤ ₩1,500 증가

답 ③

단위당 공헌이익＝(매출액－총변동비)÷판매량
＝(₩240,000－135,000)÷3,000단위＝₩35/단위

기대증분판매량＝400×60%＋200×40%＝320

기대증분이익＝320단위×₩35/단위－₩10,000＝₩1,200

5. 기대영업이익 최대화 (06. 공인회계사)

(주)싸이언은 게임용 소프트웨어를 개발하여 판매하고 있다. 제품의 단위당 변동원가는 ₩30,000이며 단위당 판매가격은 ₩40,000이다. 이 회사는 곧 개최되는 컴퓨터박람회에 참가하려고 하는데 박람회 주관기관에서 부스

(booth)임차료와 관련하여 다음의 2가지 지급방안을 제안하였다.

방안 1 : 고정임차료 ₩8,000,000 지급
방안 2 : 고정임차료 ₩2,000,000과 매출액의 10% 지급

이 회사는 과거 경험자료에 기초하여 소프트웨어 1,000단위와 2,000단위를 판매할 확률을 각각 40%와 60%로 평가하였다. 기대영업이익을 극대화하려면 어느 방안을 선택해야 하며 그 기대영업이익은 얼마인가?

① 방안 1, ₩14,000,000
② 방안 2, ₩14,000,000
③ 방안 1, ₩8,000,000
④ 방안 1, ₩7,600,000
⑤ 방안 2, ₩7,600,000

답 ③

판매량을 Q라고 할 경우 각 방안의 기대이익

방안 1 : (₩40,000－30,000)×Q－₩8,000,000＝₩10,000Q－₩8,000,000

방안 2 : (₩40,000－30,000－40,000×10%)×Q－₩2,000,000
＝₩6,000Q－₩2,000,000

대 안	1,000단위 판매 (40%)	2,000단위 판매 (60%)	기대영업이익
방안 1	₩2,000,000	₩12,000,000	₩8,000,000
방안 2	4,000,000	10,000,000	7,600,000

방안 1을 선택하며, 그 기대영업이익은 ₩8,000,000이다.

6. 차이조사결정 (01. 세무사)

딸기작물은 서리에 노출되면 그렇지 않은 경우보다 가격이 대폭 하락한다. 딸기작물을 재배하는 어떤 농부가 딸기를 서리로부터 전문적으로 보호해 주는 회사에게 서리보호용역을 맡기고자 한다. 서리(보호)의 유무에 따라 딸기재배로 인한 이익이 다음과 같이 예상되는 상황에서, A회사는 최소한 ₩1,000,000을 서리보호대가로서 수취하고자 한다. 농부는 서리가 내릴 확률이 최소한 몇 % 이상일 때 A회사에게 용역을 맡길 가치가 있겠는가?

	딸기재배로 인한 이익의 예상액	
	서리가 있는 상황	서리가 없는 상황
서리보호가 있는 경우	₩9,000,000	₩6,000,000
서리보호가 없는 경우	4,000,000	6,000,000

① 16.7% ② 20.0% ③ 33.4%
④ 44.5% ⑤ 50.0%

답 ②

(단위 : 백만원)

	이 익*		기대이익
	서리 있음	서리 없음	
서리보호 있음	₩9	₩6	₩9p+₩6(1−p)
서리보호 없음	4	6	4p+6(1−p)
확 률	p	1−p	

*서리보호 대가를 차감하기 전의 이익이다.

서리보호의 가치=서리보호 있음의 기대이익−서리보호 없음의 기대이익

$=[₩9,000,000p+₩6,000,000(1-p)]-[₩4,000,000p+₩6,000,000(1-p)]$

$=₩5,000,000p$

서리보호의 순가치=서리보호의 가치−서리보호대가

$=₩5,000,000p-₩1,000,000 \geq 0$

$\Rightarrow p \geq 0.2$

7. 완전정보의 가치 (06. 감정평가사)

충무회사는 자사가 생산하는 제품의 정확한 원가를 모른다. 회계부서에 의하면 고정원가는 ₩100,000으로 확정지을 수 있으나, 단위당 변동제조원가는 불확실하며, 단위당 변동제조원가의 분포 및 확률은 다음과 같다.

단위당 변동제조원가	₩6	₩9	₩12	₩15
확 률	1/6	1/3	1/6	1/3

충무회사의 판매부서는 고객으로부터 단위당 ₩10에 100개의 제품을 구매하겠다는 특별주문을 받았다. 이 회사가 특별주문을 처리할 충분한 유휴생산설비를 가지고 있으며, 위험중립형이라고 가정할 때 특별주문과 관련하여 단위당 변동제조원가에 대한 완전정보의 기대가치를 계산하면?

① ₩0 ② ₩100 ③ ₩150
④ ₩200 ⑤ ₩300

답 ②

완전정보하의 기대가치 : $(₩10-6)\times\frac{1}{6}+(₩10-9)\times\frac{1}{3}\times100=₩100$

기존정보하의 기대가치 : ₩0

* 단위당 변동제조원가의 기댓값

₩6×(1/6)+9×(1/3)+12×(1/6)+15×(1/3) = ₩11 > 특별주문판매가 ₩10

따라서 특별주문을 거절한다.

완전정보의 기대가치(EVPI) : ₩100

8. 완전정보의 가치 (02. 공인회계사)

김밥을 말아서 판매하는 L양은 한국시리즈가 진행되는 야구장에서 김밥을 판매하려고 한다. 김밥의 단위당 제조원가는 ₩400이며, 판매가격은 ₩1,000이다. 야구는 야간경기이기 때문에 야구장에서 팔고 남은 김밥은 쉬게 되어 폐기처분해야 하며, 미리 만들어 간 김밥이 다 팔린 후에는 추가로 김밥을 만들어 팔 수 없다. 김밥 아가씨 L양이 예상한 김밥의 판매량은 다음과 같다.

판매량	2,500개	3,000개	3,500개
확 률	0.4	0.3	0.3

김밥의 판매량에 관하여 완전한 예측을 해주는 완전정보시스템이 있다면 그러한 완전정보의 기대가치는 얼마인가?

① ₩0　② ₩90,000　③ ₩170,000
④ ₩220,000　⑤ ₩270,000

답 ③

※ 미리 준비한 김밥이 팔리지 않으면 버리므로 원가는 준비량에 비례하고 매출은 판매량에 비례한다. 판매량은 수요량과 준비량 중 작은 양이다. 수요가 없으면 못 팔고, 수요가 있어도 김밥이 없으면 못 판다.

[기존정보에서의 기대이익]

	이 익*			기대이익
	2,500개 수요	3,000개 수요	3,500개 수요	
2,500개 준비	₩1,500,000	₩1,500,000	₩1,500,000	₩1,500,000
3,000개 준비	1,300,000	1,800,000	1,800,000	1,600,000
3,500개 준비	1,100,000	1,600,000	2,100,000	1,550,000
확 률	0.4	0.3	0.3	

* 이익＝₩1,000×판매량 －₩400×준비량
＝₩1,000×min[수요량, 준비량]－₩400×준비량

완전정보에서의 기대이익 ＝₩1,500,000×0.4＋₩1,800,000×0.3
＋₩2,100,000×0.3 ＝ ₩1,770,000

완전정보의 (기대)가치 ＝완전정보에서의 기대이익－기존정보에서의 최대기대이익
＝ ₩1,770,000 － 1,600,000
＝ ₩170,000

9. 완전정보의 가치(00. 세무사)

D사는 최근 개발에 성공한 신제품을 생산하기 위해서, 제조기계 〔가〕·〔나〕 두 기계 중 하나를 구입하려고 한다. 〔가〕·〔나〕 기계는 그 성능에 있어 약간의 차이가 있으며, 따라서 기업이익에 기여하는 정도도 다소의 차이가 있다. 아래의 자료는 〔가〕·〔나〕 기계의 구입시에 수요량(생산량)의 변동에 따른 예상이익의 성과표이다.

대안 \ 수요량	1,000단위 (0.4)	2,000단위 (0.6)
[가] 기계구입	₩9,000	₩20,000
[나] 기계구입	8,000	22,000

만일, D사가 생산제품의 수요량 변동을 정확히 예측할 수 있도록 하는 완전정보를 얻을 수 있다면, 이 정보의 대가로서 지급할 수 있는 최대한의 금액은 얼마가 되겠는가?

① ₩400 ② ₩600 ③ ₩800
④ ₩1,200 ⑤ ₩1,600

답 ①

※ 완전정보의 가치를 구할 때, 완전정보에서의 기대이익을 구하여 현재(무정보)의 기대이익과 비교하는 것보다 예측오류의 기대원가를 직접 구하는 것이 더 쉽다.

완전정보의 최대대가＝완전정보의 가치＝예측오류의 원가 최소기대값

	예측오류의 원가		예측오류의 원가 기대값
	상황 1	상황 2	
[가] 기계	₩0	₩22,000－20,000＝₩2,000	₩2,000×0.6＝₩1,200
[나] 기계	₩9,000－8,000＝₩1,000	₩0	₩1,000×0.4＝₩400
확 률	0.4	0.6	

<별 해>

무정보의 기대이익

[가] 기계의 기대이익＝₩9,000×0.4＋₩20,000×0.6＝₩15,600

[나] 기계의 기대이익＝₩8,000×0.4＋₩22,000×0.6＝₩16,400

(무정보에서의 최대기대이익)

완전정보에서의 (최대) 기대이익＝₩9,000×0.4＋₩22,000×0.6＝₩16,800

완전정보의 가치＝₩16,800－16,400＝₩400

10. 완전정보의 가치 (03. 세무사)

S회사는 방식 A 또는 방식 B를 이용하여 신제품을 개발하려고 한다. 신제품이 개발되면 소비자의 선호여부에 따라 판매량이 달라진다. 각 상황별 기대이익은 다음과 같다.

방식 \ 상황	선호됨	선호되지 않음
방식 A	₩100,000	₩60,000
방식 B	150,000	40,000

신제품이 선호될 확률은 40%, 선호되지 않을 확률은 60%로 예상될 때, 신제품 선호에 대한 완전정보의 가치를 구하시오.

① ₩3,200　② ₩4,200　③ ₩6,000
④ ₩8,000　⑤ ₩12,000

답 ⑤

i) 방식 A와 B의 기대가치를 각각 $E(a_1)$, $E(a_2)$라 하면,

$E(a_1)$＝₩100,000×0.4＋₩60,000×0.6＝₩76,000

$E(a_2)$＝₩150,000×0.4＋₩40,000×0.6＝₩84,000

따라서 완전정보가 주어지지 않은 경우에는 방식 B를 선택해야 하고 이때의 기대가치는 ₩84,000이다.

ii) 완전정보하의 기대가치 : ₩150,000×0.4＋₩60,000×0.6＝ ₩96,000

기존정보하의 기대가치 84,000

완전정보의 기대가치(EVPI) ₩12,000

11. 예측오류의 원가(05. 공인회계사)

J회사는 새로운 생산설비를 도입하면서 자본집약적인 경우와 노동집약적인 경우의 두 가지 대안을 생각하고 있다. 각 대안의 원가구조는 다음과 같다.

원 가	자본집약적 설비	노동집약적 설비
고정원가	₩1,000,000	₩200,000
단위당 변동원가	4,000	7,000

설비를 도입한 후 월 예상생산량과 그 확률이 다음과 같을 때, 원가최소화를 목표로 하는 J회사가 월 예상판매량에 관한 불확실한 정보 때문에 입게 될 경제적 손실은 얼마인가?

생산량	100단위	200단위	300단위	400단위
확 률	40%	30%	20%	10%

① ₩60,000 ② ₩260,000 ③ ₩1,540,000
④ ₩1,600,000 ⑤ ₩1,800,000

답 ①

예측오류의 원가 기대값, 즉 완전정보의 가치를 묻는 문제이다.

i) 자본집약적 설비와 노동집약적 설비의 원가를 각각 $C(a_1)$, $C(a_2)$라 하면,

$C(a_1)$ = ₩4,000× Q(생산량) + ₩1,000,000

$C(a_2)$ = ₩7,000× Q + ₩200,000

ii)

생산량	100	200	300	400	원가의 기대값 (각 상황의 원가 ×확률의 합)
확 률	40%	30%	20%	10%	
$C(a_1)$	₩1,400,000	₩1,800,000	₩2,200,000	₩2,600,000	₩1,800,000
$C(a_2)$	900,000	1,600,000	2,300,000	3,000,000	1,600,000

따라서 완전정보가 주어지지 않은 경우에는 노동집약적 설비를 선택해야 하고 원가의 기대값은 ₩1,600,000이다.

iii) 완전정보하의 원가의 기대값 :

₩900,000×0.4 + ₩1,600,000×0.3 + ₩2,200,000×0.2 + ₩2,600,000×0.1 = ₩1,540,000

기존정보하의 원가의 기대값	1,600,000
완전정보의 기대가치(EVPI)	₩60,000

12. 불완전정보의 가치 (06. 세무사)

불완전정보의 기대가치에 영향을 주는 요인으로 가장 옳지 않은 것은?

① 발생상황과 행동대안에 따른 성과
② 발생상황의 불확실성 정도
③ 각 행동대안의 기대성과
④ 불완전정보의 예측정확성
⑤ 각 행동대안의 실현가능성

답 ⑤
의사결정시의 각 행동대안은 모두가 실현가능하다고 가정한다.

13. 불완전정보의 정보가치 (98. 세무사)

불완전한 정보하에서 정보가치를 구하는 데 필요없는 것은?

① 성과표(payoff table)　② 각 상황에 대한 사전확률
③ 각 대안들에 대한 기대값　④ 베이지안 확률절차
⑤ 예측오류에 대한 원가

답 ⑤
불완전한 정보에서 정보가치를 구하기 위해서는 다음과 같은 절차를 따른다.
① 각 대안과 상황에서의 결과에 대한 성과표를 작성한다.
② 사전확률을 베이즈의 규칙에 따라 사후확률로 바꾸어 준다.
③ 사후확률에 따른 각 대안의 기대값을 구하여 가장 큰 기대값을 갖는 대안을 선택한 후 사전확률에 따른 기대값 중 가장 큰 값을 갖는 대안과 비교한다.
예측오류에 대한 원가는 불완전한 정보의 기대가치를 구하는 데 필요 없다.

14. 정보의 가치 (96. 공인회계사)

불확실성하의 의사결정에 대한 설명 중 옳지 않은 것은?

① 완전정보는 정보취득원가와 상관없이 항상 취득할 가치가 있다.
② 불확실성은 발생가능한 상황에 대한 확률로 나타낸다.
③ 완전정보의 기대가치는 불완전한 정보의 기대가치보다 항상 크거나 같다.
④ 완전정보를 가지고 최적의 의사결정을 하면 예측오류의 오차는 발생하

지 않는다.

⑤ 불완전한 정보는 미래 상황에 대한 불확실성을 완전히 없애지 못하는 정보이다.

답 ①

완전정보의 가치가 취득원가를 초과하는 경우에만 취득할 가치가 있다.

15. 차이조사결정 (94. 세무사)

A사의 전자동 생산공정은 가끔 제품의 불량률이 높은 비정상상태를 일으키는 경우가 있는데, 이로 인한 제품의 불량으로 인한 손실은 ₩1,000,000이며, 조사비용은 ₩300,000이 소요된다. 조사 후 비정상적인 상태를 교정하는 비용은 ₩400,000이다. 공정을 조사하든 안하든 무차별한 결과를 가져오는, 공정이 정상상태에 있을 확률은 얼마인가?

① 20% ② 30% ③ 40%
④ 50% ⑤ 60%

답 ④

정상일 확률을 p라 하면 비정상일 확률은 1−p이다.

조사할 경우의 총기대원가 = 조사비용 + 기대 교정비용
= ₩300,000 + (1 − p) × ₩400,000

조사하지 않을 경우의 총기대원가 = 기대손실
= (1 − p) × ₩1,000,000

조사가 무차별하기 위해

₩300,000 + (1 − p) × ₩400,000 = (1 − p) × ₩1,000,000

⇒ p = 0.5

16. 완전정보의 가치 (99. 공인회계사)

B회사는 설비 A나 설비 B를 구입하여 게임기를 개발하려고 한다. 게임기가 개발되면 청소년의 선호에 따라 히트상품이 될 수도 있고 보통상품이 될 수도 있다. 예상이익은 다음과 같다.

대안 \ 상황	히트상품	보통상품
설비 A 구입	₩100,000	₩60,000
설비 B 구입	₩150,000	₩40,000

게임기가 히트상품이 될 확률이 0.4, 보통상품이 될 확률이 0.6으로 생각하고 있다. 이때 완전정보의 가치는 얼마인가?

① ₩3,200 ② ₩4,200 ③ ₩6,000
④ ₩8,000 ⑤ ₩12,000

답 ⑤

※ 완전정보의 가치 = 완전정보에서의 (최대) 기대이익 − 정보가 없을 때 (최대) 기대이익

완전정보에서의(최대) 기대이익 = ₩150,000×0.4 + ₩60,000×0.6 = ₩96,000
⇐ 상황별로 최대 이익을 주는 대안을 선택한다.

정보가 없을 때 (최대) 기대이익은 각 대안의 기대이익 중 큰 것이다.

설비 A : ₩100,000 × 0.4 + ₩60,000 × 0.6 = ₩76,000
설비 B : ₩150,000 × 0.4 + ₩40,000 × 0.6 = ₩84,000(최대)

완전정보의 가치 = ₩96,000 − 84,000 = ₩12,000

17. 차이조사결정 (95. 공인회계사)

A부문의 공정조사비용은 ₩50,000이고 비정상일 때 교정비용은 ₩75,000이다. 교정을 하지 않으면 ₩200,000의 손실이 발생한다. 조사하는 것이 유리하도록 하기 위해서는 공정이 정상인 확률이 몇 % 이하인가?

① 50% ② 55% ③ 60%
④ 65% ⑤ 70%

답 ③

	원 가		기대원가
	공정이 정상	공정이 비정상	
조사 실시	₩50,000	₩50,000+75,000=₩125,000	₩50,000+75,000(1−p)
조사 미실시	0	₩200,000	₩200,000(1−p)
확률	p	1−p	

조사가 무차별하면,

₩50,000 + ₩75,000(1 − p) = ₩200,000(1 − p)
⇒ ₩50,000 = ₩125,000(1 − p) [조사비용 = 조사의 기대효익]
⇒ p = 0.6

<별 해>

조사비용(cost) = 조사효익(benefit)일 때 조사가 무차별하므로

₩50,000 = (1 − p) × (₩200,000 − 75,000)

⇒ ₩300,000 = (1 − p) × ₩125,000

⇒ p = 0.6

18. 완전정보의 가치 (94. 공인회계사)

두 가지 상황에서의 대안별 성과를 나타내는 다음 자료로 최소의 기대기회손실(완전정보가치)을 구하면 얼마인가?

	상황1 (20%)	상황2 (80%)
대안1	232,400	−70,350
대안2	16,400	16,400

① ₩9,800 ② ₩16,400 ③ ₩43,200

④ ₩72,000 ⑤ ₩0

답 ③

완전정보의 기대가치 = 최소의 기대기회손실 = 예측오류원가의 기대값

	기회손실(예측오류의 원가)		기대 기회손실
	상황1	상황2	
대안1	0	₩16,400 − (−70,350) = ₩86,750	₩86,750×0.8 = ₩69,400
대안2	₩232,400 − 16,400 = ₩216,000	0	₩216,000×0.2 = ₩43,200
확률	0.2	0.8	

최소의 기대기회손실은 [대안2]의 ₩43,200이다.

19. 완전정보의 가치 (98. 공인회계사)

4가지 상황에서의 대안별 성과를 보여주는 다음 자료에서 완전정보의 기대가치는 얼마인가?

상 황		S_1	S_2	S_3	S_4
발생확률		0.1	0.2	0.3	0.4
	대안 A_1	100	−60	80	40
대안별 성과	대안 A_2	80	−40	120	20
	대안 A_3	120	−70	60	20

① 56　② 38　③ 44
④ 24　⑤ 12

답 ⑤

현재 대안별 기대이익

A_1 : (100 × 0.1) + (−60 × 0.2) + (80 × 0.3) + (40 × 0.4) = 38

A_2 : (80 × 0.1) + (−40 × 0.2) + (120 × 0.3) + (20 × 0.4) = 44(최대)

A_3 : (120 × 0.1) + (−70 × 0.2) + (60 × 0.3) + (20 × 0.4) = 24

완전정보에서의 기대이익 = (120 × 0.1) + (−40 × 0.2) + (120 × 0.3) + (40 × 0.4) = 56

완전정보의 가치 = 56 − 44 = 12

20. 불확실성에서의 원가−조업도−이익 분석 (99. 세무사)

F사가 개발하고 있는 신제품의 판매가격은 단위당 ₩800, 변동제조원가는 단위당 ₩550, 신제품 관련 1999년 총고정제조간접원가는 ₩5,000,000으로 예상된다. 신제품의 1999년 중 예상판매량은 다음과 같은 확률분포를 가질 것으로 기대하고 있다.

판매량	확률
10,000 이상	0.10
15,000 이상	0.25
20,000 이상	0.35
30,000 이상	0.20
40,000 이상	0.10

신제품의 생산 및 판매와 관련하여 F회사가 1999년 중 이익을 보고하게 될 확률은 얼마인가?

① 35%　② 65%　③ 70%
④ 30%　⑤ 10%

답 ②

손익분기점 = ₩5,000,000 / (₩800 − 550) = 20,000단위

손익분기점 20,000 단위 이상의 판매량 달성 확률 = 0.35 + 0.20 + 0.10 = 0.65

21. 경제적 주문량(EOQ) 모형과 외부주문결정 (00. 공인회계사)

B사는 최종제품생산을 위한 부품을 적시생산체제(JIT System)로 자체생산하고 있다. 내년에 10,000개의 부품이 필요하다. 이를 위한 부품 자체생산원가는 다음과 같이 예상된다.

총직접재료원가	₩60,000,000
총직접노무원가	10,000,000
총변동제조간접원가	20,000,000
총고정제조간접원가	70,000,000

변동제조간접원가는 직접재료의 구매주문원가를 포함하고 있고 모든 변동제조간접원가가 부품생산과 관련되어 있다. 고정제조간접원가 중 회피불가능한 배부된 원가는 ₩50,000,000이다. 그런데 이 기업은 부품의 외부주문을 고려하고 있다. 외부구입가는 단위당 ₩10,000이다. 추가로, 부품 구매주문을 위해 구매주문 1회당 ₩50,000이 발생한다. 부품재고의 파손, 자금비용 등이 연간 평균 부품재고액의 10%로 추정된다. 연간 주문횟수는 B사가 결정할 수 있다. 자체생산을 중단하면 현재 사용하고 있는 설비를 임대함으로써 연간 ₩10,000,000의 임대료수익을 발생시킬 것이다. 내년에 부품을 자체생산하는 대신 외부주문을 한다면 부품관련원가를 최대한 얼마나 절감할 수 있는가?

① ₩9,000,000 ② ₩10,000,000 ③ ₩15,000,000
④ ₩19,000,000 ⑤ ₩20,000,000

답 ④

※ 부품의 외부주문원가를 계산하여 자체생산 원가와 비교하기 위해, 외부주문 재고관련 원가를 최소화하는 경제적 주문량(EOQ)을 사용한다.

$$EOQ = \sqrt{\frac{2DP}{C}} = \sqrt{\frac{2 \times 10,000\text{개} \times ₩50,000}{₩10,000/\text{개} \times 10\%}} = 1,000\text{개}$$

D : 연간 총수요
P : 주문당 주문원가
C : 재고단위당 연간유지원가

재고주문원가 = PD / Q = ₩50,000 × 10,000개 / 1,000개	=	₩500,000
재고유지원가 = CQ / 2 = ₩1,000/개 × 1,000개 / 2	=	500,000
총외부주문 재고관련 원가		₩1,000,000

<참고> EOQ에서 재고주문원가와 재고유지원가는 같다.

[자체생산 관련원가]

총직접재료원가	₩60,000,000
총직접노무원가	10,000,000
총변동제조원가	20,000,000
총고정제조간접원가	20,000,000
기회원가: 임대료수익	10,000,000
합 계	₩120,000,000

[외부구입 관련원가]

외부구입원가	10,000개×₩10,000/개=	₩100,000,000
재고관련 원가		1,000,000
합 계		₩101,000,000

외부구입시 원가절감액 = ₩120,000,000 − 101,000,000 = ₩19,000,000

22. JIT 원가-효익 분석 (03. 세무사)

대규모 가구제조업을 영위하는 J회사는 적시(JIT)구매/생산시스템을 채택하고자 한다. 높은 재고수준을 요하는 업종의 특성으로 이 회사의 평균재고액은 ₩75,000,000이다. J회사가 JIT시스템을 채택하면 현재 사용중인 가구보관창고 2곳이 더 이상 필요 없게 되며, 이 가구보관창고를 다른 회사에 임대할 경우 한 곳당 연간 ₩4,000,000의 임대료를 받을 것으로 예상한다. 추가적인 원가절감요인으로 창고운영비와 재고자산 손해보험료 등 연간 ₩500,000을 절감할 수 있으며, 재고수준 감소에 따라 재고자산 파손비와 기업의 자금비용으로 각각 평균재고액의 1%와 5%를 절감할 수 있다. 그러나 JIT시스템은 가구의 주문횟수를 증가시켜 주문원가 ₩5,000,000이 추가적으로 발생한다. 또한 수요가 일시적으로 증가할 경우 수요에 감당하지 못하여 연간 200단위의 재고부족원가가 예상된다. 재고자산의 단위당 공헌이익은 ₩20,000이다. J회사가 JIT시스템을 채택할 경우 절감할 수 있는 원가를 구하시오.

① ₩4,000,000　② ₩5,000,000　③ ₩6,000,000
④ ₩7,000,000　⑤ ₩8,000,000

답 ①

Ⅰ. 증분수익		
임대료수익 : ₩4,000,000×2=	₩8,000,000	
재고부족 기회비용 : 200개×₩20,000=	(4,000,000)	₩4,000,000
Ⅱ. 증분비용		
주문원가 증가	₩5,000,000	
창고운영비 등 절감	(500,000)	
파손비 절감 : ₩75,000,000×1%=	(750,000)	
자금비용 절감 : ₩75,000,000×5%=	(3,750,000)	0
Ⅲ. 증분이익		₩4,000,000

23. 적시재고관리시스템의 장단점 (94. 세무사)

다음 중 적시재고관리시스템(Just-in-time inventory system)의 장점에 해당되지 않는 것은?

① 재고유지비용의 절감
② 재고저장공간의 절약
③ 생산대기시간의 단축
④ 재고자산에 소요되는 자금의 절약
⑤ 제품품절에서 오는 위험의 회피

답 ⑤

JIT시스템은 여유재고를 가지고 있지 않으므로 재고품절의 위험이 있는 단점을 가진다.

저자소개 / 곽영민

약력 부산대학교 경제학사
부산대학교 회계학석사
부산대학교 회계학박사
한국회계학회 편집위원
한국국제회계학회 이사
울산세무서 국세심사위원회 위원
(전) 동국대학교 회계학과 교수
(현) 울산대학교 회계학과 교수

저자와의
협의하에
인지생략

이해하기 쉬운
K-IFRS 관리회계

2015년 11월 15일 1판 1쇄 인쇄
2015년 11월 30일 1판 1쇄 발행

저 자 곽 영 민
발행인 김 광 식
조 판 아 람 기 획

04162
발행처 서울특별시 마포구 대흥로2길 5, 202호
도서출판 **탑 북 스**
등 록 2009.12.21 제 2013-000101 호
전 화 02)365-2223 팩스 02)365-2224

정가 16,000 원

ISBN 979-11-85647-80-7-93320